COURS

DE

DROIT CIVIL FRANÇAIS.

hasard, en effet, l'article du décret n'était qu'une réminiscence de vieilles traditions dont l'expérience depuis aurait montré l'abus; si la dictée n'était qu'une vaine pratique de collége, propre à rapetisser le haut enseignement qu'on doit trouver dans les facultés, si enfin l'obligation de faire et de dicter un cahier n'était qu'une entrave à la liberté du professeur, qui, pour bien enseigner, doit incontestablement avoir le choix des moyens comme de la méthode; il faut en convenir, celui qui, négligeant une disposition de détail pour mieux s'élever à la hauteur de ses fonctions, s'affranchirait d'une gêne jugée par lui sans objet et sans utilité, celui-là, dis-je, pourrait se croire à l'abri du reproche, lors surtout que l'affluence de ses auditeurs et les progrès de ses élèves viendraient déposer en faveur de la marche par lui préférée et suivie.

Ainsi l'ont jugé de fort bons esprits dont je ne prétends nullement faire ici la critique.

Quoi qu'il en soit, voici les motifs qui me portent à croire que l'enseignement oral a besoin, pour produire tout son fruit, d'être soutenu par l'enseignement écrit. Je suis loin sans doute de contester l'excellence du premier; je sais par expérience combien la parole est puissante pour appeler et fixer l'attention sur les sujets les plus abstraits; je sais quelle est sa force pour pénétrer dans l'intelligence la plus rebelle; mais je sais

PRÉFACE.

Mon titre le dit assez, je n'ai pas la prétention de donner ici au public un ouvrage de jurisprudence ; et mon amour propre aurait trop à souffrir, si l'on devait voir dans ce livre le fruit tardif de vingt années d'étude et de dix années d'enseignement public.

Je cède aux sollicitations de mes élèves en publiant les cahiers qu'ils écrivaient jusqu'ici sous ma dictée; je veux leur épargner une tâche fatigante, et conquérir pour l'explication orale un tiers du temps de la leçon, que m'employait la dictée.

Mais déjà l'on m'arrête pour m'indiquer un expédient plus simple. A quoi bon une dictée? me dit-on ; et pourquoi ne pas la supprimer? Je pourrais me borner à répondre que la loi prescrit la dictée, et citer à l'appui de ma réponse le décret sur l'organisation des écoles de droit (1), qui n'a point été jusqu'ici rapporté. Mais je sens que cette réponse, toute péremptoire qu'elle paraisse d'abord, ne satisferait pas tout le monde. Si par

---

(1) Décret du 4 complém. an 12 (21 septembre 1804); article 70 (IV, B. 15, n° 239).

AVIS

SUR LES CITATIONS CONTENUES DANS CE LIVRE.

L'ouvrage contient divers modes de citation. L'emploi de chacune annonce une intention particulière.

L'analyse de chaque article du Code civil est toujours terminée par le renvoi au texte analysé. Ce texte doit être lu, médité, et comparé à l'analyse. J'indique alors le renvoi, simplement par le mot *voyez*, écrit en toutes lettres ou en abrégé.

Les textes cités à l'appui d'une proposition, ceux qui tendent à l'éclaircir ou à la compléter, sont énoncés entre parenthèses. Si la proposition ne résulte pas textuellement de l'article cité, l'indication du texte est précédée du mot *voir*, ou du signe qui le remplace.

Les citations de lois, décrets, ordonnances, etc., insérés au bulletin sont toujours accompagnés d'une note indiquant le numéro d'ordre, tant de la série que du cahier et de la disposition législative.

A l'égard des dispositions antérieures à la publication du bulletin, et généralement pour celles qui n'y sont pas insérées, je me borne le plus souvent à en indiquer la date, qui le seul élément commun aux divers recueils qui les contiennent.

Les lois de l'assemblée constituante, et celles de l'assemblée législative portent deux dates, celle du décret et celle de la sanction royale. Ces deux dates sont nécessaires à connaître à cause de l'habitude où l'on est de citer ces lois tantôt sous l'une et tantôt sous l'autre.

Les dispositions législatives dont la date officielle se réfère au calendrier républicain sont toujours citées sous cette date; j'indique quelquefois la date correspondante du calendrier grégorien.

Quant aux lois romaines, je les cite par le nom de l'empereur ou du jurisconsulte auquel elles appartiennent, avec indication de la partie du corps de droit d'où elles sont extraites. Je joins à cette indication celle des numéros de la loi et du paragraphe, avec la rubrique du titre dont le texte cité fait partie.

PROGRAMME

DU

COURS DE DROIT CIVIL

FRANÇAIS

FAIT A L'ÉCOLE DE PARIS

PAR A. M. DEMANTE,

PROFESSEUR DE LA FACULTÉ DE DROIT, AVOCAT A LA COUR ROYALE.

DEUXIÈME ÉDITION,

CONSIDÉRABLEMENT AUGMENTÉE.

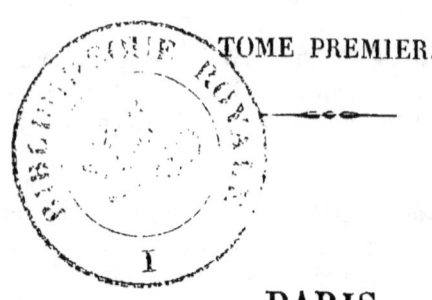

TOME PREMIER.

PARIS.

ALEX-GOBELET, LIBRAIRE,

RUE SOUFFLOT, N° 4, PRÈS L'ÉCOLE DE DROIT.

1835.

aussi combien ses traces sont fugitives, combien sont imparfaits les résultats qu'elle obtient. Bien des choses échappent à l'auditeur le plus attentif; trop souvent aussi l'intelligence trompée, par une sorte de prestige qui s'attache au discours parlé, croit avoir compris ce qu'elle n'a qu'aperçu. La leçon a été écoutée d'un bout à l'autre, et l'intérêt s'est soutenu jusqu'à la fin, toutes les démonstrations ont été saisies, toutes les propositions ont paru incontestables; mais lorsque, dans le silence du cabinet, on veut se rendre compte de ce qu'on a entendu, alors les lacunes apparaissent, les objections se multiplient, et ces raisons qui avaient paru si claires, ces réponses si décisives, on ne les retrouve plus, parce qu'on a perdu le fil des idées, dont l'enchaînement donnait seul à la démonstration toute sa force.

Pour éviter ce danger, je connais deux moyens que je crois efficaces, pourvu qu'ils soient cumulativement employés : la préparation et le résumé.

Si la matière indiquée d'avance a déjà été méditée par celui qui vient entendre la leçon orale; si déjà il a fait connaissance avec les principes dont l'explication et le développement lui manquent encore, s'il en a entrevu les conséquences, s'il aperçoit les objections et les difficultés, rien alors ne lui échappera dans la leçon, il saisira facilement et complètement les raisons fournies par le professeur, et la démonstration fera sur son esprit une impression réelle et profonde. Cependant s'il veut rendre cette impression ineffaçable, il ne s'en tiendra pas là. Rentré chez lui, il méditera de nouveau sur ce qu'il a entendu, il voudra refaire, à l'aide de ses souvenirs et de ses notes, le chemin qu'il a parcouru sous l'influence de la parole du maître ; il reviendra donc à son point de départ, verra si ses doutes sont éclaircis, ses objections résolues. C'est alors seulement qu'il se déterminera en connaissance de cause à tenir pour vrai ce qui satisfera sa raison.

Voilà, si je ne me trompe, ma pensée bien saisie sur les deux opérations que j'appelle préparation et résumé. Personne, je crois, ne contestera leur importance et leur utilité. Maintenant rien ne me paraît plus propre à les faciliter qu'un programme contenant en substance, mais sans développement, la doctrine du professeur, indiquant les difficultés sans les résoudre, et montrant de loin seulement la route qui conduit à la solution. Telle est l'idée que je me suis formée de ces cahiers qui, aux termes du décret, doivent être dictés pendant une partie de la leçon, et dont le texte doit être ensuite expliqué et développé. Ils sont pour l'étudiant ce qu'est la carte géographique pour le voyageur qui veut visiter et observer un pays. Avant de partir, le voyageur consulte sa carte ; il la tient à la main pendant la route, ses yeux s'y reportent continuellement. A son retour, il la reprend encore, elle lui rappelle tout ce qu'il a vu, et souvent même il est surpris d'y trouver quelques points presque imperceptibles qui lui avaient échappé d'abord, mais qui lui indiquent à présent très-clairement les lieux qu'il a visités, et ne lui permettront plus de les oublier.

Ainsi, l'étudiant qui veut tirer des leçons tout le fruit possible, se prépare d'abord sur le programme; cette préparation excite son attention, la soutient et la dirige au milieu des développemens que comporte l'explication orale. Après quoi, le programme lui sert encore à résumer toutes les parties de la leçon entendue, et à la graver dans sa mémoire.

C'est convaincu de ces avantages que je me suis déterminé à composer cet ouvrage. Il me reste à exposer brièvement les vues qui m'ont guidé dans sa composition.

Partant de ce principe, que l'enseignement d'une législation quelconque doit prendre pour base le texte même de la loi, voici comme je conçois le programme d'un cours consacré à cet enseignement.

Destiné à faciliter, mais non à remplacer, la lecture et l'étude du texte, l'ouvrage du professeur doit, non pas reproduire ce texte dans tous ses détails, mais fournir les élémens nécessaires à son intelligence.

Pour cela il faut donner d'abord quelques notions générales sur la science du droit et ses diverses parties. Après quoi, l'ouvrage tout entier doit consister dans une analyse succincte et raisonnée des dispositions de la loi.

Cette analyse fera saisir l'ordre de la composition, montrera autant que possible l'origine et le motif de chaque disposition, en fera ressortir les principales conséquences, rattachera, par des comparaisons et des rapprochemens, chaque article au système général de la législation, dont il importe surtout de saisir l'ensemble. A cet effet, le travail devra comprendre les divers textes qui complètent ou éclaircissent les dispositions du Code enseigné. Enfin l'analyse d'un article doit se terminer par l'indication des questions qui naissent, soit de sa lettre, soit de sa combinaison avec d'autres textes, soit même des lacunes qu'il laisse à remplir.

En travaillant sur ce plan, j'ai cru devoir me conformer, pour l'ordre de mon analyse, à l'ordre même des articles du Code; j'avais pour moi la loi qui prescrit d'enseigner le droit civil francais dans l'ordre établi par le Code civil (1). Mais là encore, j'avais l'avantage de me soumettre sans regret, puisque mes propres idées tendaient

---

(1) L. 22 ventôse an 12 (18 mars 1804), art. 3 (III, B. 355, n° 3678,

à me révéler, sur ce point, la sagesse du législateur. Je pense, en effet, que l'ordre et la liaison des articles sont souvent un indice très-significatif de la pensée du rédacteur, et que déplacer les dispositions de la loi pour les assujettir à un classement, peut-être plus méthodique, mais nécessairement arbitraire, c'est s'exposer à ne pas les présenter sous leur véritable jour. Frappé des inconvéniens de la méthode dogmatique, et partisan déclaré de la méthode exégétique, j'aurais fait un contre-sens si je n'avais pas suivi pas à pas le texte à expliquer. J'ai dû m'abstenir, en conséquence, de toutes ces classifications, divisions, subdivisions, qui abondent dans nos catéchismes de jurisprudence. Ce sacrifice, au reste, ne m'a point coûté, car je fais peu de cas de ces artifices de mnémonique ; ce n'est point à la mémoire, c'est au raisonnement de l'étudiant que j'ai toujours voulu m'adresser.

Le même éloignement pour la méthode dogmatique, m'a déterminé à laisser sans solution les questions que je propose sur l'intelligence ou l'application de la loi.

Les bornes et le plan de cet ouvrage ne permettaient pas de les traiter avec l'étendue dont leur discussion est susceptible, et je verrais de graves inconvéniens à exprimer par *oui* ou par *non* mon sentiment sur chacune d'elles.

Il ne faut pas laisser croire aux étudians qu'ils

sauront quelque chose quand ils auront admis sans examen, et retenu de mémoire un certain nombre de solutions : ce qu'il faut leur apprendre, c'est à résoudre eux-mêmes les diverses questions qui se présentent tous les jours sous des faces nouvelles ; et pour cela, il faut les initier dans la connaissance des principes qui constituent la science. Les questions qu'on examine dans les cours doivent avoir pour objet unique de mettre ces principes en lumière, et, par l'application qu'on en fait à des cas supposés, d'exercer l'esprit à faire plus sûrement et plus facilement cette application à tous les cas possibles.

On sent que le but serait tout-à-fait manqué si, négligeant les motifs, l'étudiant s'attachait à une solution qui n'aurait pour elle que l'autorité du maître. J'ai cru, au contraire, tendre efficacement à ce but, en indiquant à l'élève la question toute nue. C'est un moyen d'exercer sa pénétration, de piquer sa curiosité ; enfin, c'est un stimulant pour l'attirer au Cours, où la question sera traitée avec développement.

J'ai exposé les motifs qui m'ont fait entreprendre mon travail, et les vues qui m'ont dirigé dans son exécution. En l'offrant aujourd'hui au public, je n'en attends ni gloire ni profit, mais j'ai l'espoir d'être utile à mes élèves. Puisse mon attente n'être pas trompée !

COURS
DE
DROIT CIVIL FRANÇAIS.

INTRODUCTION.

TITRE UNIQUE.
DU DROIT EN GÉNÉRAL ET DU DROIT FRANÇAIS EN PARTICULIER.

CHAPITRE PREMIER.
DU DROIT EN GÉNÉRAL.

1. LE droit, considéré comme science, c'est-à-dire ici comme objet d'étude, est l'art de connaître et d'appliquer les lois.

La loi est la règle des actions humaines. Ce qui est conforme à la loi est juste, ce qui s'en éloigne est injuste. On peut donc définir le droit l'art de distinguer le juste de l'injuste.

2. Le mot *droit* se prend aussi dans d'autres acceptions; tantôt pour les lois elles-mêmes, envisagées dans leur ensemble, ou plutôt pour le résultat général de leurs dispositions; tantôt pour les facultés ou préroga-

tives qui nous sont garanties par les lois. Dans ce dernier sens, le mot *droit* est corrélatif au mot *devoir*.

3. Le droit, considéré comme science, se confond avec la jurisprudence. Ainsi l'on dirait indifféremment étudier, enseigner le *droit* ou la *jurisprudence;* mais le mot *jurisprudence* est lui-même susceptible de plusieurs sens. Chez les Romains, on entendait par *jurisprudentia* la connaissance acquise du droit (1). Nous prenons rarement chez nous la jurisprudence dans cette acception ; nous l'envisageons plutôt comme objet d'étude que comme fruit de l'étude. Mais nous comprenons souvent la jurisprudence dans un sens particulier, soit pour l'habitude pratique d'appliquer la loi de telle ou telle manière, comme quand on dit la *jurisprudence des cours ou tribunaux;* soit pour le résultat même de cette habitude, c'est-à-dire pour l'ensemble des décisions contenues dans les auteurs ou rendues par les tribunaux. La jurisprudence alors n'est autre chose que l'œuvre des *prudens* ou *jurisprudens*. Elle est une partie, ou du moins un auxiliaire, du droit ou des lois.

Il était nécessaire de se bien fixer d'abord sur le sens des mots, afin d'éviter la confusion; mais pour compléter les notions préliminaires qui doivent précéder l'étude du droit, il est utile de rechercher plus à fond la nature des lois et leurs diverses espèces. Nous les envisagerons ensuite dans leurs effets, et nous poserons quelques règles sur la manière dont les lois doivent être interprétées.

---

(1) *Ulp.*, L. 10, ff. *de just. et jur.*; *Just.*, Inst., § 1, *eod.*

SECTION I.

De la nature et des diverses espèces de lois.

4. Nous avons dit que la loi est la règle des actions humaines ; mais pour prescrire des règles aux actions d'un être libre et doué de raison, on sent assez qu'il faut avoir sur lui une supériorité qui, dans le principe, n'a pu appartenir qu'à Dieu. C'est de Dieu en effet qu'émanent les premières lois, et sans parler de celles qu'il nous a manifestées par une révélation extraordinaire, et qui nous sont enseignées par la religion, il en est d'autres qu'il a invariablement attachées à notre nature, et qu'il a rendues tellement inséparables de la raison, qu'elles ont été connues et observées par les païens mêmes. C'est dans nos cœurs que nous trouvons le sentiment de l'existence et de la toute-puissance de Dieu, d'où naît l'obligation de lui rendre un culte, et celle de conformer nos désirs particuliers à ses volontés. C'est là que nous trouvons cet amour raisonnable et éclairé de nous-mêmes qui nous fait tendre à notre conservation, à notre bien-être, mais qui, loin de nous porter jamais à faire tort à autrui, reconnaît au contraire pour première loi la justice, qui consiste dans la volonté ferme et perpétuelle d'attribuer et de rendre à chacun ce qui lui appartient (1).

L'amour de nous-mêmes et de nos semblables nous inspire, suivant la destination de la Providence, le besoin de vivre en société. Ce besoin nous porte vers le

---

(1) *Just.*, Inst., pp., ff. *de just. et jur.*

mariage, la plus ancienne et la plus sainte de toutes les sociétés. De là les rapports de paternité et de filiation, les liens de parenté et d'alliance, l'union des membres de chaque famille pour s'aider et se protéger mutuellement, et bientôt après l'union des familles entre elles, qui constitue les différentes cités entre lesquelles le genre humain se trouve partagé.

5. Chaque cité a ses lois particulières, mais toutes, indépendamment des règles de justice éternelle que nous avons déjà indiquées, et qui dirigent l'homme dans quelque état qu'il se trouve, toutes, disons-nous, ont adopté d'un accord commun, quoique tacite, d'autres règles, qui ne sont au surplus que des conséquences plus ou moins éloignées des premières, et à l'observation desquelles est attachée l'existence de toute société.

Ces lois ont pour objet de régler la protection due au faible par le fort; d'où naissent les tutelles, les curatelles. Elles constituent la propriété, dont elles font un droit stable et indépendant du fait de la possession; elles règlent ses effets, ses modifications, les principales manières de l'acquérir et de la transmettre. La distinction des propriétés amène à sa suite les donations, les échanges, les ventes, et en général les contrats qui sont en usage chez tous les peuples.

Au-dessus de toutes ces lois domine celle à laquelle est attachée l'observation des autres, celle qui soumet chaque cité à l'autorité d'un ou plusieurs supérieurs; cette autorité sans laquelle les lois, même les plus essentielles pour le maintien des sociétés, manqueraient de sanction dans cette vie, n'est pas moins nécessaire pour notifier, par une promulgation spéciale, aux peuples qui lui sont soumis, un grand nombre de ces lois. Car, bien que susceptibles d'être aperçues par les lumières de la droite raison, elles pourraient être méconnues par chacun en particulier. Enfin, c'est cette autorité qui seule peut faire aux usages, aux besoins et au caractère des peuples placés sous son empire, l'application des règles de justice universelle, en les restreignant même ou les étendant, suivant les cas, dans le grand but de l'utilité générale des citoyens. De là une nouvelle classe de lois, qui dans chaque cité tire son origine de la volonté du supérieur légitime.

6. D'après ces considérations générales sur l'origine des lois, nous les diviserons en *naturelles* et *positives*. Les lois naturelles proprement dites sont celles que Dieu a gravées au fond de nos cœurs. Quant à celles que les besoins des hommes réunis en société ont fait universellement adopter, si elles n'émanent pas directement du créateur, du moins est-il vrai que l'accord unanime des nations pour les observer est la meilleure preuve de leur invariable convenance à la nature raisonnable et sociable de l'homme; nous croyons donc devoir aussi les comprendre dans le droit naturel, et nous ne faisons consister le *droit positif*, c'est-à-dire le droit établi par les hommes, que dans les lois particulières à chaque peuple.

7. Les lois naturelles sont désignées par quelques auteurs sous le nom de lois *immuables* (1). On conçoit en

---

(1) Voy. notamment *Domat*, Traité des lois, ch. XI.

effet qu'elles ne peuvent varier, parce que la nature de l'homme ne change point. Quant aux lois *positives*, comme elles dépendent uniquement de la volonté du législateur humain, les mêmes auteurs les appellent *arbitraires*. Ce mot, on le sent bien, ne doit pas être pris en mauvaise part; car, dans une société bien organisée, la volonté du législateur est toujours déterminée par les besoins et l'utilité du peuple qu'elle doit régir.

8. Un usage constant est peut-être ce qui manifeste le mieux les vœux et les besoins du peuple. Les coutumes doivent donc être prises pour base d'une bonne législation. Bien plus, ces coutumes ne pouvant s'établir ni surtout s'invétérer sans le consentement du législateur, doivent elles-mêmes, après un long espace de temps, être considérées comme des lois (v. *Jul.*, L. 32, § 1, ff. *de legib.*; *Ulp.*, L. 33, *eod.*; *Just.*, Inst., § 9, *de jur. nat. gent. et civ.*)

De là la division du droit en écrit et non écrit.

Le droit écrit est celui qui a un auteur certain, et qui a été promulgué.

Le droit non écrit, ou la coutume, est celui qui est établi par l'usage des peuples, et le consentement tacite du législateur.

9. Jusqu'à présent nous avons considéré les lois sous le rapport de leur origine et de leur établissement; elles se distinguent encore par leur objet; et, sous ce point de vue, le droit peut se diviser en trois branches principales.

La première comprend les lois qui règlent les rapports de particulier à particulier; c'est l'ensemble de ces lois que les Romains appelaient *droit privé* (1), et que nous désignons plus ordinairement sous le nom de *droit civil*.

Les lois qui règlent les rapports du gouvernement avec les gouvernés, *puta*, celles qui sont relatives à la division des pouvoirs, à la forme de l'administration, à la police et à la sûreté des citoyens, constituent la seconde branche, que l'on appelle *droit public* ou *droit politique*.

Enfin la troisième branche, que nous nommons *droit des gens*, se compose des lois qui règlent les rapports de nation à nation. C'est dans cette classe qu'il faut ranger les traités, les droits de la guerre et de la paix, etc.

10. Les diverses branches du droit peuvent elles-mêmes se subdiviser en plusieurs parties; et, pour borner cette observation au droit civil, on conçoit qu'à le considérer comme l'ensemble des règles que les particuliers ont à suivre les uns envers les autres, il embrasse également les lois constitutives du droit de chacun, et celles qui en règlent le mode et l'exercice. Ces dernières forment cependant une classe à part, sous le nom de *lois de la procédure*.

Pareillement les lois qui déterminent plus spécialement les rapports des commerçans envisagés comme tels, soit entre eux, soit à l'égard des non commerçans, sont désignées sous le nom particulier de *droit commercial*.

11. C'est le droit civil proprement dit qui fait l'objet

---

(1) V. *Just.*, Inst., *de justit. et jur*,

de ce Cours. Toutes les lois qui le composent tendent à déterminer les droits des personnes privées les unes envers les autres. Ces droits sont le plus souvent relatifs aux choses, qui considérées sous ce point de vue prennent le nom de *biens*. C'est ce qu'on exprime en disant que le droit a deux objets : les personnes en faveur desquelles existent les droits; et les choses ou biens, qui en sont le sujet ou la matière.

Les droits des personnes diffèrent eu égard aux diverses qualités qui constituent leur état. Les lois qui règlent l'état des personnes et la capacité qui en est la suite, sont dites *personnelles ;* telles sont les lois sur le mariage, la paternité, la filiation, la minorité. On appelle *réelles* les lois qui s'occupent immédiatement des choses, abstraction faite des personnes qui les possèdent; par exemple, celles qui règlent la distinction des biens, le mode de leur transmission, les charges qui peuvent les grever, telles qu'usufruit, hypothèque.

SECTION II.

Des effets des lois et de la manière de les interpréter.

§ I.

Des effets des lois.

12. La nature des lois nous indique leurs effets. Règles de nos actions, elles obligent à faire ce qu'elles commandent, à s'abstenir de ce qu'elles prohibent; elles autorisent à faire ce qu'elles permettent; enfin elles punissent ou récompensent ceux qui observent ou violent leurs dispositions (v. *Modest.*, L. 7, ff. *de legib.*).

13. Mais ces effets communs à toutes les lois s'appliquent différemment suivant que celles qui les produisent sont naturelles ou positives. Ainsi les règles de droit naturel, qui ont Dieu pour auteur, ont bien toujours et nécessairement Dieu pour vengeur de leur inexécution ; mais il est plusieurs de ces lois dont la violation n'expose en cette vie à d'autres peines qu'aux remords de la conscience : telles sont toutes les règles de conduite intérieure contenues dans la morale ; telles sont même quelques règles de conduite extérieure, dont les législateurs humains peuvent tolérer l'infraction, pour éviter de plus graves inconvéniens. C'est sur cette observation qu'est fondée la distinction faite par tous les auteurs entre le *juste* et l'*équitable*.

14. Il ne faut pourtant pas conclure de là que toutes les lois naturelles qui n'ont pas été expressément consacrées par le législateur de chaque peuple soient par là même rejetées de l'ordre civil. Il en est beaucoup au contraire qui sont tellement essentielles aux rapports que la nature ou l'état social a établis entre les hommes, qu'elles doivent être considérées comme maintenues, toutes les fois qu'elles ne sont pas écartées par la lettre ou par l'esprit particulier de la loi positive. Dans ce nombre évidemment il faudrait ranger celles qui tiennent au respect dû à la personne ou à la propriété d'autrui, à la liberté des conventions, à la foi des engagemens.

Mais parce que le discernement du degré de force qu'on doit attribuer aux préceptes du droit naturel, n'est pas à la portée de tous les esprits, il est toujours sage au législateur de rappeler par une disposition expresse ceux qu'il entend faire observer, et de uxer la peine attachée à leur infraction. De là vient qu'on trouve dans tous les codes et dans le nôtre en particulier un si grand nombre de ces préceptes (1).

15. Il est évident au surplus que leur insertion dans la loi positive ne leur fait pas perdre leur caractère primitif. Cette observation est importante pour régler l'application qu'on peut faire des lois d'un pays aux citoyens d'un autre Etat. Car les lois naturelles étant communes à toute l'espèce humaine, il suffit d'être homme pour pouvoir en réclamer partout l'exécution. Quant aux lois arbitraires, des distinctions sont nécessaires : il semble bien, au premier coup-d'œil, qu'elles ne doivent s'appliquer qu'aux membres de la société pour laquelle elles ont été faites ; mais un peu de réflexion suffit pour faire apercevoir les modifications dont ce principe est susceptible.

16. Ainsi, une branche importante du droit public de chaque peuple ayant pour objet de faire régner l'ordre sur son territoire, la soumission aux lois qui procurent ce grand bienfait doit être pour tous la condition du séjour ou de l'accès dans le pays. Cette condition peut certainement être imposée même aux étrangers, puisqu'autrement l'accès du territoire pourrait leur être refusé. Elle l'est d'autant plus justement qu'eux-mêmes profitent, pendant leur séjour, de l'ordre établi. C'est donc une règle constante, que les lois de police et de sûreté obligent tous ceux qui *habitent le territoire* (v. C. civ. art.

---

(1) Voyez entre autres, C. civ., art. 371, 1382,

3, al. 1), disons mieux, tous ceux qui se trouvent sur le territoire, ne fût-ce que passagèrement.

17. Pareillement dans le droit civil, les lois qui s'occupent des choses en elles-mêmes et que nous avons appelées *lois réelles*, doivent régir les biens situés dans le pays pour lequel elles sont faites, et s'appliquer à leurs possesseurs même étrangers ; tandis que par le même principe les lois personnelles suivent le membre de la cité et le régissent en quelque lieu qu'il se trouve (v. C. civ., art. 3, al. 2 et 3).

N'omettons pas toutefois une remarque importante : quoique la division en réelles et personnelles embrasse toutes les lois du droit civil, il en est cependant parmi elles dont l'application à faire dans chaque pays est indépendante du principe ci-dessus. Ainsi les lois qui, en autorisant ou condamnant certains actes, en déterminent la forme et les conditions, sont à la vérité personnelles ou réelles suivant que l'acte est relatif à l'état des personnes ou à la propriété des biens. Mais lorsque la validité ou la preuve d'un acte est subordonnée, par le statut réel ou personnel, à l'accomplissement d'une forme extérieure, qui consiste ordinairement dans l'intervention d'un officier public et dans l'emploi de certaines solennités, forcé est bien en général de recourir aux officiers publics du pays où l'on se trouve ; et ceux-ci ne peuvent opérer que conformément à la loi qui leur confère leurs pouvoirs. Dès lors l'acte ainsi passé doit être considéré partout comme parfait et régulier. C'est ce qu'on exprime par cette maxime universellement reçue, *locus regit actum* (v. C. civ., art. 47, 170, 999).

18. Si les lois naturelles sont de tous les lieux, elles sont aussi de tous les temps, et de là naît une autre différence dans leurs effets comparés à ceux du droit positif. Celui-ci ne tirant son existence que de la volonté du législateur qui le produit, n'a pu servir de règle aux actions de l'homme qui ont précédé son établissement. Il serait donc injuste de lui donner un effet rétroactif (v. C. civ., art. 2).

Mais la promulgation spéciale d'une règle de droit naturel n'est pas ce qui lui donne l'existence. Aussi ne doit-on pas craindre de faire l'application de cette règle aux cas antérieurs à sa promulgation qui se trouveraient encore indécis.

La même remarque s'étend, par la même raison, aux lois positives lorsqu'elles n'ont point pour objet d'établir un droit nouveau, mais seulement de fixer le sens d'une loi antérieure. Ainsi, sous certains rapports les lois interprétatives sont susceptibles d'effet rétroactif.

Enfin, quoique l'équité réclame en général contre la rétroactivité des lois, on ne peut pourtant nier absolument au législateur le pouvoir d'attribuer cet effet aux règles qu'il établit. Seulement, sa volonté à cet égard ne se suppose pas; mais elle devrait être suivie si elle était formelle.

19. L'équité ne subordonne pas seulement au fait de leur existence les effets des lois positives; ces effets devraient dépendre encore pour chacun en particulier de la connaissance qu'il en aurait eue; car elles ne peuvent comme les lois naturelles être aperçues par les lumières de la raison. Toutefois la promulgation tendant à les

notifier à tous, et chacun pouvant d'ailleurs se les faire expliquer et interpréter, on en conclut en général que *nul n'est censé ignorer la loi.*

20. Toujours par suite du principe que les lois *arbitraires* ne tirent leur force que de la volonté essentiellement variable du législateur humain, ces lois ont encore cela de particulier qu'elles peuvent s'abroger les unes par les autres.

L'abrogation d'une loi ancienne par une loi nouvelle peut être expresse ou tacite.

L'abrogation peut même avoir lieu par le seul effet de la coutume; car la coutume, lorsqu'elle réunit les conditions requises, a la même force que la loi (1). Bien plus une loi peut perdre sa force indépendamment de toute loi ou coutume contraire, lorsque son motif a entièrement cessé (2). Mais ces deux dernières propositions ne doivent être admises qu'avec une extrême réserve.

21. Quelle que soit l'autorité des lois et la soumission qui leur est due, il n'en faut pas conclure qu'on ne puisse jamais s'éloigner de leurs dispositions. Il faut bien distinguer les devoirs qu'elles nous imposent, et les droits qu'elles nous confèrent : si nul ne peut se soustraire à ses devoirs par sa propre volonté, il est naturel

---

(1) *Just.,* Inst., §11, *de jur. nat. gent. et civ.; Jul.,* L. 32, ff. *de legib.* Voy. cependant *Constantin,* L. 2, Cod., *quæ sit long. cons.*

(2) V. *M. Merlin,* Quest. de droit, *verb.* trib. d'appel, § 3, page 481.

au contraire que chacun puisse renoncer à son droit, pourvu que ce droit se trouve établi uniquement en sa faveur, et pourvu encore que le législateur, par des motifs d'ordre public, n'en ait point prohibé ou restreint l'abandon.

Pareillement les lois qui déterminent l'effet des contrats les plus usuels, n'ayant en général d'autre but que de dispenser les parties d'entrer dans le détail de leurs volontés, ne sauraient prévaloir contre l'intention formellement manifestée de s'en éloigner. Mais on ne peut déroger par des conventions particulières aux lois qui intéressent l'ordre public et les bonnes mœurs (v. C. civ., art. 6).

§ II.

De la manière d'interpréter les lois.

22. C'est peu de connaître les effets généraux des lois, si l'on ne sait en faire la juste application aux diverses espèces qui peuvent se présenter. Et pour bien faire cette application, il faut avant tout saisir le véritable sens. C'est à la logique à diriger notre esprit dans la recherche de la vérité; mais indépendamment des secours communs à l'étude de toutes les sciences, qui nous sont fournis par l'art de raisonner, il est, pour l'étude des lois, des secours particuliers, par lesquels on parvient non-seulement à comprendre les textes obscurs ou ambigus, mais même à résoudre les cas que le législateur n'a pas embrassés dans sa prévoyance (1).

---

(1) V. au Digeste, le titre *de legibus*, d'où j'ai extrait presque toutes les règles ci-dessous.

23. C'est la volonté du législateur qui constitue la loi, mais cette volonté est toujours déterminée par un princice de justice éternelle ou par un motif d'utilité particulière. De là nous sommes fondés à conclure que la loi obscure ou ambiguë doit toujours s'interpréter dans le sens le plus conforme à l'équité, à l'esprit particulier de la législation dont elle fait partie, et enfin aux principes de la matière à laquelle elle s'applique.

24. L'esprit du législateur est pour nous un guide si sûr, que nous devons souvent le faire prévaloir sur ses termes, en ce sens que nous ne devons pas admettre toutes les conséquences autorisées par la lettre de la loi, ni surtout rejeter toutes celles qui n'en résultent pas clairement et nécessairement.

Mais quand il existe une disposition formelle, quoique le motif ne nous apparaisse pas, il ne faut pas moins s'y soumettre; nous devons supposer que le législateur a eu ses vues, qu'il ne nous appartient pas de contrarier.

25. Quant à la plus ou moins grande extension à donner aux termes du législateur suivant son esprit, on peut bien toujours suppléer dans la loi ce qui est essentiel à son intention, car le simple bon sens suffit pour voir que qui veut la fin veut les moyens. Mais, pour aller plus loin, et se permettre de raisonner par analogie, il faut admettre une distinction entre les lois exorbitantes du droit commun et les lois favorables.

Ainsi, une loi qui défend ce qui n'est pas illicite en soi, ou qui permet ce que la morale réprouve, celle en un mot qui, par des motifs particuliers, s'éloigne des principes généraux, doit se renfermer strictement pour son application dans les limites tracées par le législateur. Plus généralement enfin, il faut tenir pour règle qu'une exception ne doit pas s'étendre.

Au contraire quand la loi est favorable, lors par exemple qu'elle tend à assurer l'exercice des droits naturels, il est permis d'argumenter des cas prévus aux cas semblables; et c'est alors qu'il y a lieu d'appliquer la maxime *ubi eadem ratio idem jus*. A plus forte raison encore pourra-t-on, si la loi permet, tirer la conséquence du plus au moins; et la tirer du moins au plus, si la loi défend.

26. L'esprit du législateur ne se manifeste pas seulement par le préambule des lois, par les discours de présentation, ou par la discussion du projet; on le retrouve surtout dans l'ensemble des dispositions qui composent la même loi, ou même dans la comparaison d'une loi avec une autre, eu égard à la plus ou moins grande analogie des matières. Cette dernière pratique doit surtout être recommandée par rapport aux lois qui, comme les divers titres de nos Codes, ne forment entre elles qu'un seul corps de législation.

La législation ancienne, principalement lorsqu'elle a précédé immédiatement celle qui est en vigueur, sert aussi à découvrir l'esprit de la nouvelle. Le rapprochement de leurs termes conduit, suivant les cas, à penser, ou que le législateur a voulu se conformer à l'ancien droit, ou qu'il a au contraire voulu s'en écarter.

Les lois, même étrangères, peuvent aider à interpréter les lois particulières à un peuple, puisqu'il y a un grand nombre de vues communes à tous les législateurs. Ceci s'applique surtout au droit romain, que l'on pourrait appeler le droit commun de tous les peuples qui n'ont point un corps de législation complet.

Enfin, il serait superflu de rappeler ici que la coutume sert à interpréter les lois : *optima legum interpres consuetudo* (*Callistrat.*, L. 37, ff. *de legib.*).

27. Quand deux lois paraissent contraires, il faut d'abord s'assurer si le législateur n'a pas eu en vue des cas différens; il suffit alors pour les concilier, d'appliquer chacune à l'espèce qu'elle concerne. Il faut voir ensuite si l'une ne fait point exception à l'autre, auquel cas il est évident que la règle générale ne peut prévaloir contre l'exception. Il faut quelquefois suppléer d'après l'une, ce qui peut manquer dans l'autre. Enfin si la contradiction est réelle, il est clair que la loi postérieure est celle qu'il faut suivre, comme ayant abrogé l'ancienne.

28. L'emploi de toutes ces règles, appliquées avec discernement, met le jurisconsulte à même de répondre, et le juge à portée de prononcer, sur les questions qui leur sont soumises. S'il arrivait pourtant qu'un cas ne fût prévu ni par la lettre ni par l'esprit de la loi, ou si l'obscurité des termes était telle qu'on ne pût saisir le véritable sens, ce serait alors au législateur à remplir la lacune, ou à manifester sa volonté par une disposition plus claire. C'est en ce sens que l'on dit : *ejus est interpretari legem cujus est condere* (1). Mais comme les droits des

---

(1) V. *Just.*, L. 12, Cod., *de legib.* Remarquons pourtant que dans ce texte souvent invoqué pour établir le droit exclu-

parties ne doivent point rester en suspens, en attendant la décision du législateur, notre droit français oblige les juges, en ce cas même, à prononcer, soit d'après les principes généraux du droit, soit d'après l'équité naturelle (v. C. civ., art. 4).

29. L'application des dispositions des lois aux divers cas qui peuvent se présenter, est ce qu'on appelle interprétation par voie de doctrine. On sent assez que cette interprétation n'étant toujours fondée que sur des conjectures, ne peut avoir la même certitude que celle qui est donnée par le législateur lui-même. Cependant la nécessité de mettre un terme aux procès a fait admettre universellement la présomption de vérité qui s'attache à la chose jugée (v. C. civ., art. 1350 — 4°). Mais parce que ce n'est là qu'une présomption, son effet doit naturellement se restreindre dans les limites de l'utilité qui l'a fait établir. L'autorité de la chose jugée ne s'applique donc qu'à la cause sur laquelle est intervenu le jugement (v. C. civ., art. 1351).

30. Toutefois les jugemens rendus dans des espèces particulières puisent dans la sagesse de leurs auteurs une

---

sif du législateur à l'interprétation des lois, Justinien semble plutôt avoir pour objet de faire reconnaître cette attribution au pouvoir législatif que de la refuser absolument à tout autre pouvoir social. Ce qu'il y a de certain, c'est que l'interprétation des lois a, pendant quelque temps au moins, appartenu chez nous au pouvoir exécutif (L. 16 septembre 1807—IV, B. 161, n° 2791). Mais aujourd'hui, c'est au législateur qu'elle est exclusivement réservée (L. 30 juillet 1828—VIII, B. 244, n° 8800).

autorité sur laquelle il n'est pas défendu de s'appuyer dans la décision des cas semblables; et lorsqu'un même point est jugé habituellement dans le même sens, cette habitude forme ce que nous appelons la *jurisprudence*, qui, si elle n'est pas proprement une partie du droit, en est au moins un puissant auxiliaire.

31. Bien plus, il est arrivé quelquefois que les magistrats chargés de rendre la justice se sont permis d'interpréter la loi ou d'y suppléer, par des réglemens généraux, qui, par la tolérance du législateur, devenaient obligatoires pour tous. Nous en trouvons un exemple dans les édits des Préteurs et autres magistrats romains, et dans les arrêts de réglement que rendaient autrefois les cours souveraines. Mais aujourd'hui cette faculté est sévèrement interdite aux juges (v. Cod. civ., art. 5).

CHAPITRE II.

DU DROIT FRANÇAIS.

32. Il n'entre pas dans notre plan de tracer le détail historique de l'origine et des progrès du droit français depuis l'établissement de la monarchie; il est seulement nécessaire de jeter un coup-d'œil sur la législation ancienne, qui, d'après le principe de la non rétroactivité des lois, peut encore être journellement appliquée, et qui d'ailleurs, suivant nos observations précédentes, peut nous servir souvent dans l'interprétation de la nouvelle. Nous prendrons ensuite une idée générale de la législation actuelle, en nous attachant spécialement au Code

civil, sur la confection et la composition duquel nous donnerons quelques détails.

SECTION I.

Législation ancienne.

33. Nous comprenons ici, sous le nom de législation ancienne, toutes les diverses sortes de lois qui ont régi la France jusqu'à la publication du Code civil. Cependant on désigne plus particulièrement sous le nom de *droit ancien* celles qui ont précédé le 17 juin 1789. Quant à celles qui ont été rendues dans l'intervalle de la révolution au Code civil, quoiqu'elles n'aient pas abrogé d'une manière générale les lois anciennes, elles y ont cependant apporté des changemens si importans qu'elles forment en quelque sorte un droit à part, qu'on appelle *droit intermédiaire.*

34. Le royaume de France, composé de diverses provinces, qui formaient entre elles comme autant de nations particulières, et dont quelques unes n'avaient été réunies à la monarchie qu'à la condition expresse de conserver leurs usages et leurs priviléges, ne pouvait présenter dans sa législation cette uniformité et cette harmonie qui rend l'étude plus facile et l'application plus certaine. Cependant toutes les provinces étant soumises à l'autorité du roi, les lois qu'il promulguait sous le nom d'*ordonnances*, *édits*, *declarations*, *lettres-patentes*, étaient en général obligatoires dans tout le royaume. Mais leur exécution dans le ressort de chaque parlement se trouvant, depuis des siècles, subordonnée à leur enregistre-

ment; et les parlemens s'attribuant, à tort ou à raison, le droit de refuser cet enregistrement; il en résultait que quelques unes de ces lois, qu'on appelait *générales*, n'étaient pas universellement suivies.

Quoi qu'il en soit, les lois royales étaient loin de former un Code complet, et c'était dans les coutumes et dans le droit romain qu'il fallait chercher le complément de la législation.

35. On comptait en France de trois à quatre cents coutumes, dont soixante environ étaient dites *générales*, parce qu'elles étaient observées dans une province entière. Les autres qu'on appelait *locales* étaient propres à une juridiction, une ville, un bourg, un village.

La plupart des coutumes avaient été rédigées par l'autorité du prince, et enregistrées aux parlemens; mais ce n'est ni de leur rédaction ni de l'approbation expresse qui leur avait été donnée par le législateur, qu'elles tenaient leur autorité; elles la tenaient de l'usage que leur rédaction avait uniquement pour objet de constater.

36 Dans certaines provinces, particulièrement dans celles du midi, le droit romain tenait lieu de coutume générale; il y était observé comme loi, sauf les modifications que pouvaient y apporter les coutumes locales et la jurisprudence des parlemens. On appelait ces provinces *pays de droit écrit*. On peut ranger dans cette classe les provinces mêmes qui, comme la Bourgogne et la Franche-Comté, avaient une coutume générale, mais où les cas non prévus par la coutume devaient, en vertu

des lettres-patentes qui l'avaient confirmée, être réglés par le droit romain.

37. Quant aux pays coutumiers, le droit romain n'y était en général considéré que comme raison écrite; c'est à ce titre qu'on le suivait partout quoique avec d'importantes modifications, dans les parties relatives aux contrats. Sur ce point en effet les coutumes étant muettes, on ne pouvait mieux faire que d'adopter les décisions de la jurisprudence romaine, presque toujours basées sur les principes du droit naturel.

38. Les changemens apportés par la révolution dans l'organisation politique de la France devaient nécessairement amener de nombreuses réformes dans le droit civil. Les obstacles qui s'étaient opposés jusqu'alors à l'établissement d'une législation uniforme, ne subsistant plus, l'assemblée constituante s'empressa de poser en principe qu'il serait fait un Code de lois civiles communes à tout le royaume. Mais en attendant l'exécution de ce grand projet, qui n'a été réalisé que plus de dix ans après, il a été rendu par les diverses assemblées législatives qui se sont succédé, une foule de lois qui, sur bien des points, ont dérogé aux coutumes, au droit romain et aux ordonnances des rois. Ce sont ces lois, dont la multiplicité atteste au surplus l'incohérence et l'instabilité, qui forment avec la partie non abrogée de la législation ancienne, la législation *intermédiaire*.

SECTION II.

Législation actuelle.

39. Depuis que l'assemblée constituante avait posé en principe qu'il serait fait un Code civil, plusieurs projets avaient été publiés. Un arrêté des consuls du 24 thermidor an 8 (12 août 1800) nomma *Tronchet, Portalis, Bigot de Préameneu et Malleville*, pour comparer l'ordre suivi dans la rédaction de ces divers projets, déterminer le plan qu'il paraîtrait le plus convenable d'adopter, et discuter ensuite les principales bases de la législation en matière civile. Le projet imprimé en janvier 1801 fut envoyé au tribunal de cassation et aux divers tribunaux d'appel, dont on recueillit les observations; et sa discussion commença au conseil d'Etat au mois de juillet de la même année. Il n'est pas sans intérêt de connaître l'ordre suivi dans cette discussion, qui a précédé la présentation des projets de loi au corps législatif.

Chaque titre examiné par la section de législation en présence des commissaires, était imprimé et distribué à tous les conseillers d'Etat, qui le discutaient de nouveau en assemblée générale, et l'approuvaient à la majorité des suffrages. Le titre une fois arrêté était envoyé au tribunat, qui le discutait à son tour et y faisait ses remarques. La section de législation les examinait, et en faisait son rapport au conseil d'Etat, qui opinait encore sur les changemens proposés.

C'est après ces travaux préparatoires que fut arrêtée

la rédaction définitive des projets de lois destinés à composer le Code civil. Après quoi chacun fut successivement proposé par le gouvernement, voté par le tribunat, et décrété par le corps législatif, suivant la forme prescrite par la constitution d'alors.

40. Toutes ces lois ont été réunies en un seul corps par la loi du 30 ventôse an 12 (21 mars 1804) (1). Cette loi règle la composition du Code (art. 1, 2, 3); sa division en livres, titres et articles (art. 4 et 5); l'époque de sa mise en vigueur, qui pour chaque titre ou partie de titre date de sa promulgation particulière (art. 6); enfin l'article dernier contient l'abrogation de la législation ancienne sur les matières qui font l'objet des lois composant le Code. Voyez ladite loi.

La législation intermédiaire ne doit-elle pas, aussi bien que la législation ancienne, être considérée comme comprise dans l'abrogation prononcée par la loi du 30 ventôse an 12?

41. Il est évident au surplus que notre législation civile n'est pas tout entière dans le Code civil, et qu'indépendamment des lois contenues dans les autres codes, qui souvent éclaircissent, complètent ou modifient ses dispositions, il y a lieu d'y joindre encore toutes les lois postérieures, relatives aux matières qui y sont traitées.

Sous ce nom de lois, il faut comprendre ici non-seulement les lois proprement dites, c'est-à-dire les actes du

---

(1) III, B. 354, n° 3677.

pouvoir législatif, mais encore divers actes de la puissance exécutive, qui ne doivent contenir, il est vrai, que l'application d'une règle déjà établie, mais qui n'en ont pas moins pour les particuliers la force obligatoire qui constitue la loi dans son sens primitif. Tels sont les décrets, arrêtés, avis du conseil d'état, rendus sous les précédens gouvernemens, et les ordonnances du roi.

42. Ces notions préliminaires devaient nécessairement précéder l'étude particulière du droit civil français, qui, aux termes de la loi sur les écoles de droit, doit être enseigné dans l'ordre établi par le Code civil (2). C'est maintenant le législateur lui-même qui va nous servir de guide. Nous devrons suivre sa méthode, sa marche, ses divisions; nous chercherons à conformer notre pensée à la sienne, en pliant autant que possible la doctrine à l'ordre même des articles du Code. Montrer la liaison des divers articles entre eux, les rattacher aux principes généraux du droit ou de l'équité, faire ressortir les différentes propositions, souvent réunies dans une disposition complexe; signaler telles qu'elles nous apparaissent, et sauf examen, les obscurités, les lacunes, les vices de rédaction, en un mot les imperfections dont nul ouvrage des hommes n'est exempt; indiquer les principales questions, en réservant la solution motivée pour la discussion orale, qui devra fournir sur le tout les développemens et les éclaircissemens nécessaires : tel est le but que je me propose dans ce pro-

---

(1) Loi du 22 ventôse an XII (13 mars 1804), art. 2 (III, B, 355, n° 3678).

gramme. On voit qu'il n'est pas destiné à dispenser les étudians de la lecture et de l'étude du texte; mon objet est de leur faciliter cette étude pour que, mieux préparés, ils en retirent plus de fruit, et pour qu'ils puissent mieux saisir et mieux graver ensuite dans leur mémoire les explications qui seront données oralement sur le texte.

TITRE PRÉLIMINAIRE.

DE LA PUBLICATION, DES EFFETS ET DE L'APPLICATION DES LOIS EN GÉNÉRAL.

La plupart des règles comprises dans ce titre n'appartiennent pas spécialement au droit civil; mais ce droit étant la partie principale de la législation, le législateur a jugé à propos de placer en tête du Code civil, par lequel d'ailleurs il a ouvert la carrière de ses travaux, quelques principes fondamentaux applicables à toutes les lois.

1. Avant de parler de la publication des lois, on doit dire un mot de leur confection. Nous nous bornerons à remarquer que la loi en France se constitue de trois élémens : la proposition du roi ou d'une des deux chambres (Ch. const., art. 15); la discussion et le vote libre par la majorité de chacune des deux chambres (ibid, art. 16), et la sanction du roi (ibid., art. 18).

2. La loi, une fois sanctionnée, sort du domaine de la puissance législative, qui, comme on voit, s'exerce collectivement par le roi, la chambre des pairs et la chambre des députés (ibid., art. 14), pour entrer dans celui de la puissance exécutive, qui appartient au roi seul (ibid., art. 12). C'est donc au roi, chef suprême de l'état (ibid., art. 13), à donner à la loi son action sur le corps social, en intimant aux autorités l'ordre de la garder et main-

tenir, de la faire garder, observer et maintenir, et de la faire publier partout où besoin sera. En d'autres termes, le roi seul promulgue les lois (ibid., art. 18).

3. La promulgation du roi rend la loi *exécutoire* dans tout le territoire français, en ce sens, qu'en elle est renfermé le principe de l'obéissance qui lui est due; mais l'obligation d'obéir, qui équitablement semblerait ne devoir commencer pour chaque personne que du jour où la promulgation lui serait effectivement connue, ne commence pas du moins dans les diverses parties du royaume, avant que la connaissance ait pu y parvenir. Jusque-là la loi ne sera donc pas encore *exécutée*.

Du reste, comme il eût été presque toujours impossible d'arriver à la preuve du moment précis où la loi a été connue, le législateur a dû suppléer à cette preuve par une présomption. Ainsi, la publicité qui accompagne la confection de la loi, celle que lui assure la forme de la promulgation, devant en répandre promptement la connaissance, la promulgation est réputée connue après un court délai (*un jour après celui de la promulgation*). Ce délai s'augmente à raison des distances (*un jour par 10 myriamètres*). V. C. civ., art. 1.

4. La distance devant se calculer entre la ville où se fait la promulgation (ordinairement Paris), et le chef-lieu de chaque département, la distance de Paris à chaque chef-lieu a été officiellement fixée par un règlement d'administration publique. V. arrêté des consuls du 25 therm. an xi (13 août 1803) (1).

---

(1) III, B, 312, n° 3149.

5. Le jour de la promulgation servant, comme on a vu, de point de départ au délai fort court après lequel la loi est réputée connue, il a paru rigoureux de faire consister cette promulgation dans le seul fait de la signature apposée par le roi, sans publicité, à la formule d'exécution. Des doutes s'étant élevés à ce sujet, il est intervenu une ordonnance du roi qui ne considère avec raison la promulgation comme parfaite qu'après que la loi revêtue de la formule signée du roi a été insérée au bulletin. Et comme il importait en outre de déterminer le moment précis de l'insertion, cette formalité n'est censée accomplie que par la réception, dûment constatée, du bulletin à la chancellerie. V. ord. 27 nov. 1816 (1), art. 1, 2 et 3.

6. Moyen de hâter, dans les cas extraordinaires, la publication des lois et ordonnances. V. ord. du 27 novemb. 1816, art. 4; et ord. du 18 janv. 1817 (2).

7. Remarquons ici que les règles établies par le Code sur la publication des lois ne comprennent dans leurs termes que les lois proprement dites. Toutefois il est évident qu'une analogie parfaite conduit à les appliquer également aux ordonnances du roi contenant des réglemens généraux. C'est au surplus ce que supposent les ordonnances ci-dessus citées.

8. Les effets des lois françaises sont envisagés ici :

1° Quant au temps qu'elles doivent régir;

---

(1) VII, B. 124, n° 1347.
(2) VII, B. 134, n° 1622.

2° Quant aux personnes et au territoire sur lesquels leur empire doit s'exercer.

9. A l'égard du temps, le législateur s'empresse de proclamer le principe de non rétroactivité. V. art. 2 (1).

Il en résulte qu'une loi nouvelle ne peut, en général, ni attribuer aux faits passés sous l'empire d'une loi précédente des conséquences qu'ils n'étaient point destinés à produire, ni empêcher que ces faits ne continuent à produire leurs conséquences directes.

Mais il n'en résulte pas que la capacité conférée par la loi à une personne, se conserve malgré le changement de la loi qui la conférait.

10. Quant aux personnes et au territoire, l'effet de la loi française se règle par la distinction faite précédemment entre les lois de police et de sûreté, les lois personnelles, et les lois réelles. V. art. 3 (2).

Remarquez au surplus que le principe qui applique la loi réelle aux biens situés sur le territoire, quels que soient leurs possesseurs, n'est proclamée ici, avec raison, qu'à l'égard des immeubles.

Quid à l'égard des meubles ?

Le principe qui fait appliquer la loi française suivant la distinction ci-dessus, ne doit-il pas à l'inverse faire appliquer la loi réelle étrangère aux immeubles possédés en pays étranger par des Français, et la loi personnelle étrangère aux étrangers résidant en France ?

Est-ce comme réelles ou comme personnelles qu'il faut considérer les lois qui règlent la capacité de disposer des biens ?

---

(1) Voyez ci-dessus, Introduction, n° 18.
(2) Voy. Introd., n°s 11, 15, 16, 17.

La règle n'est-elle pas de considérer comme réelle toute prohibition qui ne tient pas à une incapacité générale de la personne, telle que minorité, interdiction?

11. C'est principalement aux juges qu'est confiée l'application des lois, pour la décision des cas particuliers qui font naître des contestations. A cet égard, la loi impose à ceux-ci deux obligations également essentielles pour les maintenir dans la ligne de leurs attributions.

Ils ne rendraient pas aux plaideurs la justice qu'ils leur doivent, si sous un prétexte quelconque ils se dispensaient de juger le différend qui leur est soumis (1). A cet égard, leur refus dûment constaté constituerait le délit de déni de justice. V. art. 4; et à ce sujet, C. pr., art. 506, 507, 508; C. pén., art. 185.

Ils empiéteraient sur les pouvoirs du législateur si, ne se bornant pas à ce différend, ils prétendaient régler à l'avance, par leur décision, les cas qui peuvent se présenter (2). La loi le leur défend absolument. V. art. 5; C. pén., art. 127.

12. L'application des lois peut cesser dans certains cas particuliers, par l'effet des conventions, qui tiennent lieu de loi à ceux qui les ont faites (art. 1134). Mais sur ce point, nous avons vu qu'il y a des distinctions à faire; le Code pose ici le principe de ces distinctions, en proscrivant toute dérogation aux lois qui intéressent l'ordre public et les bonnes mœurs. V. art. 6 (3).

---

(1) Voyez Introd., n° 28.
(2) Voyez Introd., n° 31.
(3) Voyez Introd., n° 21.

LIVRE PREMIER.

DES PERSONNES.

13. Nous savons que le droit a deux objets, les personnes et les choses. Il est en général assez difficile d'envisager isolément chacun de ces deux objets. Toutefois on considère comme plus spécialement relatives aux personnes, les lois qui règlent leur état et la capacité qui en est la suite. C'est cet état et cette capacité que le législateur a eus principalement en vue dans son premier livre.

TITRE PREMIER.

DE LA JOUISSANCE ET DE LA PRIVATION DES DROITS CIVILS.

14. L'ensemble des facultés et des avantages conférés par la loi civile, forme ce que nous appelons *les droits civils*. Les différences que la qualité des personnes apporte dans l'exercice de ces droits, donnent lieu à plusieurs divisions qui seront successivement parcourues. Mais la plus générale, celle qui doit précéder toutes les autres, distingue les personnes qui jouissent de ces droits d'une manière quelconque, et celles qui en sont privées.

CHAPITRE I.

DE LA JOUISSANCE DES DROITS CIVILS.

15. Les droits civils, d'après l'idée que nous en avons donnée, diffèrent des droits politiques, que l'on peut définir la part attribuée aux membres de la société dans l'exercice de la puissance publique. Ces derniers seuls sont attachés à la qualité de citoyen. V. C. civ., art. 7. Joignez-y la loi du 22 frimaire an VIII (13 décemb. 1799), art. 2, 4, 5 et 6 (1), et recherchez jusqu'à quel point ces dispositions peuvent encore être appliquées.

16. Quant aux droits civils, ils appartiennent en général à tous les Français. V. art. 8 ; voy. cependant art. 22 et suivans.

17. On peut naître Français ou le devenir. Il résulte de la combinaison des art. 9 et 10 que, pour naître Français, il ne suffit pas de naître en France, et que cette condition n'est pas même nécessaire. La condition unique, mais indispensable, c'est de naître d'un Français.

Quid si l'enfant est né d'une Française et d'un étranger, *aut vice versâ ?*

Est-ce l'époque de la naissance ou celle de la conception, qu'il faut considérer, pour régler l'état de l'enfant par celui de ses père ou mère ?

18. Le Code indique trois manières de devenir Français.

La première est relative à l'enfant né en France d'un étranger. La naissance sur le territoire, sans lui conférer

---

(1) II, B., 333, n° 3448 bis.

immédiatement la qualité de Français, lui permet cependant de la réclamer. Mais cette faculté, bornée pour lui à l'année qui suit sa majorité, est subordonnée, comme de raison, à la condition de fixer son domicile en France, et d'observer à cet effet les formalités prescrites. Ces formalités consistent, pour celui qui réside en France, dans une simple déclaration d'intention, et pour celui qui ne réside pas encore, dans une soumission, qui doit être suivie d'effet dans l'année de l'acte qui en est dressé. V. art. 9.

Est-ce par la loi française que sera fixée la majorité de l'individu dont il s'agit, pour faire courir le délai dans lequel il doit réclamer?

A partir de quelle époque celui qui aura usé du droit conféré par notre article, pourra-t-il se prévaloir de la qualité de Français?

19. La seconde s'applique à l'enfant né en pays étranger d'un Français qui a perdu cette qualité. Son origine française le rend plus favorable encore que l'enfant d'origine étrangère qui a vu le jour en France. Il peut donc, comme celui-ci, mais il peut *toujours*, en remplissant les formalités ci-dessus, recouvrer la qualité que son père a perdue. V. art. 10.

Quid si l'enfant était né en France d'un Français ayant perdu cette qualité?

20. La troisième consiste pour les étrangères, dans leur mariage avec un Français. V. art. 12.

Quid si l'étrangère a épousé un étranger qui devienne ensuite Français?

21. Mais la manière générale de devenir Français est

établie par la loi du 22 frimaire an VIII (13 déc. 1799); qui, sur ce point, est encore en vigueur. Aux termes de cette loi (art. 3), *un étranger devient citoyen français*, et par conséquent Français, *lorsqu'après avoir atteint l'âge de vingt-un ans accomplis, et avoir déclaré l'intention de se fixer en France, il y a résidé pendant dix années consécutives.*

Il faut observer pourtant qu'après que l'étranger a rempli ces conditions, sa naturalisation doit encore être prononcée par le roi. V. décret du 17 mars 1809 (1).

22. Mais les exceptions admises par le Code civil ne sont pas les seules qu'ait subies cette règle générale. Ainsi, dans certains cas, les étrangers peuvent être admis par le roi à jouir du droit de citoyen français après un an de domicile. V. Sen. 19 fév. 1808 (2).

23. Ainsi encore, les habitans des départemens qui avaient été réunis à la France depuis 1791, peuvent, suivant quelques distinctions, être dispensés d'une partie des conditions prescrites par la loi du 22 frimaire an VIII. V. Loi 14 oct. 1814 (3).

Nous observons en outre qu'une ordonnance publiée en même temps que la charte de 1814, et émanée du même pouvoir, ne subordonne à aucune condition de résidence antérieure, mais seulement à la vérification dans les deux chambres, l'obtention des grandes lettres de naturalisation, nécessaires pour élever un étranger à

---

(1) IV, B. 229, n° 4195.
(2) IV, B. 181, n° 3064.
(3) V. B. 45, n° 355.

la plénitude de la qualité de citoyen français. Or, on ne peut guère douter qu'aux effets plus importans qu'entraîne cette naturalisation, ne se joignent ceux de la naturalisation ordinaire, si celle-ci n'a pas précédé. V. ord. 4 juin 1814 (1).

24. Les Français, de quelque manière qu'ils soient pourvus de cette qualité, jouissent, comme on l'a dit, des droits civils (art. 8). Quant aux étrangers, ils n'y participent que suivant plusieurs distinctions.

A cet égard, le principe général posé par le Code consiste à leur accorder la réciprocité des droits dont jouissent les Français dans leur pays, non en vertu des lois de ce pays, mais en vertu des traités faits avec la nation à laquelle ils appartiennent. V. art. 11; et à ce sujet, art. 726, 912, 2123, 2128, C. pr., art. 546.

Observons toutefois :

25. 1° Qu'en l'absence même de tout traité avec la nation à laquelle ils appartiennent, les étrangers participent toujours aux effets du droit naturel, ces effets étant communs à tous les hommes.

26. 2° Qu'une loi postérieure au Code civil les a même affranchis, sous certaines modifications, du principe de réciprocité, quant au droit de succéder, de disposer et de recevoir. V. Loi du 14 juillet 1819 (2).

27. 3° Qu'indépendamment même de la naturalisation, qui ne peut être obtenue que sous les conditions ci-dessus énoncées, il suffit à l'étranger d'être admis par le roi

---

(1) V, B. 17, n° 134.
(2) VII, B. 294, n° 6986.

à établir son domicile en France, pour y jouir de tous les droits civils. C'est une faveur principalement introduite en vue de ceux qui, voulant devenir Français, ont besoin, pour parvenir à la naturalisation, de résider un certain temps; mais cette faveur ne dure que tant que l'étranger continue de résider. V. art. 13.

L'autorisation, une fois accordée, ne peut-elle pas être retirée? ses effets alors ne doivent-ils pas cesser?

La loi exige-t-elle une résidence continuelle, ou seulement la conservation du domicile?

L'étranger admis à établir son domicile en France, cesse-t-il d'être régi par les lois personnelles de son pays?

Quel sera l'effet de l'autorisation qu'il aura obtenue, à l'égard de sa femme, et de ses enfans, majeurs ou mineurs, conçus ou nés soit avant soit depuis sa résidence en France?

28. Il résulte de ce qui précède que les étrangers, résidant ou non en France, sont reconnus capables de contracter. Le même principe étant admis partout, il peut arriver fréquemment que des étrangers soient obligés envers des Français, ou les aient eux-mêmes pour obligés. Dans ces cas, la loi française, toujours favorable aux nationaux, quand elle peut l'être sans iniquité, permet aux Français de traduire devant les tribunaux français, l'étranger obligé envers eux. Cette règle, plus facilement appliquée pour les obligations *contractées* en France avec un Français, est étendue par la loi à celles-là mêmes qui sont *contractées* en pays étranger *envers des Français*. V. art. 14.

Non moins juste au reste envers l'étranger, la loi l'autorise à traduire le Français devant les tribunaux de

France pour les obligations contractées par celui-ci, même en pays étranger. V. art. 15.

Les règles ci-dessus ne s'appliquent-elles pas aux engagemens formés sans convention comme aux obligations conventionnelles?

En matière réelle, quelle est la règle de compétence entre plaideurs français et étrangers?

29. Le demandeur étranger ne présentant en général aucune garantie, pour le paiement des frais et des dommages-intérêts auxquels ils pourrait être condamné par suite d'une attaque imprudente, la loi l'astreint, dans l'intérêt du défendeur, à fournir la caution appelée par les auteurs *judicatum solvi*. Cette obligation de fournir caution a lieu en toute matière, soit réelle, soit personnelle, sauf l'exception réclamée par la faveur du commerce; mais l'effet cessant avec la cause, l'étranger est dispensé de fournir caution quand il possède des immeubles, ou même quand il consigne somme suffisante. V. art. 16; C. pr., art. 166, 167; v. aussi art. 2041.

En dispensant l'étranger possesseur d'immeubles de fournir caution, la loi accorde-t-elle hypothèque sur ces immeubles?

L'étranger peut-il être traduit devant les tribunaux français par un étranger?

En cas d'affirmative, pourrait-il lui demander caution?

30. Toujours à raison du défaut de garantie offerte par un étranger non domicilié, les condamnations portées contre lui entraînent la contrainte par corps, il peut même être provisoirement arrêté avant la condamnation.

Mais, comme de raison, ces rigueurs ne sont autorisées par la loi qu'au profit des Français. Leur exercice d'ailleurs est sujet à quelques modifications et adoucissemens. V. L. 17 avril 1832 (1), art. 14-18.

31. Enfin l'étranger n'est point admis au bénéfice de cession (C. pr., art. 905).

CHAPITRE II.

DE LA PRIVATION DES DROITS CIVILS.

32. C'est pour les Français que sont établis les droits civils, dont les étrangers n'ont jamais qu'une jouissance précaire et subordonnée à certaines conditions. Ils se perdent donc avec la qualité de Français. On conçoit en outre que le citoyen qui par ses crimes porte le trouble dans la société, puisse être exclu des avantages sociaux; c'est sur ce principe qu'est fondée la privation des droits civils par suite des condamnations judiciaires.

SECTION I.

De la privation des droits civils par la perte de la qualité de Français.

33. Tout citoyen se doit à sa patrie; les devoirs que la patrie impose à ses enfans ne souffrent point de partage; on ne peut donc avoir deux patries. On doit conclure de là que tout Français abdique et perd cette qualité lorsqu'il adopte une patrie étrangère, soit en s'y faisant naturaliser (art. 17-1°); soit en se dévouant à son service :

---

(1) IX, 1re Partie, B. 73, n° 158.

par acceptation de fonctions publiques (art 17-2°), et à plus forte raison par enrôlement sous les drapeaux, ou par affiliation à une corporation militaire (art. 21-al. 1); soit en y formant un établissement sans esprit de retour (art. 17-3°), caractère qu'on ne peut s'empêcher de reconnaître au mariage contracté par une femme française avec un étranger (art. 19-al. 1).

Le Français qui perd sa qualité devient étranger, mais la faveur de l'origine que nous avons déjà vue s'attacher à l'enfant qui naîtrait de lui en pays étranger, peut s'appliquer à lui-même pour lui procurer la facilité de recouvrer la qualité perdue. Toutefois, il faut distinguer à cet égard entre les diverses causes qui entraînent cette perte (art. 18, 19-al. 2, 21-al. 2). Et dans aucun cas, le respect des droits acquis ne permet de donner au recouvrement d'effet rétroactif (art. 20).

34. Cela posé, la qualité de Français se perd :

1° Par la naturalisation en pays étranger, mais seulement après que cette naturalisation est acquise. V. art. 17-1°.

Quid s'il y avait seulement *denization ?*

2° Par l'acceptation de fonctions publiques conférées par un gouvernement étranger; et toutefois cet effet n'est avec raison attribué qu'à l'acceptation non autorisée par le roi. V. art. 17-2°.

3° Par un établissement quelconque en pays étranger, pourvu qu'il soit fait sans esprit de retour. On sent, au reste, sans qu'il soit besoin de s'en expliquer, que l'esprit de retour doit se juger d'après les circonstances; mais la nature des établissemens de commerce devant plutôt faire supposer la conservation que la perte de l'esprit de retour, la loi dit *qu'ils ne pourront jamais* être considérés comme ayant été faits sans cet esprit. V. art. 17-3° et al. dernier.

A quoi se réduit la différence signalée ici entre les établissemens de commerce et tout autre établissement?

Même en cas d'établissement non commercial, l'esprit de retour ne doit-il pas se présumer jusqu'à preuve contraire?

Cet esprit est-il tellement présumé dans l'établissement commercial que la preuve contraire ne puisse être admise?

Dans les trois cas ci-dessus, la qualité de Français peut *toujours* se recouvrer en faisant cesser les causes qui l'avaient fait perdre, c'est-à-dire en rentrant en France avec l'intention de s'y fixer, et en renonçant, s'il y a lieu, *à toute distinction contraire à la loi française* (1).

Toutefois, le retour en France ne produit cet effet qu'autant qu'il est autorisé par le roi, et l'intention doit être déclarée, ainsi que la renonciation aux distinctions. V. art. 18.

---

(1) Cette renonciation paraît n'avoir été prescrite qu'en vue de la disposition, aujourd'hui retranchée du Code, qui faisait perdre la qualité de Français par affiliation à une corporation exigeant des distinctions de naissance. La suppression de l'une semble rendre sans objet l'autre disposition. Toutefois, on peut encore donner un sens à celle-ci, en l'appliquant aux fonctions publiques acceptées d'un gouvernement étranger. Il est certain, en effet, que le Français qui aurait ainsi perdu sa qualité ne pourrait la recouvrer qu'en abdiquant les fonctions, ou en se faisant autoriser à les conserver.

35. La qualité de Français se perd 4°, pour les femmes, par leur mariage avec un étranger. V. art. 19-al. 1.

La femme dont le mari perd la qualité de Français pendant le mariage, suit-elle sa condition?

Mais la mort du mari faisant cesser la cause qui produisait l'expatriation, la femme veuve peut recouvrer sa qualité. Il paraît même qu'elle la recouvre de plein droit si elle réside en France. Autrement, il faut, comme dans les trois cas précédens, la rentrée en France avec autorisation, et la déclaration d'intention. V. art, 19-al. dernier.

36. Quelle que soit la faveur de l'origine, qui dans les quatre cas précédens, et au cas de l'article 10, fait recouvrer la qualité de Français, ce recouvrement n'en est pas moins une acquisition nouvelle de cette qualité, qui a bien réellement cessé jusqu'à l'accomplissement des conditions prescrites. C'est donc uniquement aux droits ouverts depuis cet accomplissement que doit rigoureusement s'appliquer la capacité qui en est la suite. Mais, pour prévenir à cet égard toute incertitude, la loi consacre ici formellement cette rigueur de principes. V. art. 20.

37. La qualité de Français se perd 5°, en prenant du service militaire chez l'étranger, ou en s'affiliant à une corporation militaire étrangère. Toutefois ici, comme pour l'acceptation de fonctions publiques, l'autorisation du roi justifiant suffisamment la conduite du Français, le préserve de toute conséquence fâcheuse. V. art. 21-al. 1.

Mais en l'absence de l'autorisation, ce cas d'expatriation est traité avec raison par la loi plus rigoureusement que tous les autres. Non-seulement il efface entièrement la faveur de l'origine en ne laissant au Français pour recouvrer cette qualité que les moyens ouverts à l'étranger pour l'acquérir; mais il lui fait même interdire l'entrée du territoire sans la permission du roi; le tout sans préjudice des peines qu'il encourrait d'après la loi criminelle, s'il avait porté ou s'il portait les armes contre la patrie. V. art. 21-al. dernier.

38. Deux décrets postérieurs au Code civil ont apporté des changemens importans aux dispositions ci-dessus. Nous analysons ici rapidement leurs dispositions principales, en tant seulement qu'elles peuvent se rattacher au droit civil.

Un premier décret, du 6 avril 1809, détermine plusieurs cas où les Français sont considérés comme ayant porté les armes contre la France. Ceux qui, rappelés de l'étranger, ne rentreraient pas en France, sont compris, suivant plusieurs distinctions, dans cette catégorie; et dans les cas même où ils n'y seraient pas compris, le décret prononce contre eux la mort civile avec confiscation.

39. Un second décret, du 25 août 1811, défend aux Français de se faire naturaliser en pays étranger sans autorisation, détermine le mode et les effets de la naturalisation autorisée, établit diverses peines et incapacités contre les Français naturalisés sans autorisation, auxquels il assimile ceux qui entrent sans permission au service d'une puissance étrangère. V. les d. décrets des 6

avril 1809 (1) et 26 août 1811 (2) ; voyez aussi avis du cons. d'Etat, 21 janvier (3), et 22 mai 1812 (4); ord. 9 août 1815 (5), 2 nov. 1815 (6), traité de paix du 30 mai 1814 (7), deux arrêts du conseil d'Etat, 19 juin 1814 (8), et ord. 16 déc. 1814 (9).

Jusqu'à quel point ces décrets, qui n'ont point été formellement abrogés, peuvent-ils être considérés comme encore en vigueur ?

SECTION II.

De la privation des droits civils, par suite des condamnations judiciaires.

41. Quoique le Code comprenne seulement sous cette rubrique la privation absolue des droits civils, qu'il désigne par l'expression énergique de *mort civile*, nous jugeons convenable d'y rapporter aussi les diverses dispositions soit des autres titres du même Code, soit du Code pénal, qui attachent à certaines condamnations l'effet de priver de quelques-uns de ces droits, ou d'en suspendre temporairement l'exercice.

---

(1) IV, B. 232, n° 4296.
(2) IV, B. 387, n° 7186.
(3) IV, B. 415, n° 7602.
(4) IV, B. 436, n° 7994.
(5) VII, B. 14, n° 65.
(6) VII, B. 42, n° 251.
(7) V, B. 16, n° 130.
(8) V, B. 21, n°s 173 et 174.
(9) V, B. 63, n° 542.

§ I.
De la mort civile.

42. Le mot *mort civile* emporte avec lui l'idée d'un retranchement complet de la cité. Il est évident que l'individu ainsi retranché est dans une position plus fâcheuse que l'étranger; car si la société doit accorder à celui-ci, auquel elle reconnaît la qualité de membre d'une autre cité, la participation aux droits émanés de la loi commune à toutes les nations, elle peut au contraire les refuser à celui qu'elle considère comme mort.

Cependant, comme elle lui laisse la vie naturelle, elle ne peut le priver des moyens de soutenir son existence, ni par conséquent lui enlever les droits nécessaires à cette fin. Il est même vrai de dire qu'elle ne lui refuse pas indistinctement les autres effets du droit naturel. C'est pour cela sans doute que la loi, en consacrant le nom de *mort civile* pour l'état des condamnés à certaines peines emportant privation des droits civils, n'a point parlé de *tous les droits civils*, mais seulement de ceux qu'elle exprimerait ultérieurement. V. art. 22.

43. Il résulte du même art. 22 que la mort civile, telle que le Code l'envisage, est toujours la suite d'une condamnation, qu'elle n'est pas une peine, mais l'effet de la peine portée par cette condamnation.

Faut-il conclure des termes de la loi que les effets de la mort civile soient exclusivement limités aux droits énoncés dans l'art. 25?

44. La publication du Code civil ayant précédé celle du Code pénal, notre législateur ne pouvait déterminer pré-

cisément les peines dont la mort civile serait la suite. Il se borne donc 1° à proclamer cet effet pour la condamnation à la peine de mort, la seule qui, dans la législation pénale d'alors, réunît les caractères par lui exigés; 2° à poser des principes sur celles qui pourraient l'entraîner à l'avenir.

Suivant ces principes, la mort civile, image de la mort naturelle, et conséquemment perpétuelle comme elle, ne peut résulter que d'une peine perpétuelle. La peine, en outre, doit être afflictive (v. C. pén., art. 6 et 7). Mais par dessus tout, il faut que la loi y ait attaché cet effet. V. art. 23 et 24.

Conformément à cette doctrine, le Code pénal attache cet effet à la déportation et aux travaux forcés à perpétuité (C. pén., art. 18). Ces deux peines, avec celle de mort, sont les seules qui dans notre législation actuelle emportent mort civile. Remarquons, au reste, qu'il n'était pas inutile de dire que la condamnation à la peine de mort emporterait mort civile. Car la mort civile, quoiqu'elle ne précède jamais l'exécution (art. 26 et 27), peut cependant précéder la mort naturelle, notamment dans les divers cas où l'exécution n'a lieu que par effigie.

La détention perpétuelle subie par le condamné à la déportation (v. Cod. pén., art. 17-al. dernier) entraîne-t-elle mort civile?

45. L'art. 25 détaille les effets de la mort civile; ils se rattachent tous à l'idée générale que nous en avons prise. Ils sont relatifs :

1° A l'ouverture de la succession du condamné (art.

718, 719); elle est exclusivement dévolue à ses héritiers *ab intestat*. V. art. 25-al. 1.

Pourquoi le testament fait par le condamné avant sa mort civile ne peut-il pas produire d'effet?

Quid si le condamné avait donné ses biens à venir dans les termes des art. 1082, 1084 et 1093?

46. 2° A l'incapacité de succéder, ou de transmettre à l'avenir par succession (voyez à ce sujet, art. 33). V. art. 25-al. 2.

Pourquoi le mort civilement ne peut-il transmettre les biens acquis depuis sa mort civile, puisque l'incapacité dont il est frappé ne l'empêche pas de transmettre ceux dont la mort civile le dépouille?

47. 3° A l'incapacité de disposer ou de recevoir à titre gratuit, sauf le droit de recevoir des alimens. Voy. art. 25-al. 3.

Pourrait-il exiger des alimens aux termes des art. 205, 206 et 207?

Est-il incapable de recevoir un don manuel?

48. 4° A l'incapacité d'être *nommé* tuteur (disons mieux, d'être tuteur), ou de concourir aux opérations relatives à la tutelle. V. art. 25-al. 4; et à ce sujet, art. 443, 445; C. pén., art. 28, 34-4°.

S'il était lui-même mineur, devrait-il être pourvu d'un tuteur?

Est-il privé du droit de puissance paternelle?

Son consentement est-il requis pour le mariage de ses enfans mineurs? Pourrait-il les émanciper?

49. 5° A l'incapacité d'être témoin dans les actes, ou de

porter témoignage en justice. V. art. 25-al. 5. N'en concluons pas que le mort civilement ne puisse déposer pour donner de simples renseignemens (voyez C. pén., art. 34-3°).

50. 6° A l'incapacité de procéder sous son nom en justice. Le Code, en conséquence, veut qu'il soit représenté par un curateur spécial nommé par le juge de l'action. V. art. 25-al. 6.

51. 7° A l'incapacité de se marier. V. art. 25-al. 7.

8° A la dissolution du mariage précédemment contracté. V. art. 25-al. 6; v. aussi art. 227-3°.

Remarquons au reste, pour l'incapacité de contracter comme pour la dissolution, que le législateur a soin d'en borner expressément l'application aux effets civils du mariage.

Serait-il permis au mort civilement de contracter en France un mariage de conscience devant le ministre de son culte? Faudrait-il préalablement une célébration devant l'officier de l'état civil? Appliquerait-on ici les articles 199 et 200 du Code pénal?

Le mariage contracté par le mort civilement différerait-il devant la loi d'un mariage nul? La bonne foi lui assurerait-elle les effets civils (art. 201, 202)?

Le mariage dissous par la mort civile, ou contracté depuis cette mort encourue, ferait-il obstacle à la faculté de se remarier?

52. 9° A l'ouverture pour le conjoint et pour les héritiers, des droits et actions auxquels donnerait lieu la mort naturelle. V. art. 25, al. dernier.

Voir à ce sujet art. 1517, 617 et 1982, et rechercher pourquoi la mort civile qui donne ouverture au préciput ou autres gains de survie, et qui éteint l'usufruit, n'éteint pas également la rente viagère.

Au profit de qui se continuera le paiement de cette rente après la mort civile du propriétaire?

53. Le mort civilement reste-t-il Français? Les incapacités dont le frappe la loi française peuvent-elles lui être appliquées même en pays étranger?

54. Tous ces effets commençant avec la **mort civile**, il est bien important de fixer d'une manière précise l'époque où le condamné en est frappé. Le législateur a pensé qu'une incapacité qui intéresse la société tout entière, ne pouvait commencer avant d'être rendue publique par l'exécution. Il était d'ailleurs conforme à la nature de la mort civile, qui n'est que la suite d'une peine, de ne pas précéder sa cause. C'est donc un principe certain que la condamnation ne peut produire la mort civile, si elle n'est pas exécutée au moins par effigie.

En outre, l'équité qui ne permet pas qu'un homme soit irrévocablement jugé s'il n'a pas été entendu, ouvre au condamné qui n'a pas été à même de se défendre, les chances d'un nouveau jugement; d'un autre côté, les suites de la mort civile sont de leur nature irrévocables; on n'a donc pas dû attribuer immédiatement le même effet à l'exécution des condamnations contradictoires, et à celle des condamnations par contumace. Pour ces dernières, l'effet est suspendu pendant cinq ans. V. art. 26 et 27.

A quel moment du jour de l'exécution la mort civile est-elle encourue, si la condamnation est contradictoire?

De quel moment comptera-t-on les cinq ans, si elle est par contumace?

Quand la condamnation aux travaux forcés à perpétuité est-elle réputée exécutée?

Quid juris pour la déportation?

Est-ce par la mort naturelle ou par la mort civile qu'est réputée ouverte la succession du condamné à mort exécuté réellement? En conséquence, son testament est-il valable ou nul?

55. Du reste, si la loi doit surseoir à déclarer irrévocablement coupable et à traiter absolument comme tel, l'accusé qui ne se présente pas, elle ne peut cependant laisser impunie sa désobéissance aux ordres de justice. De là les mesures de rigueur prescrites par la loi criminelle contre le contumax, dès avant sa condamnation, quel que soit le crime dont il est accusé; et les mesures spécialement prescrites par notre Code contre le condamné par contumace à une peine emportant mort civile.

56. Au nombre des mesures prescrites par la loi criminelle, se trouve le séquestre, qui doit être apposé sur les biens du contumax, à la diligence du directeur des domaines de son domicile (voy. C. d'instr. crim., art. 465, 466, al. dern.).

Ce séquestre continue après la condamnation, puisque le compte ne doit en général être rendu qu'après qu'elle sera devenue irrévocable (C. d'instr. crim., art. 471; v. à ce sujet *ibid.*, art. 635, 641).

C'est donc la régie qui continue à administrer les biens, lesquels, à partir de l'exécution de l'arrêt, sont *considérés et régis comme biens d'absent* (C. d'instr. crimin., art. 471).

Quant à la personne du contumax, il ne paraît pas que cet état en lui-même entraîne d'autres incapacités que la suspension de l'exercice des droits de citoyen, et l'interdiction, pendant l'instruction de la contumace, de toute action en justice (v. C. instr. crim., art. 465).

57. Mais en ce qui concerne le condamné par contumace à une peine emportant mort civile, la loi, qui comme on l'a vu lui laisse, pendant les cinq années de grâce, la jouissance de ses droits civils (art. 27), le prive durant ce temps, jusqu'à sa comparution volontaire ou forcée, de l'exercice de ces mêmes droits. Ainsi, cet exercice, qui comprend l'administration de ses biens, ne peut appartenir qu'à d'autres en son nom. A cet égard, la loi dit que les biens seront administrés et les droits exercés *de même que ceux des absens*. V. art. 28.

La privation de l'exercice des droits civils produirait-elle, pour le condamné, incapacité de se marier ? Ne produit-elle pas certainement incapacité de tester ?

L'assimilation faite par l'article 28 entre les condamnés par contumace et les absens est-elle entière, si bien qu'il faille appliquer ici toutes les règles établies au titre des absens ?

Spécialement, faut-il admettre que, par application de l'article 120, les héritiers présomptifs pourront, soit immédiatement, soit après un certain temps, obtenir l'envoi en possession ?

Ne faut-il pas décider, au contraire, par application du Code d'instruction criminelle, art. 471, qu'ici, comme dans tous les cas de contumace, c'est par la régie des domaines que les biens seront administrés *comme biens d'absent ?*

Conséquemment, que cette administration ne sera pas, comme sous l'empire de la législation précédente, au profit de l'état (1); — Et qu'elle continuera, sinon jusqu'à l'irrévocabilité de la condamnation, au moins jusqu'à la mort civile encourue? nonobstant av. du cons. d'état du 20 septembre 1809 (2).

Dans ce système, la régie ne peut-elle pas prétendre à la portion de fruits accordée aux envoyés en possession ou à l'administrateur légal par l'art 127?

58. Les rigueurs déployées contre le contumax sont plutôt la peine de sa désobéissance à justice que l'effet d'une présomption de culpabilité. Du reste, l'équité veut, et il est de principe en toute matière, qu'une personne jugée sans avoir été entendue puisse se faire juger de nouveau. Cette règle s'applique particulièrement au contumax. Ainsi, sa comparution volontaire ou forcée, pourvu toutefois qu'elle ait lieu avant que la peine soit éteinte par prescription (v. C. instr. crim., art. 641), suffit pour anéantir de plein droit toute la procédure de contumace et le jugement qui l'a suivie. Cet anéantissement est complet et indépendant du jugement à intervenir (C. instr. crim., art. 476).

59. Ce principe, proclamé également par la législation antérieure (3), est appliqué par le Code civil au condamné par contumace à une peine emportant mort civile. Cependant, la loi distingue avec raison si la comparution a lieu avant ou après l'expiration des cinq années de grâce.

---

(1) Code des délits et des peines, 3 brumaire an IV [25 octobre 1795], art. 475 (I, B. 204, n° 1221).

(2) IV, B. 245, n° 4742.

(3) Ord. de 1670, tit. 17, art. 18; Code des délits et des peines, art. 476.

Au premier cas, l'application est simple : le condamné qui n'est plus qu'un accusé, rentrant naturellement dans l'exercice de ses droits civils, est remis en possession de ses biens. Quant à la mort civile, il est évident qu'il ne peut l'encourir qu'en vertu d'une nouvelle condamnation à une peine qui l'emporterait, et à compter de l'exécution de cette condamnation. V. art. 29.

L'anéantissement du jugement ferait-il considérer comme valables les actes faits par le condamné, pendant qu'il était, par l'effet de ce jugement, privé de l'exercice de ses droits civils?

Au second cas, il y a bien aussi anéantissement du jugement, en ce sens qu'il y a lieu à jugement nouveau. Mais la mort civile encourue purement et simplement par l'expiration du délai, ne peut plus cesser que pour l'avenir. Conséquemment, les effets qu'elle a produits pendant sa durée sont conservés au premier jugement pour le passé. Bien plus, quoique en principe la simple comparution anéantisse le jugement de contumace, quel que soit l'évènement du jugement à intervenir, le Code civil semble n'attribuer qu'à un jugement d'absolution l'effet de rendre au condamné la vie civile pour l'avenir, en faisant toutefois remonter cet effet au jour de la comparution. V. art. 30; v. aussi C. instr. crim., art. 476, al. dernier.

Sous le dernier rapport, l'art. 476 du Code d'instruction criminelle déroge-t-il au Code civil?

Sans admettre de dérogation, ne faut-il pas interpréter l'article 30 en ce sens que le législateur n'a voulu refuser à la comparution l'effet de rendre la vie civile, qu'autant qu'elle serait suivie d'un jugement de condamnation?

Quid si le condamné qui a comparu après les cinq ans meurt avant le nouveau jugement?

Dans le cas de l'art. 30, le jugement par contumace est-il anéanti, même pour les condamnations civiles?

Le condamné recouvre-t-il ses biens? Combinez C. civ., art. 25, 27, 30, avec C. instr. crim., 471.

Son mariage antérieur à la mort civile subsiste-t-il, ou recouvre-t-il ses effets? Combinez les art. 25, 27 et 30, avec l'art. 227-3°.

60. La loi accordant cinq ans au contumax pour se représenter, et la condamnation ne faisant réellement peser sur lui dans ce délai aucune présomption de culpabilité, sa mort dans les cinq ans doit, comme sa comparution, opérer l'anéantissement du jugement. Quant à la mort civile, il est clair qu'il ne l'a pas encourue, et qu'il ne peut plus l'encourir. Il est donc *réputé*, disons mieux, il est *vraiment*, mort dans l'intégrité de ses droits. A l'égard du crime qui lui est imputé, l'anéantissement de la condamnation fait qu'il n'y a rien de jugé. Dès-lors, il y a lieu à nouveau jugement, non de la justice criminelle, car l'action publique est éteinte par la mort du prévenu; mais l'action civile peut être intentée contre ses héritiers, auquel cas c'est nécessairement devant les tribunaux civils qu'elle doit être portée. V. art. 31; et à ce sujet, C. instr. crim., art. 1, 2 et 3.

Au cas de notre article, la mort du condamné ne ferait-elle pas considérer comme valables les actes qu'il a faits pendant qu'il était privé de l'exercice de ses droits civils? N'est-ce pas là ce que la loi veut dire en le *réputant* mort dans l'intégrité de ses droits?

61. Le condamné, contradictoirement ou par contumace, peut, en se soustrayant pendant un long espace de temps aux recherches de la justice, se mettre pour l'avenir à l'abri de son action. Après vingt ans de la date de l'arrêt, il y a prescription (C. instr. crim., art. 635). Mais le condamné qui a prescrit sa peine ne peut, sous aucun rapport, être assimilé à celui qui purge sa contumace. Loin de présumer son innocence, la loi ne lui permet plus d'en offrir la démonstration en se soumettant volontairement aux chances d'un nouveau jugement. Car, par l'effet de la prescription, la condamnation, même par contumace, devient irrévocable (voy. C. instr. crim., art. 471 *in fin.*, 476, 641).

Au reste, comme en se soustrayant à la peine il n'a pu se soustraire à la mort civile, qui l'a frappé par le moyen de l'exécution par effigie, la prescription de la peine ne le réintègre en aucun cas dans ses droits civils, même pour l'avenir. V. art. 32.

Ne peut-il pas alors avoir recours à la clémence du roi?

Quel est en général, quant à la mort civile, l'effet de la grâce ou de la commutation de peine. V. à ce sujet av. du cons. d'ét. 8 janv. 1823 (1); C. instr. crim. art. 619.

62. Le mort civilement qui a prescrit sa peine, vit au sein de la société sous la protection des lois (v. cependant C. instr. crim., art. 635). C'est à lui principalement que se trouvent applicables les diverses incapacités ci-dessus indiquées.

Au reste le mort civilement, soit qu'il subisse sa peine,

---

(1) VII, B. 579, n° 14047.

soit qu'il l'ait prescrite, peut acquérir de nouveaux biens; mais là s'applique l'incapacité de transmettre prononcée par l'article 25. Si donc il vient à mourir, il y a forcément déshérence, et par conséquent dévolution à l'état (C. civ., art. 539, 713, 723, 768). Toutefois la loi qui brise les liens qui l'unissaient à son conjoint et à sa famille, ne considère pas ces liens comme entièrement détruits. Elle permet au roi d'y avoir égard pour faire telles dispositions que l'humanité lui suggérera. Voy. art. 22.

En cas de mariage contracté de bonne foi avec le mort civilement, les enfans qui en proviennent, et à leur défaut le conjoint, n'auraient-ils pas droit à sa succession? Les enfans succéderaient-ils aux parens du mort civilement?

La condition même de bonne foi est-elle nécessaire pour autoriser au profit de la veuve et des enfans les dispositions que l'humanité peut suggérer au roi?

§ II.

De la privation partielle des droits civils, par suite des condamnations judiciaires.

63. La flétrissure morale qu'imprime toute condamnation à une peine infamante, ne saurait se concilier avec la jouissance de certains droits civils, principalement fondés sur la confiance qu'inspirent ceux qui sont appelés à les exercer.

Le Code civil lui-même applique ce principe, 1° en ce qui concerne pour le mari le droit d'autoriser sa femme (v. art. 221); 2° en ce qui concerne la capacité d'être tuteur (art. 443), et par suite celle de voter dans les conseils de famille (art. 445).

64. Mais indépendamment de ces dispositions particulières qui seront expliquées et analysées en leur lieu, il existe dans la législation pénale des dispositions plus générales, en vertu desquelles on peut encourir, principalement ou accessoirement, indéfiniment ou à temps, la privation partielle des droits civils par suite de condamnations judiciaires.

65. Ainsi, au nombre des peines infamantes se trouve la dégradation civique, qui doit dès-lors, aux cas que la loi détermine, être prononcée comme peine principale (C. pén., art. 8); mais qui, sans avoir besoin d'être prononcée, est l'accessoire nécessaire de toutes les peines *criminelles* actuellement admises dans notre législation, qui n'ont pas l'effet plus étendu d'emporter mort civile (v. C. pén., art. 28).

Dans les deux cas, la dégradation civique consiste dans la privation, non-seulement de tous les droits civiques (v. C. pén., art. 34-1°, 2 et 5°), mais dans la privation de certains droits civils qui reposent sur une confiance que le condamné n'est plus digne d'inspirer.

Les effets de la dégradation civique, quant aux droits civils, consistent 1° dans l'incapacité d'être expert ou témoin; ce qui pourtant n'exclut point l'aptitude à déposer en justice pour y donner de simples renseignemens (C. pén., art. 34-3°);

2° Dans l'exclusion des conseils de famille et dans l'incapacité de la tutelle ou de toute autre fonction du même genre, sauf toutefois l'exception relative aux propres enfans du condamné, dont il n'est plus, il est vrai, tuteur de droit, mais à l'égard desquels il peut encore remplir les fonctions ci-dessus, sur l'avis conforme de la famille (C. pén., art. 34-4°).

La dégradation civique est encourue, et par conséquent les incapacités commencent, du jour où la condamnation contradictoire devient irrévocable. Elle s'encourt même en vertu des condamnations par contumace, et sans attendre leur irrévocabilité (1), mais du jour seulement de l'exécution par effigie (C. pén., art. 28). Cette double règle, au reste, quoiqu'elle semble plus spécialement proclamée pour la dégradation civique accessoire, s'applique incontestablement à la dégradation civique prononcée comme peine principale.

Lors même qu'elle n'est que l'accessoire d'une peine temporaire, la dégradation civique est toujours une peine, sinon perpétuelle, au moins d'une durée indéfinie. Ses effets ne peuvent cesser que par une réhabilitation obtenue sous les conditions et dans les formes légales (v. à ce sujet C. instr. crim., art. 619 et suivans).

66. Les peines afflictives ont de plus, mais seulement pendant leur durée, l'effet de priver entièrement le condamné de l'exercice de ses droits civils; la loi les déclare en état d'*interdiction légale* (v. C. pén., art. 29, 30 et 31).

67. Indépendamment des effets attachés aux condamnations criminelles par les articles ci-dessus, l'interdic-

---

(1) Sauf, bien entendu, l'effet ordinaire de la comparution du condamné (C. instr. crim., art. 476).

tion à temps de certains droits civiques, civils et de famille, est elle-même considérée comme une peine correctionnelle, que les tribunaux peuvent ou doivent prononcer dans les cas déterminés par la loi (C. pén., art. 9, 42, 43). Remarquons à ce sujet que les droits civils, auxquels s'applique l'interdiction dont il s'agit, sont précisément les mêmes que ceux dont la dégradation civique opère la privation (v. C. pén., art. 42-5°, 6°, 7°, 8°).

68. Il existe dans la législation un autre cas où la jouissance des droits civils pourrait n'être que partielle, c'est celui de déportation. En effet, la mort civile qui est la suite de cette peine n'est pas exclusive de la faculté attribuée au gouvernement, d'accorder au déporté l'exercice de tout ou partie des droits civils (C. pén., art. 18, al. dernier).

TITRE DEUXIÈME.

DES ACTES DE L'ÉTAT CIVIL.

69. Les personnes mêmes qui jouissent des droits civils les exercent diversement, suivant leurs diverses qualités. Ces qualités en raison desquelles chaque personne exerce différemment ses droits civils, constituen son état civil. Cet état diffère principalement à raison de

l'âge et du sexe, de la famille à laquelle on appartient, du rang qu'on y occupe, comme père, comme époux, comme enfant. On sent assez combien il est important de fixer, sous tous ces rapports, l'état des personnes. Pour y parvenir, la loi veut que l'on constate par des procès-verbaux la naissance et la filiation, le mariage, et le décès de chacun. Ce sont ces procès-verbaux que l'on désigne sous le nom d'actes de l'état civil.

Certaines règles sont communes à tous les actes de l'état civil; elles sont comprises dans le premier chapitre. Il y a ensuite pour chaque nature d'acte des règles spéciales qui font l'objet des chapitres 2, 3 et 4. Le 5ᵉ chapitre contient les exceptions admises, dans un cas particulier, aux règles précédemment tracées. Enfin un chapitre spécial est consacré à la rectification de ces actes.

CHAPITRE I.

DISPOSITIONS GÉNÉRALES.

70. Ces dispositions sont relatives à la rédaction des actes (art. 34-39);

A la tenue et à la conservation des registres sur lesquels les actes doivent être inscrits (art. 40-44);

A la publicité des actes (art. 45);

A la manière de suppléer aux actes tenus dans la forme ordinaire (art. 46-48).

L'art. 49 indique la marche à suivre dans un cas particulier d'une application assez fréquente.

Le reste du chapitre a principalement pour objet la sanction des dispositions précédentes (art. 50-54).

71. Les actes doivent être rédigés dans la forme la plus propre à certifier leur sincérité.

Trois sortes de personnes concourent à cette rédaction : l'officier de l'état civil (1), les témoins et les comparans ou parties intéressées.

Les comparans déclarent à l'officier public les faits qu'ils ont intérêt à faire constater.

L'officier de l'état civil atteste que les déclarations ont été faites; il constate en outre certains faits *de visu*.

Les témoins sont là pour corroborer le témoignage de de l'officier de l'état civil; ils servent aussi à certifier l'identité des comparans et la sincérité de leurs déclarations. Du reste, il est un cas (art. 78) où les témoins sont eux-mêmes déclarans.

72. Comme tous actes publics, ceux de l'état civil doivent énoncer précisément l'époque de leur confection; on indique l'année, le jour, l'heure; ils doivent désigner clairement toutes les personnes qui y figurent à divers titres. L'indication exigée est celle des prénoms, noms, âge, profession et domicile. V. art. 34.

73. Ils doivent se renfermer strictement dans leur objet; ainsi l'officier public n'y doit pas consigner tout ce

---

(1) Ces fonctions sont confiées aux maires ou adjoints (Loi du 28 pluv. an VIII (17 fév. 1806) [III, B. 17, n° 115], art. 13). Mais c'est là une attribution spéciale qui ne rentre nullement dans leurs fonctions administratives. Ils sont, à cet égard, fonctionnaires de l'ordre judiciaire.

qui lui est déclaré, mais seulement ce qu'il est permis de lui déclarer. Toute note ou énonciation quelconque qui tendrait à éluder cette règle est nommément comprise dans la prohibition. V. art. 35 ; et à ce sujet, art. 85, 340.

74. Les parties intéressées ne sont pas toujours obligées à comparaître en personne ; mais l'acte tirant en grande partie sa force de la qualité des déclarans, il faut qu'il apparaisse clairement des pouvoirs de ceux qui se présentent pour les remplacer. La loi exige à cet effet une procuration spéciale et authentique. V. art. 36.

Dans quel cas les parties doivent-elles comparaître en personne ?

75. Pour ne point contrarier des habitudes anciennes, et qui reposent d'ailleurs sur des sentimens dignes d'encouragement, la loi laisse aux parties le choix des témoins ; elle se borne à exiger certaines qualités, et sous ce rapport même, elle est plus indulgente que pour les actes ordinaires ; car il suffit ici que les témoins, parens ou autres, soient mâles et âgés de 21 ans. V. art. 37 ; v. d'ailleurs L. 25 vent. an XI (16 mars 1803) (1), art. 9 et 10 ; C. civ., 975, 980.

76. L'acte rédigé sur la déclaration des parties ou de leurs fondés de pouvoir, en présence des témoins, doit être lu aux uns et aux autres par l'officier public qui l'a dressé ; l'accomplissement de cette importante formalité est constatée par une mention particulière. Après

---

(1) III, B. 258, n° 2440.

quoi les comparans, les témoins et l'officier public doivent l'approuver par leur signature, sauf l'empêchement des comparans et même des témoins, dont la signature est alors remplacée par la mention de l'empêchement et de sa cause. V. art. 38 et 39.

77. Pour mieux assurer la conservation des actes de l'état civil, la loi veut qu'ils soient inscrits sur des registres; que ces registres soient tenus doubles et gardés dans des dépôts séparés; elle prend du reste toutes les précautions possibles pour empêcher que les actes ne soient supprimés, altérés ou fabriqués après coup (art. 40-44).

A cet effet, les actes sont inscrits dans chaque commune, sur un ou plusieurs registres, lesquels sont, comme on l'a dit, tenus doubles. V. art. 40.

Les registres, préalablement cotés par première et dernière, et paraphés sur chaque feuille par le président ou le juge, sont par ce moyen mis à l'abri des suppressions ou intercalations de feuillets. V. art. 41.

Pour prévenir l'intercalation des actes ou parties d'actes sur les feuilles du registre, la loi veut que l'inscription ait lieu de suite, sans aucun blanc. Elle évite une foule d'autres fraudes, en exigeant que les ratures et les renvois soient approuvés et signés de la même manière que le corps de l'acte, et en défendant ici toute abréviation ou date en chiffres. V. art. 42.

Toujours dans le but d'éviter le danger des blancs, les registres doivent être clos et arrêtés à la fin de chaque année par l'officier de l'état civil. Toutes ces précautions sont complétées par la remise de chacun des doubles sous la garde d'un dépositaire différent. Le double dépôt d'ailleurs diminue la chance de perte par incendie ou autre accident. A cet effet, les registres doivent dans un bref délai, un mois, être déposés, savoir l'un des doubles aux archives de la commune, et l'autre au greffe du tribunal. V. art 43.

Il est plusieurs pièces, et notamment les procurations (v. art. 36; v. aussi art. 68, 69, 70, 73), qui doivent demeurer annexées aux actes de l'état civil, parce qu'elles tendent à en justifier la régularité. Il faut d'abord, pour constater l'identité de ces pièces, qu'au moment de la remise qui en est faite à l'officier de l'état civil, elles soient paraphées par lui et par la personne qui les produit. Après quoi, lors du dépôt d'un des doubles au greffe, c'est ce double qu'elles doivent accompagner pour demeurer avec lui dans le dépôt qui offre le plus de garantie. V. art. 44.

78. Nul n'ayant un intérêt légal à dissimuler son état, que la société tout entière est au contraire intéressée à connaître, la loi a dû assurer la publicité des actes de l'état civil. De là l'obligation pour les dépositaires des registres d'en délivrer extrait à tout requérant (1). Ces extraits font foi jusqu'à inscription de faux; mais il faut pour cela deux conditions : 1° qu'ils soient *délivrés conformes*; 2° qu'ils soient dûment légalisés. Voy. art. 45; voy aussi art. 1317, 1319, 1334, 1335.

---

(1) Voy. à ce sujet av. Cons. d'Et., 2 juill. 1807 (IV, B. 150, n° 2554), et décr. 12 juillet 1807 (IV, B. 152, n° 2567).

La légalisation est-elle exigée lorsque c'est dans l'arrondissement où il a été reçu que l'acte est produit ? V. L. 25 ventôse an XI (16 mars 1803) (1), art. 28.

Si l'extrait porte la mention qu'il est délivré conforme au registre, la représentation du registre original peut-elle être exigée ?

Les extraits et les registres eux-mêmes font-ils foi jusqu'à inscription de faux, de tout leur contenu ? Ne faut-il pas distinguer entre les faits attestés par l'officier de l'état civil, et ceux qui sont déclarés par les parties ? V. à ce sujet C. pén., art. 145-149; combinez notamment art. 146 et 147. V. pourtant C. civ., art. 319; v. au surplus C. pén., art. 345 et 363.

79. Ce n'est en général que par les actes dressés dans la forme ci-dessus que chacun doit justifier de son état. La loi néanmoins a prévu deux cas où cette règle ne pouvait être appliquée sans injustice.

Le premier est celui de perte ou de non-existence des registres. Cette perte ou cette non-existence ne pouvant être imputée aux intéressés, ceux-ci sont admis, en en fournissant la preuve telle que de droit, à suppléer aux actes qui manquent par les seuls moyens qui soient en leur pouvoir. Ainsi, le fait de la non-existence ou de la perte des registres devra d'abord être prouvé ; cette preuve se fera tant par titres que par témoins. Après quoi les différens faits relatifs à l'état civil, naissances, mariages, décès, se prouveront eux-mêmes, tant par papiers domestiques que par témoins. Au reste, parmi les papiers domestiques, la loi n'indique ici comme élémens de preuve que les registres et papiers émanés

---

(1) III, B. 258, n° 2440.

des pères et mères ; et pour cela même elle exige le décès de ceux-ci. V. art. 46.

Quid si les père et mère sont vivans ? Ne faut-il pas alors les entendre comme témoins ?

Faut-il, pour l'établissement des différens faits à prouver, le concours de la preuve testimoniale et de la preuve par écrit ? L'une des deux au contraire ne suffit-elle pas ?

Dans le cas de notre article, pourrait-on prouver sa filiation par témoins, sans commencement de preuve par écrit, nonobstant les art. 323 et 341 ?

Peut-on appliquer notre article lorsque les registres existent, mais qu'un acte y a été omis ou en a été retranché ?

80. Le second cas est celui où la naissance, le mariage ou le décès aurait eu lieu en pays étranger. A cet égard, deux voies sont ouvertes :

L'une, commune aux Français et aux étrangers, est l'application pure et simple de la maxime : *Locus regit actum* (1). V. art. 47.

L'autre, particulière aux Français, tend à leur réserver, autant que possible, même en pays étranger, les avantages et les garanties offertes par la loi française. Ils peuvent à cet effet recourir au ministère des fonctionnaires français, chargés à divers titres de protéger à l'étranger les intérêts politiques ou commerciaux de notre patrie. En conséquence, les actes des Français en pays étranger, reçus conformément aux lois françaises, par les agens diplomatiques ou par les consuls, sont aussi valables que s'ils l'avaient été en France par l'officier ordinaire de l'é-

---

(1) Voy. ci-dessus Introduction, n° 17.

tat civil. V. art. 48; voy. à ce sujet ord. du 22 octobre 1833 (1).

Quid si l'acte était passé entre des Français et des étrangers?

81. Souvent la mention d'un acte relatif à l'état civil doit avoir lieu en marge d'un acte déjà inscrit, que le dernier a pour objet de compléter ou de rectifier (art. 62, 101). Cette mention est faite sur chacun des deux registres doubles, par l'officier public qui s'en trouve actuellement dépositaire; elle a lieu sur la seule réquisition des parties intéressées. Mais comme il importe que la mention soit faite d'une manière uniforme sur les deux registres, la loi y pourvoit en obligeant l'officier de l'état civil d'appeler sur ce point la surveillance du procureur du roi. V. art. 49.

82. Quelque importance que le législateur ait mise à l'accomplissement des formalités prescrites pour la rédaction des actes de l'état civil, et pour la tenue exacte des registres, il est certain néanmoins qu'il n'a pas en général attaché à leur inobservation la peine de nullité. La sanction de la loi se trouve donc principalement dans les peines et la responsabilité encourues par les fonctionnaires qui ne remplissent pas toutes les obligations qui leur sont imposées.

83. La peine commune à tout fonctionnaire, pour contraventions aux articles précédemment analysés, consiste dans la condamnation à une amende, dont le *maximum* est fixé à cent francs. Cette amende est prononcée par

---

(1) IX, Part. 2, sect. 1, B. 266, n° 5051.

les tribunaux de première instance jugeant civilement. V. art. 50, et av. de Cons. d'Et. 4 pluv. an XII (25 janv. 1804 (1).

Quant à la responsabilité, elle est, de droit commun, encourue pour tout dommage causé par faute ou négligence (1382, 1383). La loi fait l'application de ce principe aux dépositaires des registres en les déclarant civilement responsables, sauf leur recours, des altérations commises; car elles sont réputées imputables à leur négligence. V. art. 51.

A plus forte raison, les auteurs de ces altérations et autres crimes ou délits sont-ils passibles de dommages-intérêts, sans préjudice des peines portées par le Code pénal. Cela s'applique notamment à l'inscription des actes sur feuilles volantes et autrement que sur les registres à ce destinés. V. C. civ., art. 52; C. pén., art. 145, 146, 147, 192.

84. C'est aux procureurs du roi près les tribunaux de première instance qu'est particulièrement confié le soin de rechercher et de poursuivre les contraventions en matière d'état civil. Cette mission leur est conférée par la loi civile, indépendamment de la mission générale relative aux crimes et délits, qu'ils tiennent de la législation criminelle (C. instr. crim., art. 22). Notre Code les oblige en conséquence à procéder à une vérification des re-

---

(1) Cet avis n'est point inséré au Bulletin des lois; il a été communiqué aux officiers du ministère public par le ministre de la justice. V. *M. Locré*, Esprit du Code civil, tome II, pag. 75 et 77, édit. in-8°.

gistres (1), et à requérir (devant le tribunal civil) la condamnation aux amendes. Du reste, et pour l'application des peines plus graves auxquelles peuvent donner lieu les faits de tout genre désignés ici sous le nom de *contraventions ou délits,* leur ministère semble borné à *dénoncer* ces faits. V. art. 53; mais voy. C. instr. crim., art. 22, 32 et suiv., 47, 182 (2).

85. Après avoir ainsi restitué à l'autorité judiciaire les attributions de police et même de juridiction, que la loi antérieure avait confiées à l'autorité administrative, relativement aux actes de l'état civil (3), le législateur complète son ouvrage, en réservant aux parties intéressées le recours tel que de droit, contre les jugemens qui interviendront en cette matière. Remarquons, au reste, que cette règle fondée sur le principe général des deux

---

(1) Voy. à ce sujet, Ord. du 26 nov. 1823 (VII, B. 640, n° 15,963).

(2) Remarquons ici que les officiers de l'état civil n'étant pas en cette qualité agens du gouvernement, peuvent être poursuivis sans une décision préalable du conseil d'État. Av. cons. d'Ét. ci-dessus cité, 30 nivôse, appr. 4 pluviôse an XII (21-25 janv. 1804). Au reste, un avis du conseil d'Etat, approuvé le 31 juillet 1806, autorise le ministre de la justice à prescrire aux procureurs du roi de lui faire connaître les poursuites qu'ils se proposent de faire, et à arrêter celles qui n'auraient pas pour objet des négligences vraiment coupables par leur gravité. (Circ. du min. de la just., 10 sept. 1806.)

(3) Loi du 20 sept. 1792. Voy. à ce sujet l'exposé des motifs par le conseiller d'État *Thibaudeau,* et le discours prononcé au corps législatif par le tribun *Chabot de l'Allier.*

degrés de juridiction n'est pas bornée dans son application, au cas où il s'agit du délit ou de contravention; et elle est proclamée ici pour tous les cas où un tribunal de première instance connaîtra des actes relatifs à l'état civil. V. art. 54.

CHAPITRE II.

DES ACTES DE NAISSANCE.

86. L'acte de naissance a pour objet de constater l'époque et le lieu de la naissance, et autant que possible la filiation de l'enfant. Il sert à faire reconnaître l'individualité. On sent dès-lors combien il importe que cet acte soit dressé, et qu'il le soit dans un bref délai.

C'est d'après toutes ces vues qu'on peut se rendre raison des dispositions de la loi pour le cas de naissance d'un enfant.

87. Ces dispositions concernent : 1° la déclaration de naissance et la présentation de l'enfant à l'officier de l'état civil (art. 55, 56 al.-1); 2° la rédaction de l'acte de naissance (art. 56, al. dernier, 57).

La déclaration doit être faite dans les trois jours et accompagnée de la présentation (1). V. art. 55.

La déclaration peut-elle être reçue après le délai? V. av. cons. d'Ét., 12 brum. an XI (3 nov. 1802) (2).

---

(1) L'enfant doit être présenté vivant. Le cas de mort de l'enfant avant l'enregistrement de sa naissance est réglé par le décret du 4 juillet 1806, que nous rapporterons ci-après, chap. 4.

(2) III, B. 225, n° 2067.

L'enfant doit-il être nécessairement transporté au bureau de l'officier de l'état civil ? *Quid* s'il y a péril pour sa vie ? V. L. 20 septembre 1792, tit. 3, art. 6.

C'est au père, bien entendu s'il est légalement connu et si de plus il est présent, qu'est imposée d'abord l'obligation de déclarer la naissance. A son défaut seulement, cette obligation passe à toutes les personnes, gens de l'art ou autres, qui ont assisté à l'accouchement. Indépendamment même de cette assistance, l'obligation, en cas d'accouchement de la mère hors de son domicile, est particulièrement imposée à la personne chez laquelle cet accouchement a eu lieu. V. art. 56, al.-1 ; v. à ce sujet C. pén., art. 346.

La peine portée par l'article 346 s'applique-t-elle au père présent à son domicile, indépendamment de son assistance à l'accouchement ?

S'applique-t-elle à la personne chez laquelle la mère est accouchée, et qui pourtant n'a point assisté à l'accouchement ?

Dans ce cas d'accouchement de la mère hors de son domicile, l'obligation imposée à la personne chez laquelle a eu lieu l'accouchement fait-elle cesser celle des personnes qui ont assisté ?

La rédaction de l'acte de naissance suit immédiatement la déclaration. Cet acte est dressé en présence de deux témoins. V. art. 56, al. dernier.

L'acte doit indiquer l'époque précise (jour et heure) et le lieu de la naissance ; il doit désigner l'enfant, conséquemment indiquer son sexe et les prénoms qui lui sont donnés (1). Il faut de plus, au moins en général, qu'il fasse connaître les père et mère. Dans tous les cas, il doit, comme tout autre acte, désigner clairement les témoins. Remarquons, au surplus, que la loi, en rappelant ici, pour la désignation des père et mère et pour celle des témoins, l'obligation d'énoncer les prénoms, noms, profession et domicile, ne fait aucune mention de l'âge (v. pourtant art. 34). V. art. 85. 57

N'est-ce pas uniquement sur la déclaration des comparans que les énonciations prescrites doivent être insérées? *Quid* pourtant à l'égard du sexe, que l'officier public pourrait facilement constater lui-même? V. L. 20 sept. 1792, tit. 3, art. 7.

Notre article a-t-il pour but de prescrire l'indication des père et mère? ne tend-il pas seulement à fixer les élémens qui constituent cette indication s'il y a lieu? Celle du père naturel qui ne se révèle pas lui-même, n'est-elle pas défendue (v. art. 35 et 340)? Celle de la mère peut-elle être exigée?

88. La loi a tracé des règles spéciales pour deux cas extraordinaires.

Le premier est relatif aux enfans trouvés; il importe d'assurer leur conservation, de marquer leur place dans la cité, et de leur procurer autant que possible les moyens de recouvrer celle qui leur manque dans leur famille. Dans ce triple but, la loi oblige toute personne qui trouve un enfant, d'abord à le remettre à l'officier de l'état civil,

---

(1) Une loi du 11 germinal an XI (1er avril 1803) défend aux officiers de l'état civil d'admettre d'autres prénoms que les noms en usage dans les différens calendriers et ceux des personnages connus de l'histoire ancienne. (III, B. 267, n° 2614.)

par les soins duquel l'enfant sera remis à une autorité civile, (si toutefois la personne qui le présente ne consent pas elle-même à s'en charger, C. pén., art. 347). La remise de l'enfant est accompagnée de celle des vêtemens et autres effets trouvés avec lui. Il est fait en même temps déclaration des circonstances de temps et de lieu. On dresse du tout un procès-verbal détaillé. Ce procès-verbal qui devra tenir lieu à l'enfant d'acte de naissance, et qui s'inscrit en conséquence sur les registres, contient comme de raison les énonciations d'âge, de sexe et de noms. Il indique de plus l'autorité, ajoutons ou la personne, à laquelle l'enfant sera confié. V. art. 58, C. pén. 347.

89. Le second cas est celui de naissance sur mer. L'acte est alors dressé dans des formes particulières (art. 59). La loi prescrit en outre les mesures à prendre pour soustraire le plus tôt possible aux dangers de la navigation la preuve de l'état de l'enfant, et pour qu'elle soit consignée dans les registres ordinaires (art. 60 et 61).

Quant à la forme, la loi désigne les officiers du bâtiment qui doivent remplir ici les fonctions d'officier de l'état civil. Elle prescrit la rédaction de l'acte dans les 24 heures; elle veut que les témoins soient pris de préférence parmi les officiers, et à leur défaut parmi les hommes de l'équipage; enfin elle ordonne l'inscription de l'acte à la suite du rôle d'équipage. V. art. 59.

A l'égard de la conservation de l'acte, il y est pourvu par le dépôt à terre, soit d'expéditions authentiques de l'acte, soit du rôle d'équipage qui le contient, entre les mains de fonctionnaires désignés. Ceux-ci conservent dans leur bureau, soit le rôle d'équipage contenant la minute, soit une des expéditions déposées. Dans tous les cas, une expédition ou une copie d'expédition est envoyée, par l'entremise, s'il y a lieu, du ministre de la marine, à l'officier de l'état civil du domicile du père s'il est connu, ou autrement de la mère. Cet officier doit l'inscrire immédiatement sur ses registres. V. art. 60 et 61, et à ce sujet Ord. 22 octobre 1833 (1), art. 4, 5 et 6.

90. Il arrive souvent que la filiation d'un enfant ne se trouve pas constatée par son acte de naissance, soit que l'acte n'existe pas, qu'il soit muet sur ce point, ou que la déclaration y contenue ne fasse pas foi. Sous ce rapport l'acte de naissance peut, au moins à l'égard des enfans naturels, être suppléé ou complété par une reconnaissance postérieure du père ou de la mère (art. 334). Si l'officier de l'état civil n'est pas seul compétent, du moins est-il certain qu'il a qualité pour dresser acte de cette reconnaissance. Quant à la forme à suivre, il paraît naturel de s'en référer à celle qui est établie pour l'acte de naissance, par conséquent d'appeler deux témoins. Du reste, la loi se borne ici à prescrire l'inscription sur les registres, et la mention en marge de l'acte de naissance. V. art. 62 et 49.

La reconnaissance pourrait-elle avoir lieu dans cette forme à l'égard d'un enfant légitime dont la filiation n'aurait pas été constatée?

---

(1) IX, part. 2, sect. 2, B. 266, n° 5051.

L'acte de reconnaissance reçu par tout autre officier public compétent doit-il être inscrit sur les registres de l'état civil?

CHAPITRE III.

DES ACTES DE MARIAGE.

91. Ces actes sont destinés à constater l'existence du mariage. Les règles contenues dans ce chapitre ont pour but principal d'assurer l'accomplissement des conditions exigées pour pouvoir le contracter, conditions qui ne sont pas encore connues. Ces règles d'ailleurs s'identifient pour la plupart avec les formalités requises pour la célébration; quelques-unes s'appliquent aux oppositions; or ces deux matières font l'objet spécial des chapitres II et III au titre du mariage. Il nous paraîtrait donc prématuré d'entrer ici dans une analyse détaillée, et nous croyons plus logique de renvoyer cette analyse et les explications qui doivent la suivre au siége de la matière.

Pour le présent, il nous suffit de dire qu'avant sa célébration, le mariage doit être annoncé par des publications, dont l'acte, consigné sur un registre particulier (1), doit être affiché par extrait; que cette annonce a pour but d'avertir ceux qui auraient droit de former opposition; que les oppositions doivent être constatées sur le

---

(1) Ce registre, coté et paraphé comme les autres registres de l'état civil, ne diffère de ceux-ci qu'en ce qu'il n'est pas tenu double. A la fin de l'année, il doit être déposé au greffe (art. 63).

registre des publications, et que l'officier de l'état civil ne peut impunément passer outre à la célébration du mariage, tant que l'opposition n'est pas levée.

CHAPITRE IV.

DES ACTES DE DÉCÈS.

92. L'acte de décès tend à prouver légalement qu'une personne est décédée. A cet égard deux choses à établir : 1° le fait de la mort, 2° l'individualité de la personne décédée.

Le fait de la mort se trouve constaté par l'exécution des mesures prescrites pour prévenir les inhumations précipitées. Quoique ces mesures soient plutôt du ressort de la loi de police, elles sont tracées par notre Code, et c'est à l'officier de l'état civil qu'en est confiée l'exécution (1).

Ainsi aucune inhumation ne peut se faire sans son autorisation. Cette autorisation, qui au surplus ne donne lieu à aucuns frais, ne doit se délivrer qu'après vérification du décès. A cet effet la loi exige que l'officier public se transporte (2) auprès de la personne décédée. Enfin la

---

(1) C'est un moyen de s'assurer que la rédaction de l'acte ne sera pas omise ; car l'officier de l'état civil ne délivrera pas la permission nécessaire pour inhumer avant que l'acte ait été dressé.

(2) Le transport de l'officier de l'état civil est utilement remplacé dans l'usage par celui d'un homme de l'art requis par lui.

loi ne permet en général de *délivrer* (1) cette autorisation que vingt-quatre heures après le décès. V. art. 77; v. aussi décr. 4 thermidor an XIII (23 juillet 1805) (2); C. pén., art. 358.

Par qui et dans quel délai doit-il être donné avis du décès? V. L. 20 septembre 1792, tit. 5, art. 1.

93. Le décès dûment constaté, il en est dressé acte, contenant comme de raison les renseignemens nécessaires sur l'état civil du décédé. A cet égard les renseignemens doivent être fournis à l'officier de l'état civil par des témoignages étrangers. Ainsi l'acte est rédigé sur la déclaration de deux personnes, qui du reste cumulent ici les rôles de comparans et de témoins. Ces personnes doivent naturellement être prises parmi celles qui sont réputées connaître le mieux l'état du défunt. C'est pour cela que la loi indique de préférence les plus proches parens ou voisins, ou en cas de décès hors du domicile, la personne chez laquelle le décès a eu lieu avec un parent ou autre. V. art. 78.

La désignation de la personne, comme aussi celle des déclarans, dont le témoignage tire nécessairement plus ou moins de force de leur qualité, doivent être aussi

---

(1) C'est l'inhumation qui, dans le but que la loi se propose, ne doit point avoir lieu avant les 24 heures. Mais l'acte portant permission d'inhumer après ce délai peut sans inconvénient se délivrer, et se délivre effectivement, dans la pratique, aussitôt après la vérification du décès. Autrement le décret du 4 thermidor an 13 serait vraiment inexécutable.

(2) IV, B. 52, n° 865.

précises que possible. Ainsi non-seulement la loi applique ici au défunt et aux déclarans la règle qui prescrit d'énoncer dans les actes les prénoms, noms, âge, profession et domicile de tous ceux qui y sont dénommés (v. art. 34); mais elle veut en outre, quant à la personne décédée, si elle est mariée ou veuve, qu'on énonce les prénoms et noms de son conjoint. Quant aux déclarans, il faut dire s'ils sont parens et à quel degré.

Pour compléter même la désignation de la personne, l'acte doit contenir, mais autant qu'on pourra le savoir, la désignation de ses père et mère par leur prénoms, noms, profession et domicile, et l'indication du lieu de sa naissance. V. art. 79 ; et remarquez qu'au nombre des énonciations prescrites par la loi ne se trouve pas celle des jour et heure du décès.

L'officier de l'état civil doit-il insérer cette énonciation? Le peut-il nonobstant article 35 ?

Si l'énonciation se trouve dans l'acte, quelle foi fera-t-elle ?

94. Les art. 80-87 établissent les règles à suivre :

1° En cas de décès dans les hôpitaux ou autres maisons publiques.

Le chef quelconque de la maison doit donner avis du décès à l'officier de l'état civil, cet avis doit être donné dans les vingt-quatre heures ; l'officier de l'état civil se transporte à l'ordinaire pour s'assurer du décès, et en dresse l'acte dans la forme accoutumée. Les renseignemens dont il a pour cela besoin lui sont fournis par la déclaration, ou bien il se les procure par toute autre voie.

Au reste, pour rendre plus facile la recherche des

actes concernant les personnes décédées dans ces maisons, la loi veut 1° qu'il y soit tenu en outre des registres spéciaux; 2° que l'acte de décès, dressé par l'officier de l'état civil du lieu, soit envoyé à celui du domicile pour être inscrit sur les registres. V. art. 80.

Quelle foi feraient les registres spéciaux?

95. 2° Lorsqu'il y aura lieu de soupçonner la mort violente.

Il faut alors, avant d'autoriser l'inhumation, recueillir tous les indices qu'elle ferait disparaître, et dont la disparition pourrait assurer l'impunité au crime. Cette mission est confiée à un officier de police qui, assisté d'un homme de l'art, dresse procès-verbal de l'état du cadavre et des circonstances y relatives. Le même procès-verbal doit contenir les renseignemens relatifs à l'état civil du décédé, renseignemens nécessaires pour la rédaction de l'acte de décès. V. art. 81; C. pén., art. 358, 359; v. à ce sujet décr. 3 janv. 1813 (1), art. 18.

Les renseignemens sur l'état de la personne sont adressés *de suite* à l'officier de l'état civil du lieu; celui-ci, sur ces documens, dresse l'acte de décès dont il envoie une expédition à l'officier de l'état civil du domicile pour être inscrite sur ses registres. V. art. 82.

96. 3° En cas d'exécution à mort.

C'est alors au greffier criminel, chargé de constater l'exécution (C. inst. crim., art. 378), qu'est naturellement imposé le devoir de transmettre à l'officier de l'état civil

---

(1) IV, B. 467 n° 8561.

les renseignemens nécessaires pour dresser l'acte de décès. Ces renseignemens sont transmis dans les vingt-quatre heures à l'officier du lieu de l'exécution. V. art. 83.

4° En cas de décès dans les prisons de toute nature.

Les concierges ou gardiens sont, comme les chefs de maisons publiques ci-dessus, tenus d'informer l'officier de l'état civil du décès. Seulement la loi ici dit que l'avis sera donné sur-le-champ. Sur cet avis, l'officier de l'état civil doit se transporter comme au cas de l'art. 80, et rédiger l'acte de décès. Du reste le législateur entend sans doute que pour cette rédaction on se conforme encore aux règles prescrites par le même article 80. V. article 84.

Dans ces deux derniers cas, ne doit-il pas être envoyé une expédition de l'acte de décès à l'officier de l'état civil du domicile?

97. Au surplus l'intérêt des familles a fait admettre, dans ces deux cas et dans le précédent, la règle qui défend de rappeler dans l'acte de l'état civil, des circonstances entièrement étrangères à cet état, et dont la mention pourrait occasioner des désagrémens aux parens du décédé. V. art. 85.

98. Dans les quatre cas ci-dessus l'acte de décès doit-il être dressé en présence de témoins?

99. 5° Les art. 86 et 87 ne font qu'appliquer aux décès sur mer les dispositions établies pour les naissances par les art. 60 et 61.

100. Un sixième cas extraordinaire a été prévu par le

décret du 4 juillet 1806 (1), c'est celui d'un enfant mort avant que sa naissance ait été enregistrée. La question de savoir s'il a vécu ou non, peut être d'un grand intérêt; mais c'est aux tribunaux seuls qu'il appartient de la décider; l'officier de l'état civil doit seulement constater que l'enfant lui a été présenté sans vie, et recevoir les déclarations des témoins sur l'état civil des père et mère et sur l'époque de la naissance. Cet acte est inscrit sur les registres de décès.

CHAPITRE V.

DES ACTES DE L'ÉTAT CIVIL CONCERNANT LES MILITAIRES HORS DU ROYAUME.

101. La règle *locus regit actum* n'a point paru applicable aux militaires ou employés à la suite des armées, qui, bien que hors du royaume, doivent toujours être réputés en France, tant qu'ils sont sous le drapeau. Les actes de leur état civil doivent donc être dressés dans les formes établies par les lois françaises, sauf les modifications commandées par l'absence des fonctionnaires ordinaires, et par les circonstances particulières dans lesquelles ces actes sont reçus. V. art. 88.

Les règles spéciales ici tracées ne peuvent-elles jamais recevoir d'application dans l'intérieur du royaume? *Quid* si les militaires ou employés se trouvaient dans une place assiégée,

---

(1) IV, B. 104, n° 1744.

une citadelle ou un lieu quelconque, où les communications avec les autorités civiles seraient interrompues par suite de la guerre ? V. art. 983 ; v. aussi L. 13 janvier 1817 (1), art. 10.

Au cas prévu par l'article 88, l'observation des formes spéciales est-elle impérieusement prescrite, si bien qu'il ne soit pas permis d'appliquer les articles 47 et 48?

Par qui sont remplies les fonctions d'officier de l'état civil. V. art. 89; voy. cependant art. 97.

Règles générales relatives à la tenue des registres. Voy. art 90 et 91.

Règles particulières aux actes de naissance. V. art. 92 et 93.

Aux actes de mariage. V. art. 94 et 95.

Aux actes de décès dans les cas ordinaires. V. art. 96.

Aux actes de décès dans les hôpitaux. V. art. 97.

On sent au surplus dans tous ces cas, combien il est important de soustraire promptement aux hasards de la guerre, la preuve de l'état civil des parties, en l'inscrivant sur les registres de leur domicile. V. art. 93, 95, 96, 97 et 98.

Pourquoi l'augmentation de délai pour la déclaration des naissances ?

Pourquoi les actes de mariage doivent-ils être adressés à l'officier de l'état civil dans un plus bref délai que ceux de naissance et de décès.

Pourquoi trois témoins dans les actes de décès?

---

(1) VII, B. 131, n° 1530.

CHAPITRE VI.

DE LA RECTIFICATION DES ACTES DE L'ÉTAT CIVIL.

102. Il eût été inutile de prendre tant de précautions pour assurer la sincérité des actes de l'état civil, si ces actes pouvaient arbitrairement être changés ou modifiés. Lors même qu'il s'y serait glissé quelque erreur, elle ne devrait donc être rectifiée qu'en vertu d'un jugement; et comme cette rectification intéresse principalement les particuliers dont les droits y sont subordonnés, c'est à eux seuls à la requérir (v. sur ce point av. cons. d'Et., 13 nivôse an X (3 janv. 1802) (1); v. aussi art. 99).

103. La forme pour arriver à cette rectification est réglée en détail par le Code de procédure (art. 855, 856, 858). Il nous suffit de savoir : 1° Que la demande doit être portée au tribunal compétent (la compétence paraît appartenir en général au tribunal dans le ressort duquel l'acte a été passé); 2° qu'ici s'applique la règle des deux degrés de juridiction (art. 54), et celle qui prescrit la communication au ministère public, des causes concernant l'état des personnes (C. pr., art. 83, 2°); 3° que le défendeur n'est peut-être pas le seul intéressé, auquel cas les juges peuvent ordonner que les autres parties seront appelées. Ils peuvent aussi, pour s'éclairer, recourir à l'avis de la famille assemblée. V. C. civ., art. 99; C. pr., 855.

104. Il importe d'autant plus de mettre en cause tous

---

(1) III, B. 225, n° 2058.

les intéressés, que, suivant les principes sur l'autorité de la chose jugée, le jugement de rectification ne pourra leur être opposé s'ils n'y ont pas été parties. V. art. 100 et 1351.

Serait-il besoin d'attaquer le jugement par la voie de la tierce-opposition?

Ne faut-il pas à cet égard distinguer deux cas : 1° celui où l'intéressé voudrait seulement repousser, en ce qui le concerne, les conséquences de la rectification prononcée; 2° celui où il voudrait faire rectifier en sens contraire?

105. Quoi qu'il en soit, le jugement, tant qu'il n'est pas réformé ou au moins attaqué, suffit pour attribuer à la personne envers la société, l'état qui lui a été reconnu. Ce jugement doit en conséquence être inscrit sur les registres de l'état civil Et là, comme au cas de reconnaissance d'un enfant (art. 62), pour que l'acte, dont l'état matériel reste toujours le même, n'induise personne en erreur, mention du jugement qui le réforme doit être faite en marge de l'acte. V. art. 101; voyez au surplus C. civ., art. 49; C. pr., art. 857; av. cons. d'Et., 4 mars 1808 (1).

106. Les principes qui s'opposent à la rectification des actes de l'état civil sans jugement, semblent devoir régir également le cas où il s'agirait d'insérer dans les registres de l'état civil, des actes qui n'y ont pas été portés dans les délais prescrits. Voy. à cet égard, av. cons. d'Et., 12 brum. an XI (3 nov. 1802) (2).

---

(1) IV, B. 184, n° 3173.
(2) III, B. 225, n° 2067.

TITRE TROISIÈME.

DU DOMICILE.

107. Le domicile est un effet du droit qui consiste dans la relation établie par la loi, entre une personne et le lieu où elle exerce ces droits. Souvent aussi c'est ce lieu même que l'on nomme domicile.

Le domicile peut s'envisager sous le rapport des droits politiques, ou sous le rapport des droits civils. Nous n'avons point à nous occuper du domicile politique, il suffit de dire qu'il peut être distinct du domicile civil (v. L. 19 avril 1831 (1), art. 10-12).

Ce dernier est surtout important à connaître, pour déterminer le lieu où chaque personne doit être assignée (C. pr., art. 68), et le tribunal devant lequel elle doit être traduite, au moins en certaines matières (*ibid.*, art. 59).

108. Le principe général, quant au domicile civil, c'est qu'il est au lieu du principal établissement. Voy. art. 102. Voir à ce sujet *Jul.*, L. 27, § 1, ff. *ad mun. et de inc.*; *Diocl. et Max.*, L. 7, Cod. *de incol.*; mais voyez art. 74, qui règle, d'après d'autres vues, le domicile quant au mariage.

---

(1) IX, Part. 1, B. 37, n° 105.

Peut-on avoir plusieurs domiciles ?
Peut-on n'en point avoir ?

109. Il est ordinairement facile de connaître le premier domicile d'une personne, soit d'après le lieu de sa naissance, soit d'après le domicile de ceux sous l'autorité desquels elle se trouve placée pendant sa minorité. Ce domicile se conserve, même après que la personne a acquis le droit de s'en choisir un autre, tant qu'elle ne l'a pas abdiqué. Pour le perdre, et pour en acquérir un autre, il faut non-seulement résider ailleurs, mais avoir l'intention de faire du nouvel établissement son établissement principal. Ainsi le changement de domicile ne s'opère que par le fait et l'intention réunis. V. art. 103.

110. La question d'intention est de sa nature difficile à décider. Pour prévenir les contestations qu'elle pourrait faire naître, la loi ouvre à chacun un moyen facile de prouver son intention en la déclarant. A cet égard, la déclaration constitutive de la preuve légale se fait devant l'autorité municipale, tant à l'ancien qu'au nouveau domicile. V. art. 104. Mais à défaut de cette déclaration purement facultative, il faut nécessairement chercher la preuve dans les circonstances. V. art. 105 et les lois citées sur l'art. 102.

Quid si la déclaration ou les circonstances indiquent l'intention d'abdiquer l'ancien domicile, mais non celle d'en acquérir un nouveau.

111. La loi, dans certains cas, détermine de plein droit le domicile, sans égard au fait actuel de la résidence, ni à l'intention directe de la personne.

Cela s'applique 1° à l'égard des fonctionnaires publics, obligés à résidence dans un certain lieu. On doit naturellement leur supposer l'intention d'être où leur devoir les appelle; et ce devoir, en tout cas, doit prévaloir sur le fait et sur l'intention contraires.

Toutefois la loi admet avec raison une distinction entre les fonctions *temporaires* ou *révocables*, et les fonctions conférées *à vie*. Les premières permettant toujours de supposer l'esprit de retour, n'emportent point translation de domicile sans manifestation d'intention. V. art. 106. Les autres, au contraire, emportent de plein droit cette translation, qui s'opère immédiatement par l'acceptation. V. art. 107, et remarquez que l'acceptation n'est en général censée faite que par la prestation du serment.

112. 2°. Des motifs tout semblables déterminent le domicile de la femme mariée, qui n'en peut avoir d'autre que celui de son mari.

Les mêmes motifs, et plus encore le besoin de faire concorder le domicile avec le pouvoir d'exercer les droits de la personne, assignent pour domicile au mineur non émancipé, celui de ses père et mère ou tuteur, à l'interdit celui de son tuteur. V. art. 108.

La femme séparée de corps conserve-t-elle le domicile de son mari?

Si le mineur ayant père ou mère est sous la tutelle d'un autre, où est son domicile?

113. Il est un autre cas où la loi, s'attachant au fait de la résidence, présume l'intention d'après certaines circonstances qui accompagnent cette résidence; cela s'ap-

plique aux serviteurs et ouvriers qui demeurent dans la même maison que leur maître, pourvu toutefois qu'ils soient majeurs, ajoutons, ou mineurs émancipés ; et pourvu, ajoutons-nous encore, que ce ne soient point des femmes mariées. V. art. 109.

114. La question de savoir où s'est ouverte une succession, offre une importance du même genre que la question de domicile (voy. art. 770, 784, 793, 812, 822; C. pr. 59-al. 6). La loi d'accord avec les anciens principes, détermine par le domicile du défunt, le lieu de l'ouverture de la succession. V. art. 110.

115. L'obligation d'assigner chacun à son domicile, et devant le tribunal de ce lieu, n'est introduite que dans l'intérêt particulier ; or chacun est maître de renoncer à ses droits ; de là, la faculté d'élire pour certains actes un domicile différent du domicile réel. L'effet de cette élection, entièrement spécial pour l'acte qui y donne lieu, consiste uniquement à permettre de faire là les diverses significations requises, et à conférer au tribunal du lieu une compétence facultative. V. art. 111; C. pr., art. 59.

La loi même, pour éviter des frais et des longueurs, impose dans beaucoup de cas la nécessité de faire cette élection (voyez, entre autres, art. 176, 2148).

Le demandeur aurait-il toujours le choix qui lui est accordé par l'art. 59 précité ?

La mort de la partie qui a élu domicile ferait-elle tomber l'élection ?

Quid si c'est la personne chez laquelle le domicicile est élu qui vienne à décéder ?

Quid si cette personne change de domicile ?

TITRE QUATRIÈME.

DES ABSENS.

116. C'est en général à son domicile, que tout citoyen doit se trouver, si rien ne l'appelle ou ne le retient ailleurs. Lors donc qu'une personne a cessé de paraître à son domicile, et qu'on n'a point de ses nouvelles, il est naturel de concevoir des doutes sur son existence. Cette incertitude donne lieu à l'application des mesures prescrites au titre des absens.

Ce simple énoncé suffit pour ne pas confondre les absens dont il est ici question, avec les non-présens que l'on désigne aussi quelquefois sous le nom d'*absens*.

117. Les mesures auxquelles l'absence peut donner lieu doivent varier, suivant que sa prolongation rend plus ou moins probable la vie ou la mort de l'absent. On distingue à cet égard trois époques : celle de la présomption d'absence, celle de la déclaration d'absence, qui commence l'absence proprement dite, et qui peut donner lieu à l'exercice provisoire des droits subordonnés au décès; enfin celle de l'envoi en possession définitif. On peut dire avec quelque raison que, pendant la première, le législateur suppose la vie de l'absent; qu'une incertitude complète entre la vie et la mort gouverne la seconde; et que, dans la troisième, la supposition de la

mort prédomine. Mais il faut bien se garder de voir une présomption légale, dans la supposition à laquelle le législateur paraît s'être attaché, pour adopter telle ou telle mesure. Il faut toujours distinguer avec grand soin les effets qu'il s'agit de faire produire à l'absence, soit relativement aux biens que l'absent possédait au jour de sa disparition, soit relativement aux droits qui pourraient s'ouvrir à son profit, soit enfin relativement à son mariage; et, si l'on considère tous ces effets en masse, il sera vrai de dire, qu'il n'est aucune des trois époques dans laquelle l'absent soit, à tous égards, réputé mort ni réputé vivant.

118. Observons, au surplus, que l'incertitude de l'existence ne commence pas, il est vrai, au moment même de la disparition ou des dernières nouvelles; et cependant, lorsque la prolongation de l'absence a produit cette incertitude, elle la fait nécessairement remonter au dernier signe de vie donné par l'absent.

CHAPITRE I.

DE LA PRÉSOMPTION D'ABSENCE.

119. Cette première période commence avec l'incertitude de l'existence, et se termine par le jugement qui déclare l'absence. On sent assez que les circonstances qui ont précédé, accompagné ou suivi le départ, peuvent seules déterminer le délai plus ou moins long, après lequel le non-présent devient présumé absent. C'est aux tribunaux à apprécier ces circonstances.

120. La loi pose la règle générale pour l'administration des biens du présumé absent (art. 112); elle pourvoit spécialement à la manière de le représenter dans certaines opérations, principalement relatives aux successions ouvertes à son profit (art. 113). Un chapitre exprès est consacré à la surveillance de ses enfans mineurs (v. ci-après chapitre 4). Enfin le ministère public, protecteur né de ceux qui ne peuvent se défendre eux-mêmes, est particulièrement chargé de veiller aux intérêts des présumés absens (art. 114).

121. C'est aux tribunaux que la loi s'en remet du soin de pourvoir d'une manière spéciale à l'administration des biens, pendant la première période de l'absence. Mais, pour que le tribunal puisse adopter une mesure quelconque, trois conditions sont requises : 1° Que l'individu soit présumé absent; 2° qu'il n'ait point laissé de procureur fondé (voy. cependant art. 122); 3° qu'il y ait nécessité de pourvoir à l'administration.

Au reste l'intérêt de l'absent est la seule règle des juges, sur le choix de la mesure à prendre. Ils ne peuvent cependant rien prononcer d'office, mais seulement sur la demande des parties intéressées. V. art. 112; C. pr., 859.

Doit-il être rendu un jugement spécial à l'effet de constater la présomption d'absence?
Quel est le tribunal de première instance qui doit statuer?
Qu'entend-on ici par parties intéressées?

122. Le ministère des notaires est celui qui paraît le mieux approprié au genre d'opérations qui suivent ordinairement l'ouverture, et qui aboutissent à la liquida-

tion et au partage d'une succession. Si donc le présumé absent se trouve intéressé dans une de ces opérations, le tribunal ne peut user ici de la latitude ordinaire, il doit le faire représenter par un notaire. Cette mesure, du reste, s'ordonne à la requête de la partie la plus diligente. V. art. 113.

Quid si l'absent avait laissé un procureur fondé ?
L'art. 113, qui s'appliquera sans difficulté aux successions ouvertes avant la disparition, ne pourrait-il pas s'appliquer même aux successions ouvertes depuis? V. art. 135, 136.

Le même notaire pourrait-il représenter plusieurs présumés absens? V. C. pr., art. 928, 931 3°, 942.

Le notaire pourrait-il être commis à l'effet de provoquer lui-même les opérations au nom de l'absent ?

123. La surveillance spéciale que la loi confie dans tous les cas au ministère public amène d'abord pour conséquence, l'obligation de lui communiquer toutes les affaires qui intéressent le présumé absent. Mais ce principe doit avoir un effet plus étendu; il paraît ouvrir au ministère public, sinon le droit d'agir en général au nom de l'absent, au moins celui de requérir d'office, toute mesure qu'il jugera convenable. V. art. 114; C. pr., 83-7°.

CHAPITRE II.

DE LA DÉCLARATION D'ABSENCE.

124. La déclaration d'absence, pouvant donner lieu à l'exercice provisoire des droits subordonnés au décès de l'absent, et devant en outre produire l'effet de priver

celui-ci d'une partie notable de ses revenus, ne doit pas être prononcée témérairement. De là, les délais exigés avant qu'elle puisse être demandée (art. 115, 121 et 122); les enquêtes qui doivent être ordonnées (art. 116); la faculté accordée aux juges, même après l'expiration des délais, de rejeter la demande (art. 117); enfin la publicité que la loi assure aux jugemens rendus à ce sujet (art. 118), et l'intervalle qu'elle prescrit entre les deux jugemens (art. 119).

125. La demande en déclaration d'absence doit être formée par les *parties intéressées ;* elle ne peut l'être qu'après quatre ans d'absence sans nouvelles. V. art. 115. Ce délai même est porté à dix ans, pour le cas où l'absent, ayant laissé une procuration, semble, par ce seul fait, avoir prévu le cas d'une longue absence. V. art. 121. Cette considération ne perdant rien de sa force, si la procuration vient à cesser, le délai n'est pas pour cela abrégé, mais on retombe alors dans les termes de l'article 113, et dans l'application générale des règles sur la présomption d'absence. V. art. 122.

Quel est le tribunal compétent?
Quelle est la forme à suivre? V. C. pr., art. 859, 860.
Sous le nom de *parties intéressées*, l'art. 115 comprend-il les mêmes personnes que l'art. 112?
Le délai de quatre ou dix ans court-il du jour de la date, ou du jour de la réception des dernières nouvelles?

126. Le tribunal saisi de la demande doit constater l'absence. A cet effet, les parties ont dû lui fournir les pièces et documens en leur pouvoir. *D'après ces pièces et documens* le tribunal ordonne une *enquête ;* l'enquête sera

faite *contradictoirement avec le procureur du Roi;* elle sera faite, non-seulement dans l'arrondissement du domicile, mais aussi dans celui de la résidence. Voy. art. 116.

Le tribunal pourrait-il statuer sur la demande en déclaration d'absence sans ordonner d'enquête?

127. Le défaut de nouvelles dans les délais ci-dessus fixés, est une condition nécessaire pour qu'il y ait lieu à déclaration d'absence, mais il n'entraîne pas nécessairement cette déclaration. Les juges, à cet égard, doivent statuer d'après les circonstances qui, en expliquant l'absence et le défaut de nouvelles, peuvent rendre le retour plus ou moins probable. V. art. 117.

128. Pour mettre autant que possible l'absent à même, soit de prévenir la déclaration d'absence, soit d'arrêter ou de faire cesser les mesures qui en seraient la suite, la loi veut qu'on rende publics, tant le jugement préparatoire qui ordonne l'enquête, que le jugement définitif qui déclare l'absence. La publication est faite par le ministre de la justice, auquel les jugemens doivent être immédiatement envoyés par le procureur du Roi. V. art. 118. C'est pour mieux assurer les effets de cette publication, quant au jugement préparatoire, qu'on exige un an d'intervalle entre les deux jugemens. V. art. 119.

CHAPITRE III.

DES EFFETS DE L'ABSENCE.

129. La loi considère dans trois sections différentes les effets de l'absence : 1° quant aux biens que l'absent pos-

sédait au jour de sa disparition ; 2° quant aux droits éventuels qui peuvent lui compéter ; 3° enfin relativement au mariage.

Quoique la première section soit entièrement relative aux effets de l'absence déclarée, ceux de la présomption d'absence se trouvant établis au chapitre Ier, nous croyons à propos de remarquer, que l'intitulé du chapitre entier n'est point exclusif des effets de l'absence présumée. Nous examinerons donc en son lieu jusqu'à quel point les dispositions des sections II et III pourront recevoir leur application à la première période.

SECTION I.

Des effets de l'absence (déclarée), quant aux biens que l'absent possédait au jour de sa disparition.

§ I.

Envoi en possession provisoire et administration légale.

130. Tant qu'on devait espérer le prochain retour de l'absent, il était naturel de laisser agir son fondé de pouvoirs, et, à défaut de procuration, il suffisait de pourvoir aux actes de première nécessité ; mais, quand l'absence se prolonge assez pour donner lieu à un jugement de déclaration, l'intérêt même de l'absent exige qu'il soit pris une mesure générale pour l'administration de ses biens, qui ne peut être mieux confiée qu'aux personnes les plus intéressées à leur conservation et à leur amélioration. De là, l'envoi en possession provisoire des héritiers présomptifs, qui entraîne à sa suite

l'exercice provisoire de tous les droits subordonnés au décès (art. 120 et 123); ou l'administration légale du conjoint, qui suspend cet exercice (art. 124).

Avant tout, au reste, il faut remarquer que la procuration laissée par l'absent doit bien retarder le jugement de déclaration (art. 121 et 122), mais que ce jugement une fois rendu ôte à la procuration toute sa force, et qu'elle ne peut conséquemment arrêter ni suspendre les mesures auxquelles il donne lieu (expliquez ainsi l'art. 120 par l'art. 121).

131. L'absence prolongée permettant de supposer la mort à partir du dernier signe de vie donné par l'absent, la loi admet les parens qui seraient héritiers, si la succession s'était vraiment ouverte à cette époque (*les héritiers présomptifs au jour de la disparition ou des dernièrres nouvelles*), à posséder les biens qui, dans la même supposition, composeraient la succession (les biens *qui appartenaient à l'absent au jour de son départ ou de ses dernières nouvelles*). Mais les héritiers présomptifs doivent se faire envoyer en possession par un nouveau jugement; cette possession n'est que provisoire, et n'est accordée qu'à la charge de donner caution. V. art. 120.

Quid à l'égard des biens qui seraient échus à l'absent depuis sa disparition.

Quid si les héritiers présomptifs au jour de la disparition, ou quelques-uns d'eux, étaient morts avant d'obtenir l'envoi en possession?

Quid s'ils mouraient après l'avoir obtenu?

132. Le même principe qui fait accorder l'envoi en possession provisoire aux héritiers présomptifs, doit

faire obtenir, sous la même condition, l'exercice provisoire de tous les autres droits subordonnés au décès. Le testament de l'absent doit en conséquence être ouvert; il le sera, s'il est besoin, à la réquisition du procureur du Roi. Toutefois, remarquons que la loi semble subordonner toutes ces conséquences au fait de l'obtention, par les héritiers présomptifs, de l'envoi en possession provisoire. V. art. 123.

Les héritiers présomptifs peuvent-ils ainsi paralyser par leur volonté les droits des autres intéressés?

133. Au reste, la vie et la mort de l'absent étant également incertaines, il est un cas où l'envoi en possession, et l'exercice des autres droits subordonnés au décès, seront suspendus; c'est lorsque le conjoint commun en biens, intéressé pour cela même à une bonne administration, optera pour la continuation de la communauté. Dans ce cas, l'administration de la communauté, et par suite celle de tous les biens de l'absent, restera ou passera au conjoint présent. C'est là du reste une simple faculté ouverte par la loi à ce conjoint, qui, s'il ne veut pas en user, peut au contraire, en vertu du principe ci-dessus, demander la dissolution provisoire de la communauté, et, comme tout autre intéressé, exercer, à la charge de donner caution, ses droits subordonnés au décès de l'absent. V. art. 124, al. 1.

Nous examinerons dans un article à part les droits et les devoirs du conjoint commun en biens, soit qu'il opte pour la continuation, ou pour la dissolution. Ces droits et ces devoirs ne peuvent être bien saisis si l'on ne prend à l'avance au moins une légère teinture des principes en matière de communauté. Pour le présent, il suffit de constater que la loi réserve à la femme qui opte pour la continuation de la communauté un droit de renoncer, qui ne peut appartenir au mari. V. art. 124, al. dernier.

ARTICLE I.

Droits et devoirs des envoyés en possession provisoire.

134. Les envoyés en possession provisoire ne sont pas propriétaires, mais seulement administrateurs comptables. V. art. 125. C'est à ce titre qu'ils donnent caution (art. 120, 123, 124).

Par qui sera reçue cette caution?

Il faut donc avant tout constater la nature et la quotité des biens, et prendre les autres précautions usitées en cas semblable, pour en assurer la conservation et la restitution.

A cet effet, 1° Le mobilier et les titres doivent être inventoriés. L'exactitude de l'inventaire est garantie par la présence du procureur du roi ou d'un juge de paix requis par lui.

2° Il est procédé, mais seulement tout et autant que le tribunal l'estime convenable, à la vente du mobilier, qu'il importe en général de convertir en argent, pour prévenir le dépérissement et grossir les revenus.

3° Le prix de vente, s'il y a lieu, et dans tous les cas les fruits échus jusqu'alors doivent être employés.

Qui réglera le mode d'emploi?

4° Quant aux immeubles, c'est leur état seulement

qu'il importe de constater ; et cela pour la sûreté de ceux qui en prennent l'administration ; car autrement ils seraient censés les avoir trouvés en bon état. A cet effet, la loi permet de les faire visiter par un expert. L'expert est nommé par le tribunal; son rapport est sujet à homologation; l'homologation a lieu en présence du procureur du roi. Du reste, quoique l'opération n'ait pas lieu vraiment pour l'intérêt de l'absent, les frais qu'elle entraîne n'en sont pas moins une dépense légitime d'administration, qui doit conséquemment être prise sur les biens de l'absent. V. art. 126.

135. Le pouvoir d'administrer n'emporte pas en général le droit de jouir; mais dans le cas particulier, il a paru convenable d'encourager les ayant-droit, par un salaire, à s'imposer un fardeau, qu'ils étaient maîtres de rejeter. Les envoyés en possession peuvent donc, suivant que l'absence s'est plus ou moins prolongée, s'approprier une part plus ou moins forte, ou même la totalité des revenus. A cet égard, la loi distingue si l'absent reparaît avant quinze ans *depuis la disparition*, après ces quinze ans, ou après trente ans *d'absence*. Au premier cas, on lui rend un cinquième; au second, un dixième seulement de ses revenus; au dernier cas, on ne lui en rend rien. V. art. 127.

A partir de quel moment doivent se compter les trente ans d'absence?

136. Le pouvoir d'administrer n'emporte pas celui d'aliéner ou d'hypothéquer. V. art. 128 ; voyez pourtant art. 2126.

Les immeubles pourraient-ils être aliénés dans certains cas? Comment pourraient-ils l'être valablement? Combinez les art. 457, 2124 et 2126.

Quid à l'égard des meubles dont le tribunal n'aurait pas ordonné la vente?

137. Au reste, les envoyés en possession représentent l'absent, quant aux biens dont ils ont l'administration, et la loi leur confère le pouvoir de défendre à toutes les actions qui y sont relatives. V. art. 134.

Ne pourraient-ils pas également intenter toute espèce d'action?

ARTICLE II.

Droits et devoirs du conjoint commun en biens.

138. Les droits et devoirs du conjoint varient suivant l'option qu'il peut faire entre la continuation et la dissolution provisoire de la communauté. Nous devons entrer dans quelques détails à cet égard; mais préalablement, il est nécessaire de prendre une idée de la communauté, et des principes généraux qui la régissent.

La communauté est une société de biens entre époux; elle est légale ou conventionnelle.

La communauté légale se compose en général de tous les biens meubles des conjoints, des revenus des biens, même propres à chacun d'eux, et par suite, des acquisitions provenant, soit de l'industrie commune, soit des économies faites sur les fruits et revenus (v. art. 1401).

L'administration de la communauté appartient au

mari, qui en est, en quelque sorte, considéré comme seul maître, pendant sa durée; il peut donc, sous quelques restrictions, l'engager, la dissiper, la perdre (v. art. 1421). Il a de plus l'administration simple des biens propres à sa femme, dont la communauté a la jouissance (v. art. 1428). La femme au contraire ne prend aucune part à l'administration, et ne peut engager la communauté sans la participation du mari (v. art. 1426, 1427).

La durée ordinaire de la communauté est la même que celle du mariage; elle ne doit donc en général finir qu'à la mort d'un des deux époux (v. art. 1441).

Après la dissolution, la femme ou ses représentans peuvent, à leur choix, l'accepter, et dans ce cas la partager avec le mari ou les représentans de celui-ci, ou bien y renoncer, en retirant seulement ses biens propres (v. art. 1453).

La communauté conventionnelle est soumise à toutes les règles de la communauté légale auxquelles il n'a pas été, implicitement ou explicitement, dérogé (voir art. 1497, 1528).

La communauté peut s'allier même avec le régime dotal, en ce sens que l'on peut sous ce régime stipuler une société d'acquêts (v. art. 1581).

L'art. 124 s'applique-t-il au cas de communauté conventionnelle, ou même à celui de société d'acquêts?

139. La déclaration d'absence autorisant, comme nous l'avons vu, l'exercice des droits subordonnés au décès de l'absent, il s'en suit qu'il peut y avoir lieu à dissolution provisoire de la communauté, et aux consé-

quences de cette dissolution. La dissolution au surplus paraît devoir se reporter au jour de la disparition ou des dernières nouvelles (arg. de l'art. 120).

140. Tout ce qu'on a dit des envoyés en possession provisoire s'applique naturellement au conjoint qui opte pour la dissolution de la communauté. Il exerce en conséquence *ses reprises, et tous ses droits légaux et conventionnels,* mais *à la charge de donner caution pour les choses susceptibles de restitution* (art. 124). Nous observerons seulement que, d'après les principes précédemment exposés, le mari ne paraîtrait devoir être tenu à aucune restitution envers la femme, dans le cas où elle reviendrait.

Est-ce une raison pour le dispenser de donner caution ?
La femme renonçante serait-elle tenue de fournir caution ?
Le mari pourrait-il aliéner les immeubles tombés dans son lot, pourvu que ce ne fût pas à titre gratuit. V. art. 1421, 1422.

141. L'incertitude de l'existence, qui peut autoriser la dissolution provisoire de la communauté, en autorise aussi la continuation, et le conjoint qui opte pour cette continuation est, comme nous l'avons vu, appelé à prendre, si c'est la femme, et à conserver, si c'est le mari, l'administration de la communauté, qui comprend nécessairement celle de tous les biens de l'absent (art. 124, al. 1). Nous pensons, au reste, que cette continuation n'est que provisoire, comme le serait la dissolution, et que la preuve acquise du décès de l'absent bornerait en général à l'époque de cette mort les effets légaux de la communauté, lors même que, dans l'igno-

rance de la mort, l'administration du conjoint se serait ultérieurement prolongée (arg. des art. 130 et 1441).

142. Cela posé, voyons quelle est la nature de l'administration conservée ou prise par le conjoint, aux termes de l'art. 124; et déterminons ainsi les droits et devoirs de l'administrateur légal.

A l'égard de la femme, appelée à une fonction qui ne devait jamais lui appartenir, ses pouvoirs ne sauraient être plus étendus que ceux d'un administrateur ordinaire. Ainsi, non-seulement nous lui appliquerons l'art. 126, sur la nécessité de l'inventaire, la vente du mobilier, l'emploi des capitaux, l'état des immeubles; et les art. 127 et 130, sur la division des fruits; dispositions que la loi elle-même déclare communes à l'administration légale et à l'envoi en possession; mais nous regardons comme indubitable, que ses droits, aussi bien que ceux des envoyés en possession, sont bornés par les art. 125 et 128.

Jusqu'à quel point toutes ces dispositions pourraient-elles s'appliquer au mari administrateur légal?

L'administrateur légal est-il tenu de donner caution?

Doit-on conclure de l'art. 127 que l'administrateur légal puisse toujours retenir comme propres, les 4/5, les 9/10, ou la totalité des fruits par lui recueillis pendant son administration, nonobstant l'art. 1401?

Il n'y a, au reste, aucune difficulté à comprendre l'un et l'autre époux dans la disposition de l'art. 134.

Mais une différence marquée par la loi elle-même entre la femme et le mari, consiste dans le droit de renoncer qui est expressément réservé à celle-ci après son option pour la continuation de la communauté (art. 124 al. dernier).

Ce droit de renoncer doit-il s'entendre de la renonciation à la communauté, permise par l'article 1453, ou de la renonciation à la continuation de la communauté, à l'effet d'abdiquer quand la femme le jugerait convenable l'administration légale? L'un comme l'autre époux ne pourrait-il pas toujours après avoir opté pour la continuation de la communauté, en demander ensuite la dissolution provisoire? Les envoyés en possession ne pourraient-ils pas aussi se désister de l'envoi obtenu?

§ II.

Envoi en possession définitif.

143. Cent ans ont toujours été considérés comme le terme le plus long de la vie humaine. On ne peut guère non plus raisonnablement supposer la vie de celui qui, éloigné de son domicile, laisse passer au moins trente-cinq ans sans donner de ses nouvelles. Du moins doit-on dire, dans ce dernier cas, que si l'absent est vivant, sa négligence prolongée dispense de prendre aucune précaution dans son intérêt, et qu'il est temps de garantir la société du préjudice résultant de l'incertitude des propriétés. De là, la décharge des cautions, et la faculté pour tous *les ayant-droit*, c'est-à-dire pour tous ceux qui ont des droits subordonnés au décès, de demander le partage des biens, et d'obtenir l'envoi en possession définitif, en le faisant prononcer par le tribunal. V. art. 129.

Doit-on conclure de l'art. 129 que les biens de l'absent ne pouvaient pas être partagés pendant l'envoi provisoire?

Les cautions sont-elles déchargées de plein droit?

L'envoi définitif peut-il être prononcé sans nouvelles enquêtes?

144. L'effet de l'envoi en possession définitif est en général de conférer à ceux qui l'obtiennent, sinon la possession à titre de propriétaire, au moins le mandat légal, sans aucune limitation, de faire pour l'absent propriétaire, ou pour tous autres ayant-droit, ce que ceux-ci pourraient faire eux-mêmes (arg. *à contr.* des art. 125 et 128, voy. aussi art. 132).

Les envoyés en possession peuvent donc aliéner les biens et les hypothéquer. Ils peuvent aussi soutenir, tant en demandant qu'en défendant, tout procès relatif à ces mêmes biens (voir au surplus, sur ce dernier point, art. 134).

§ III.

Comment cessent les effets de la déclaration d'absence.

145. Toutes les mesures auxquelles donne lieu la déclaration d'absence, ont pour base unique l'incertitude qui règne sur la vie ou la mort de l'absent; elles doivent conséquemment cesser avec cette incertitude, soit qu'il y ait preuve acquise de sa mort, soit qu'il y ait au contraire preuve de sa vie, par son retour ou par les nouvelles qu'on a de lui.

146. La mort ouvre la succession et saisit les héritiers légitimes (art. 718, 724). La mort une fois connue, c'est donc aux parens en ordre de succéder au jour du décès, que les biens se trouvent avoir appartenu, à titre

d'héritiers, depuis cette époque. Si d'autres qu'eux ont joui de ces biens, ils en obtiendront la restitution, mais, bien entendu, sous la réserve des fruits accordés à titre de salaire, aux envoyés en possession ou à l'administrateur légal. V. art. 130, et remarquez que la loi, qui ne distingue pas, paraît devoir s'appliquer au cas même où la preuve du décès n'est acquise qu'après l'envoi en possession définitif (voy. pourtant art. 133).

Le principe ici posé pour l'ouverture de la succession, ne doit-il pas également s'appliquer à la dissolution de la communauté, soit que l'époux présent en ait demandé la dissolution provisoire soit qu'il ait opté pour la continuation? Voy. art. 1441.

Quelles conséquences devrait-on tirer de là, quant à la composition de la communauté, et à la validité des actes faits par l'époux présent?

147. Quant à la preuve de l'existence de l'absent, la loi distingue si elle survient avant ou après l'envoi en possession définitif.

Au premier cas, il est évident que les effets de la déclaration doivent cesser, et que l'absent profite alors de toutes les précautions prises pour lui assurer la restitution de ses biens. Toutefois, comme il est possible que les nouvelles que l'on a de sa vie le laissent encore dans le cas de la présomption d'absence, on peut appliquer les mesures conservatoires autorisées au chapitre I. V. art. 131.

Suffirait-il pour faire cesser les effets de la déclaration d'absence, que l'on acquît la preuve de la vie à une époque déjà ancienne lors de l'arrivée des nouvelles?

148. Au second cas, le retour ou les nouvelles de l'absent font bien cesser, pour l'avenir, les effets de l'envoi en possession ; mais l'absent, en rentrant dans ses biens, doit prendre les choses dans l'état où elles se trouvent, et respecter les actes de propriétaires faits par les envoyés en possession définitive. Le principe, si nous le saisissons bien, c'est uniquement que ceux-ci ne s'enrichissent pas à ses dépens. Ainsi, en cas d'aliénation, son droit se borne suivant les cas au prix ou aux biens provenant de l'emploi du prix. V. art. 132.

L'absent de retour devrait-il respecter les aliénations à titre gratuit ?

En cas d'aliénation à titre onéreux, toute acquisition faite avec le prix qui en provient, est-elle réputée faite en remploi ? L'absent de retour ne sera-t-il pas toujours forcé de se contenter du prix de l'aliénation, s'il lui est offert ?

Si l'envoyé en possession avait quelque action pour recouvrer le bien aliéné, ces actions ne passeraient-elles pas à l'absent de retour ?

149. Le droit réservé à l'absent lui-même, après l'envoi définitif, est déclaré par la loi, commun à ses enfans ou descendans ; mais ce droit, qui existe pour lui sans limitation de temps, est borné pour eux à l'espace de trente ans. V. art. 133.

150. Il est évident, au reste, que la loi attache ici à la qualité d'enfans ou descendans une faveur particulière, et qu'elle n'entend pas apparemment y faire participer les autres parens de l'absent. Toutefois, il ne serait pas sûr d'en tirer cette conséquence, que les enfans ou descendans seraient seuls admis à se faire restituer les biens,

après l'envoi définitif. Il paraît incontestable, au contraire, que cette restitution pourrait, en cas de mort prouvée, être réclamée par tout héritier légitime (art. 130). On ne voit pas même pourquoi tout parent qui prouverait sa qualité d'héritier présomptif au jour de la disparition ou des dernières nouvelles, ne pourrait pas réclamer l'envoi en possession soit provisoire, soit définitif, contre ceux qui, de fait, l'ont obtenu à son préjudice. Selon nous, le privilége des enfans ou descendans consiste uniquement à pouvoir agir dans les trente ans de l'envoi définitif.

L'héritier légitime qui réclame en vertu de l'art. 130, ne peut-il pas agir dans les trente ans du jour de l'ouverture de la succession, quand même cette ouverture serait postérieure à l'envoi définitif? Son action serait-elle prescrite par l'expiration de trente ans depuis la mort, s'il ne s'est pas écoulé trente ans depuis l'envoi définitif?

Le parent, autre qu'un descendant, qui réclame l'envoi provisoire ou définitif, contre ceux qui l'ont obtenu, ne doit-il pas agir dans les trente ans, du jour où il a pu se faire envoyer en possession provisoire?

151. Il va sans dire que ceux qui réclament, à quelque titre que ce soit, la restitution des biens de l'absent, doivent en général respecter, comme le devrait l'absent lui-même, les actes faits par les administrateurs dans les limites de leurs pouvoirs; ils ne peuvent non plus, dans aucun cas, réclamer les fruits ou la portion de fruits qui, aux termes de l'art. 127, seraient refusés à l'absent de retour.

Le parent plus proche qui réclame à son profit l'envoi provisoire obtenu par un autre, peut-il même obtenir la portion de fruits réservée à l'absent? Ne pourrait-on pas argumenter contre lui *à pari* de l'art. 138?

152. Au nombre des actes faits par les administrateurs pendant l'absence, et qui doivent être respectés, soit par l'absent de retour, soit par ceux qui réclament ses biens, à quelque titre que ce soit, se placent en première ligne les jugemens rendus avec ces administrateurs; car c'est contre eux seuls que pouvaient être dirigées les actions, à partir de la déclaration d'absence. V. art. 134.

Au contraire, pendant la présomption d'absence, ne pouvait-on pas procéder par défaut contre l'absent lui-même?

Quid s'il avait été nommé un curateur au présumé absent, comme le permet certainement l'art. 113?

SECTION II.

Des effets de l'absence, relativement aux droits éventuels qui peuvent compéter à l'absent.

153. La mort dépouille une personne de ses biens; la vie la rend apte à en recueillir de nouveaux. La vie et la mort de l'absent étant également incertaines, il est naturel d'attendre, pour le dépouiller, que sa mort soit prouvée, et de prendre toutes précautions pour lui assurer la conservation de ses biens, jusqu'au moment, au moins, où la mort, quoique non prouvée, sera devenue presque certaine. Mais, par une juste réciprocité, on doit subordonner à la preuve de sa vie son admission à recueillir des droits nouvellement échus.

Il suffit donc que l'existence d'une personne, à laquelle

serait échu un droit quelconque, ne soit pas *reconnue*, pour qu'à défaut de preuve de cette existence au moment de l'ouverture, la réclamation faite de son chef soit non recevable. V. art. 135.

Ce principe est spécialement appliqué aux successions qui, en conséquence, sont recueillies par qui de droit à l'exclusion des personnes dont l'existence n'est pas reconnue. V. art. 136.

Faut-il qu'une personne soit déclarée absente, pour qu'on puisse refuser l'exercice en son nom, du droit qui lui compète?

Faut-il au moins qu'il y ait présomption d'absence, ou suffit-il que les parties intéressées ne reconnaissent pas l'existence?

La disposition de l'art. 113 peut-elle jusqu'à un certain point s'appliquer au cas de l'art. 136?

Quid si les parties intéressées, ayant d'abord reconnu l'existence de l'absent, l'ont admis à recueillir un droit ouvert depuis sa disparition? Cette reconnaissance conservera-t-elle quelques effets, après la déclaration d'absence?

L'absent écarté d'une succession, conformément à l'art. 136, peut-il être représenté, aux termes des art. 739, 740 et 742? V. art. 744.

154. Il est bien à remarquer, que l'exclusion de l'absent étant fondée sur le droit commun, qui assujettit tout demandeur à prouver sa prétention, il n'est besoin, pour ses co-héritiers ou ceux qui viennent à sa place, d'aucun envoi en possession; et qu'ils ne sont assujettis à aucune formalité tendant à lui assurer la restitution de sa part héréditaire. La loi réserve seulement à l'absent lui-même, ou à ceux qui viendraient de son chef, l'action en *pétition d'hérédité ou d'autres droits*, action dont la

durée n'est bornée que par le principe général de la prescription (art. 2262). V. art. 137.

155. La loi au surplus applique, même au cas de pétition d'hérédité, la règle générale qui fait gagner les fruits au possesseur de bonne foi, par la perception. V. art. 138, 549, 550.

SECTION III.

Des effets de l'absence, relativement au mariage.

156. La religion, la morale et la loi civile se réunissent pour proclamer l'indissolubilité du mariage, pendant la vie des deux époux. La possibilité de la vie de l'absent, quelles que soient à cet égard les probabilités, doit toujours s'opposer à ce que son conjoint contracte une nouvelle union (art. 147 et 227).

Si pourtant, par fraude ou par erreur, un second mariage avait été contracté, la question de savoir si ce mariage est valable ou nul, semblerait dépendre entièrement de celle-ci : L'absent existait-il ou non, au moment où le second mariage a été contracté. C'en est assez pour interdire à qui que ce soit l'action en nullité, tant que durera l'incertitude. Mais la loi semble aller encore plus loin, en bornant à l'époux absent lui-même, ou à son fondé de pouvoirs, le droit d'attaquer le mariage. Remarquons même que le fondé de pouvoirs doit être muni de la preuve de l'existence. V. art. 139. Voy. cependant art. 184 et 190.

L'art. 139 n'a-t-il pas pour but unique d'interdire, dans ce cas particulier, l'action en nullité fondée sur l'intérêt pécuniaire, par exemple l'action des collatéraux ?

Les nouveaux époux et le procureur du roi, même les ascendans, ne pourraient-ils pas toujours demander la nullité en rapportant la preuve de l'existence de l'absent? V. art. 184 et 190.

Comment entendre l'obligation imposée au fondé de pouvoirs, de rapporter la preuve de l'existence? cette preuve ne résulte-t-elle pas du pouvoir même qu'il a reçu, et qu'il doit représenter?

La disposition de l'art. 139 comprend-elle le cas de simple présomption d'absence?

157. L'art. 140, inséré dans cette section, n'est que l'application faite au conjoint, du principe qui autorise, après la déclaration d'absence, l'exercice provisoire de tous les droits subordonnés au décès. Il est évident que le droit de succession irrégulière du conjoint est compris dans cette catégorie, et que celui-ci peut en conséquence demander l'envoi en possession à défaut de *parens habiles à succéder*. V. art. 140, 767.

Les enfans naturels n'obtiendraient-ils pas la préférence sur le conjoint?

CHAPITRE IV.

DE LA SURVEILLANCE DES ENFANS MINEURS DU PÈRE QUI A DISPARU.

158. La nature et la loi placent l'enfant mineur sous l'autorité, et par conséquent sous la surveillance de ses père et mère (art. 372; voy. aussi art. 389 et 390). Le père seul exerçant cette autorité pendant le mariage (art. 373), il est clair que la disparition de la mère ne

doit en général donner lieu à aucune mesure particulière, tant que le père est présent. C'est pour cela que la loi s'occupe ici principalement de la disparition du père.

Quoiqu'il en soit, les règles spéciales tracées dans ce chapitre sont relatives à quatre cas : 1° Disparition du père, lorsque la mère est vivante et présente (art. 141); 2° et 3° disparition du père, précédée ou suivie du décès de la mère (art. 142); 4° disparition de l'un ou de l'autre parent remarié (art. 143). Nous aurons à faire l'application de ces règles. 5° Au cas de la disparition de la mère veuve et non remariée; 6° au cas de mort du père, après la disparition de la mère; 7° au cas de disparition de l'un des parens, après la disparition de l'autre.

159. Dans le premier cas, la disparition du père le mettant hors d'état d'exercer l'autorité qui lui était commune avec la mère, il est naturel d'en confier immédiatement l'exercice à celle-ci. Il n'y a donc lieu ici, ni à la tutelle, qui ne s'ouvre qu'au décès d'un des parens (art. 390), ni à l'accomplissement d'aucune formalité. La mère aura la direction de l'éducation des enfans, et l'administration de leurs biens. A cet égard, *elle exercera,* dit la loi, *tous les droits du mari.* V. art. 141.

La mère pourra-t-elle, sans autorisation, faire pour le compte de ses enfans, des actes d'administration qui ne lui seraient pas permis pour elle-même?

Exercera-t-elle le droit de correction d'une manière plus étendue qu'elle ne le pourrait après la mort du père? V. art. 376, 377, 381.

Aura-t-elle la jouissance légale?

160. Que si la mère est déjà morte lors de la disparition du père, ou si elle vient à mourir depuis, la tutelle est bien ouverte par son décès (art. 39); mais cette tutelle appartient au père, dont le décès n'est ni prouvé ni présumé; il n'y a donc pas lieu, au moins jusqu'à la déclaration d'absence, de la déférer à ceux que la loi y appelle à défaut du survivant des père et mère. Toutefois la loi veut que la surveillance des enfans soit confiée aux ascendans les plus proches, et, à leur défaut seulement, à un tuteur provisoire; mais c'est au conseil de famille qu'est accordé le droit de déférer cette surveillance, qui n'est pas nécessairement une tutelle. Du reste, pour que des étrangers ne s'immiscent pas trop tôt dans le secret des affaires du présumé absent, l'exécution de ces mesures est suspendue pendant six mois. V. art. 142; voy. pourtant art. 424.

Comment sera-t-il pourvu à la surveillance des enfans pendant les six mois? V. art. 112, 424.

A quoi tend l'intervention du conseil de famille pour nommer les ascendans *les plus proches?*

161. Si le parent qui disparaît était marié en secondes noces, on sent bien que la présence du beau-père ou de la belle-mère ne peut dispenser de pourvoir à la surveillance des enfans du premier lit, dont la tutelle, on le suppose, appartenait à l'absent. (Voyez à ce sujet, art. 390, 395, 396.) Dans ce cas, la disparition, soit du père, soit de la mère, donne lieu à l'application des mêmes règles, que la disparition du père, précédée ou suivie du décès de la mère. V. art. 143.

162. L'application de ces règles faite par la loi elle-

même à la disparition de la mère remariée (art. 143), autorise évidemment à la faire également au cas de disparition de la mère veuve et non remariée.

163. Il n'est pas moins évident, que le cas de mort du père après la disparition de la mère, doit se régir par les mêmes principes que le cas de mort de la mère après la disparition du père, cas prévu par l'art. 142.

164. Enfin, il est évident encore que, s'il y a disparition successive des deux parens, les mesures que la présence de l'autre rendait sans objet, et par conséquent sans application lors de la disparition du premier, deviennent au contraire nécessaires lors de la disparition du dernier; ce cas doit donc aussi se régir par l'art. 142.

165. Les termes mêmes de la loi bornent l'application de l'art. 142, pour tous les cas qu'il prévoit ou qui rentrent dans sa disposition, à la durée de la présomption d'absence; il paraît, en effet, que la déclaration d'absence, qui entraîne l'exercice provisoire de tous les droits subordonnés au décès, donnerait lieu à la délation provisoire de la tutelle, suivant ce qui est réglé, ci-après, au titre de la minorité.

Faut-il conclure de là, que l'art. 141 cesserait aussi d'être applicable, après l'absence déclarée, et que le parent présent deviendrait alors tuteur?

APPENDICE.

DES MILITAIRES ABSENS.

166. L'absence des militaires a donné lieu, antérieurement et postérieurement au Code civil, à diverses dispositions qui forment, à certains égards, exception au droit commun.

167. Les dispositions antérieures à la publication du Code civil, et que cette publication n'a pas fait cesser, au moins tant qu'a duré l'état de guerre qui les a provoquées (Décr. 16 mars 1807) (1), ont eu pour but de protéger les militaires, ou autres citoyens attachés au service de l'armée.

Ainsi, 1° des règles spéciales tendent à assurer leurs droits dans les successions ouvertes à leur profit. V. L. 11 vent. an II (1er mars 1794); L. 16. fruct. an II (2 sept. 1794) (2). Ces règles spéciales doivent évidemment prévaloir, à leur égard, sur la disposition de l'art. 113. Bien plus, les lois qui les prescrivent ne semblent pas permettre d'appliquer ici, pour simple défaut de nouvelles, l'exclusion prononcée par les art. 135 et 136.

2° Diverses mesures sont prescrites pour la conservation de leurs propriétés. V. L. 6 brum. an V. (27 octobre 1796) (3).

Dans ce nombre, nous remarquerons surtout la sus-

---

(1) IV, B. 140, n° 2266.
(2) I, B. 51, n° 278.
(3) II, B. 85, n° 811.

pension de toute prescription, celle de toute expropriation ou dépossession, et la prohibition de mettre aucun jugement à exécution contre eux, sans fournir caution. Au reste, ces mesures extraordinaires, uniquement commandées par l'état de guerre, ont cessé dans les délais prescrits par la loi même qui les a établies, sauf la la prolongation accordée par la loi du 21 décembre 1814 (1).

L'état de paix a-t-il également fait cesser l'application des lois des 11 ventôse et 16 fructidor an 2?

167. Quoi qu'il en soit, les militaires sont évidemment demeurés soumis au droit commun, dans tous les points pour lesquels il n'y a pas été dérogé par les lois qui leur sont particulières. On n'a donc jamais douté qu'on ne pût leur appliquer les règles relatives à la déclaration d'absence et à ses suites, sauf l'obligation imposée au procureur du roi, de demander préalablement des renseignemens au ministre de la guerre ou de la marine (Circ. du min. de la just., 16 déc. 1806).

168. Bien plus, la position fâcheuse dans laquelle se trouvaient placées un grand nombre de familles, par suite de la disparition des militaires en activité de service dans les guerres de 1792 à 1815, devait appeler l'attention du législateur, qui a prescrit en conséquence, pour la déclaration d'absence de ces militaires, des délais moins longs et des formes moins dispendieuses que dans les cas ordinaires. Les mêmes motifs ont, de plus,

---

(1) V, B. 64, n° 553.

fait admettre un mode particulier pour constater le décès de ces militaires. V. L. 13 janvier 1817 (1), et ord. 3 juillet 1816 (2).

TITRE CINQUIÈME.

DU MARIAGE.

169. Les différences importantes que le mariage introduit dans l'état civil, soit des contractans eux-mêmes, soit des enfans qui en proviennent, marquaient ici la place de ce titre.

Le mariage, élevé par la religion chrétienne à la dignité de sacrement, n'est dans son essence primitive qu'un contrat (v. art. 1101), soumis comme tous les autres, aux lois de la puissance séculière, et dont les conditions et les effets sont réglés, en partie par le droit naturel, en partie par le droit positif. C'est sous ce point de vue seulement que nous avons à nous en occuper.

L'orateur du gouvernement définit le mariage : « La so- « ciété de l'homme et de la femme qui s'unissent pour « perpétuer leur espèce; pour s'aider, par des secours « mutuels, à porter le poids de la vie, et pour partager « leur commune destinée. » Cette définition fait bien res-

---

(1) VII, B. 131, n° 1530.
(2) VII, B. 97, n° 865.

sortir l'honneur et la dignité de l'union conjugale, si étrangement défigurée par certains philosophes. L'importance de cette union dans l'ordre social, explique assez le soin qu'a pris le législateur, d'assujettir le mariage a des règles particulières, qui le font sortir de la classe des contrats ordinaires.

La loi soumet l'existence du mariage à l'accomplissement de certaines formes ou conditions; l'absence de quelqu'une de ces conditions peut donner lieu aux oppositions ou même à la nullité. Le mariage valablement contracté entraîne à sa suite des droits et des obligations, qui ne se concentrent pas dans la personne des conjoints. Enfin le mariage peut se dissoudre, et sa dissolution peut donner lieu à un second mariage.

Tel est l'ordre d'idées qui paraît avoir réglé la composition de ce titre divisé en huit chapitres.

CHAPITRE I.

DES QUALITÉS ET CONDITIONS REQUISES POUR POUVOIR CONTRACTER MARIAGE.

170. Le mariage, étant une société, ne peut s'établir que par le consentement mutuel. Les devoirs qu'impose cette société ne souffrent pas de partage, elle ne peut donc exister qu'entre personnes libres d'un autre engagement. La fin principale du mariage étant la procréation des enfans, il ne peut être contracté par ceux qui ne sont pas en âge d'engendrer. Il est évident encore que les liens d'un autre ordre qui unissent certaines personnes

entre elles, ne sauraient leur permettre l'union du mariage. Enfin deux puissans motifs peuvent exiger l'intervention des familles à l'engagement des contractans : d'une part l'importance de cet engagement comparée à la faiblesse de leur âge; de l'autre, l'intérêt même de ces familles, dans lesquelles le mariage d'un de leurs membres doit en introduire de nouveaux.

Telles sont les vues générales qui ont guidé tous les législateurs, et dont notre Code a fait l'application aux besoins particuliers de notre société.

Ainsi, les conditions requises pour pouvoir contracter mariage sont relatives, 1° à l'âge des contractans (art. 144, 145); 2° à leur consentement (art. 146); 3° à la liberté d'un premier lien (art. 147); 4° au consentement des personnes sous la dépendance desquelles les contractans se trouvent placés (art. 148-160); 5° aux causes qui interdisent le mariage entre certaines personnes, principalement la parenté ou l'alliance à un certain degré (art. 161-163).

171. La puberté est plus tardive en France que sous le climat de Rome ou d'Athènes. D'ailleurs la faculté d'engendrer n'est pas la seule considération qui doive faire exiger un certain âge. C'est donc avec grande raison que notre Code, s'éloignant du droit romain (1) et de l'ancien droit français, plus encore que ne l'avait fait la loi intermédiaire (2), diffère jusqu'à dix-huit ans révolus pour les hommes, et quinze ans révolus pour les

---

(1) V. *Just.*, Inst., pp. *de nupt.*; pp., *quib. mod. tut. fin.*
(2) V. L. 20 sept. 1792, tit. 4, art. 1.

femmes, la capacité de se marier. V. art. 144 (voir à ce sujet, art. 184).

Toutefois, des circonstances particulières rendront quelquefois nécessaire de hâter le mariage. Le roi peut donc accorder une dispense d'âge; à lui appartient l'appréciation des motifs; la loi veut seulement que ces motifs soient graves. V. art. 145, et arrêté du 20 prairial an XI (9 juin 1803) (1), art. 1, 2 et 5.

172. C'est le consentement qui fait le mariage, les autres conditions sont nécessaires pour sa validité ou sa régularité; mais sans consentement on ne conçoit pas de mariage, et la loi dit avec raison qu'il n'y en a pas. V. art. 146 (v. à ce sujet, art. 180, 181).

173. La loi française, conforme aux vrais principes du droit naturel, n'admet le mariage qu'entre un seul homme et une seule femme; cette règle reçoit son application indépendamment de toute croyance religieuse. Un premier mariage, tant qu'il n'est pas dissous, ne permet donc point d'en contracter un second. V. art. 147 (v. à ce sujet, art. 172, 184).

174. L'enfant, à tout âge, doit honneur et respect à ses père et mère (art. 371). Le même devoir existe envers les ascendans. D'un autre côté, l'amour éclairé des parens peut opposer un frein salutaire aux passions qui, trop souvent, emportent vers un engagement imprudent. Ce frein, toujours utile, est surtout nécessaire à la jeunesse. Telles sont les considérations qui, jointes à l'intérêt de famille, font exiger, pour le mariage des

---

(1) III, B. 285, n° 2792.

mineurs, le *consentement* ; et pour celui des majeurs, au moins le *conseil* des père, mère, aïeuls et aïeules. C'est d'après les mêmes vues que le législateur, lorsqu'il existe des ascendans, diffère jusqu'à vingt-cinq ans la majorité de l'*homme* pour le mariage.

175. La loi règle l'ordre dans lequel doivent intervenir les divers consentemens requis pour le mariage des enfans mineurs. C'est dans le père et la mère qu'elle place d'abord toute l'autorité, en attribuant, comme de raison, la prépondérance au père, dont l'avis, en conséquence, prévaudrait en cas de dissentiment; et en s'en rapportant à l'un d'eux seul, si l'autre est mort, ou s'il est seulement dans l'impossibilité de manifester sa volonté. V. art. 148, 149.

Au cas de dissentiment, ne faut-il pas constater que la mère a été consultée?

176. Lorsque ni l'un ni l'autre n'existe ou ne peut manifester sa volonté, l'autorité passe aux ascendans et se répartit également entre les deux lignes. La prépondérance du sexe existe bien dans chacune en particulier, pour le cas de dissentiment entre l'aïeul et l'aïeule; mais ni le nombre ni le sexe des parens qui composent une ligne, ne fait prévaloir sa volonté sur celle de l'autre. En cas de partage, c'est la faveur du mariage qui l'emporte. V. art. 150.

Les bisaïeuls doivent-ils être compris ici sous le nom d'aïeuls? *Quid* s'il y avait tout à la fois des aïeuls et des bisaïeuls?

177. Après la majorité pour le mariage, le consente-

ment des père et mère ou autres ascendans n'est plus nécessaire, mais leur conseil doit être requis dans l'ordre ci-dessus indiqué. La loi exige à cet effet un acte respectueux et formel. V. art. 151. Ce devoir imposé aux enfans de l'un et de l'autre sexe, quel que soit leur âge, s'applique cependant plus ou moins rigoureusement, eu égard à l'âge et au sexe. La loi, au reste, règle la marche à suivre pour que le conseil soit requis dans la forme la plus respectueuse, la plus propre à constater la volonté des ascendans, et à laisser aux enfans ou descendans le temps de la réflexion. Elle ne veut pas que l'acte destiné à notifier la réquisition des enfans et la réponse de l'ascendant, ait le caractère d'une *sommation ;* elle préfère en conséquence, pour cette notification, le ministère des notaires à celui des huissiers (art. 152, 153, 154).

D'après ces vues, les fils au-dessous de trente ans, et les filles au-dessous de vingt-cinq ans, sont assujettis à renouveler deux autres fois l'acte respectueux qu'ils auraient fait une première fois sans succès (1). Chaque acte doit être séparé par un mois d'intervalle, et dans aucun cas le mariage ne doit être célébré avant un mois depuis le troisième acte ou depuis l'acte unique. V. art. 152, 153.

La notification se fait par deux notaires, ou par un notaire et deux témoins. Il en est, comme de raison,

---

(1) Cette obligation de renouveler n'existant pour les filles qu'au dessous de vingt-cinq ans (art. 152), il est clair que la faculté de passer outre sur un seul acte, proclamée par la loi *après l'âge de trente ans* (art. 153), existe pour les filles dès l'âge de vingt-cinq.

dressé procès-verbal, dans lequel on fait mention de la réponse, *ajoutons* ou du défaut de réponse. V. art. 154.

L'enfant doit-il se transporter chez l'ascendant avec les notaires chargés de notifier l'acte respectueux? Cette notification ne peut-elle être faite qu'à personne?

178. La loi prévoit le cas où l'absence, même non déclarée, d'un ascendant ne permet pas de lui notifier l'acte respectueux; elle autorise alors à passer outre sur la représentation de la preuve d'absence. Cette preuve peut résulter, soit du jugement de déclaration, s'il est déjà intervenu, soit du jugement préparatoire qui le précède, soit enfin d'un simple acte de notoriété. L'acte de notoriété, délivré par le juge de paix du dernier domicile connu, contient la déclaration de quatre témoins appelés d'office. V. art. 155.

L'acte de notoriété prescrit par cet article doit-il être homologué? V. art. 72.

Observons ici, 1° qu'il paraît naturel de suivre en général la même marche, en cas d'absence d'un ascendant dont le consentement était nécessaire; soit que, dans l'impossibilité où l'absent se trouve de manifester sa volonté, il y ait lieu de se contenter du consentement d'autres ascendans, soit qu'à défaut de tout autre ascendant, il y ait lieu, suivant les cas, de recourir à l'avis du conseil de famille, ou de considérer le mineur de vingt-cinq ans comme majeur pour le mariage (art. 160).

Dans tous ces cas, au reste, les termes de l'art. 155 n'étant pas ici directement applicables, la question pourrait être diversement résolue, suivant les circonstances.

Observons, 2° que toutes les formalités prescrites par l'art. 155 deviennent inutiles, lorsque les aïeuls ou aïeules présens attestent le décès des père et mère. V. Av. cons. d'Et., 4 therm. an XIII (23 juillet 1805) (1).

Quid si le décès du père est attesté par la mère, ou réciproquement? *Quid* si le décès d'un aïeul est attesté par les aïeuls présens?

Observons, 3° que l'ignorance du dernier domicile peut rendre impossible l'exécution de l'art. 155. Il suffit alors, pour les majeurs, que cette ignorance soit certifiée par le serment des parties et des témoins au mariage (v. Av. cons. d'Et. ci-dessus). Quant aux mineurs, il leur faudrait certainement le consentement des personnes que la loi appelait à défaut de l'absent.

Ce consentement suffira-t-il s'il n'y a pas attestation du décès par les ascendans? Ne faudrait-il pas au moins que l'absence fût attestée par les parens qui donnent leur consentement? Cette attestation même suffira-t-elle, s'il n'y a pas ignorance du dernier domicile de l'absent?

179. La loi ne s'explique pas sur les autres causes qui, outre le cas de mort prouvée, peuvent rendre impossible la manifestation de la volonté d'un ascendant appelé à consentir ou à donner son conseil. L'interdiction produirait certainement cette impossibilit´; on en justifierait par le jugement qui la prononce.

Quant à la manière de justifier de la mort, à défaut d'acte de décès, voy. Av. du cons. d'Et., ci-dessus.

---

(1) IV, B. 51, n° 858.

180. Le défaut des consentemens requis pourrait entraîner la nullité du mariage (art. 182, 183). La même sanction n'est pas attachée à l'inobservation de la loi sur les actes respectueux; mais la sanction commune aux deux cas, et qui, toujours d'après les mêmes vues, s'applique plus rigoureusement au premier, consiste dans les peines d'amende et d'emprisonnement (1) encourues par l'officier de l'état civil qui célèbre le mariage. V. art. 156, 157; C. pén., 193.

Remarquons seulement 1° qu'à s'attacher aux termes du Code civil (art. 156), la peine, au moins s'il s'agissait des consentemens nécessaires, serait encourue pour le simple défaut d'énonciation dans l'acte (v. pourtant C. pén., art. 193); 2° que la condamnation, aux termes du même article 156, se prononce *à la diligence des parties intéressées et du procureur du roi* (v. au surplus C. instr. crim., art. 1, 63, 182).

181. Les rapports de soumission, de déférence et de protection qui lient les enfans de familles à leurs ascendans, sont communs aux enfans naturels, à l'égard de leurs père et mère. Tout ce qu'on a dit des uns s'ap-

---

(1) A l'égard de l'amende, le Code civil se bornait, pour les deux cas, à en fixer le *maximum* à 300 francs (art. 156, 157, 192). Le Code pénal qui ne prévoit que le premier, en fixe le *minimum* à 16 francs (C. pén., art. 193).

Quant à la durée de l'emprisonnement, le Code civil en fixait seulement le *minimum*, dans le premier cas à six mois (art. 156), dans le second cas à un mois (art. 157). Le Code pénal statuant, comme on l'a dit, sur le premier cas, fixe le *maximum* à un an (C. pén., art. 193).

plique donc également aux autres, sauf que n'ayant pas aux yeux de la loi d'autres ascendans que les père et mère qui les ont légalement reconnus, c'est uniquement de ceux-ci que les enfans naturels doivent obtenir le consentement ou requérir le conseil. V. art. 158.

A défaut de père et de mère, l'enfant naturel mineur ne doit point être laissé sans protection; la loi subordonne son mariage au consentement d'un tuteur *ad hoc.* Voy. art. 159.

Par qui sera nommé ce tuteur?

182. Pareillement, l'enfant de famille qui n'a point d'ascendans, est majeur pour le mariage, comme pour tous les actes de la vie civile, à l'âge de vingt-un ans, mais jusque là il lui faut pour se marier le consentement du conseil de famille. V. art. 160.

L'avis du conseil de famille ne pourrait-il pas ici, comme dans les cas ordinaires, être réformé par les tribunaux? Voyez C. pr., art. 883.

183. Les rapports établis entre les personnes par les liens de parenté et d'alliance, rapports plus ou moins intimes suivant la ligne ou le degré, ont dû faire prohiber, dans certaines limites, le mariage entre parens ou alliés.

La parenté est le lien qui unit les personnes qui descendent l'une de l'autre, ou qui descendent d'une même souche; elle est légitime ou naturelle, suivant qu'elle résulte ou non de légitimes mariages.

Sur la manière de compter les degrés de parenté, et

sur la distinction des lignes directes et collatérales. Voyez art. 735-738.

L'alliance ou affinité est le lien qui unit l'un des époux et les parens de l'autre; mais notre droit ne reconnaît point d'alliance entre les parens de l'un des époux et les parens de l'autre, ni entre l'un des époux et les alliés de l'autre. Du reste, l'alliance, toujours produite par la parenté, emprunte évidemment de celle-ci sa ligne et son degré.

Le commerce illicite entre deux personnes ne produit-il pas une alliance naturelle entre chacune d'elles et les parens de l'autre?

Le principe des empêchemens tirés de la parenté ou de l'alliance se trouve dans le droit naturel; des raisons politiques peuvent déterminer à l'étendre plus ou moins.

184. La morale universelle réprouve les mariages en ligne directe; l'empêchement ici s'étend à l'infini; il s'applique à la parenté simplement naturelle comme à la parenté légitime; il comprend les alliés comme les parens. V. art. 161.

185. En ligne collatérale, la cause de l'empêchement ne tient pas aussi essentiellement à l'essence de l'union conjugale; elle ne peut d'ailleurs s'étendre au-delà de certains degrés.

Quoiqu'il en soit, l'on s'accorde avec raison à considérer comme contraire au droit naturel le mariage entre frères et sœurs. La loi applique cette règle à la parenté légitime ou naturelle; elle s'applique même, en principe, à l'alliance. V. art. 162.

L'empêchement s'étend encore avec raison aux oncles

et tantes à l'égard de leurs nièces ou neveux. En effet, les oncles et tantes, quoiqu'ils ne soient pas ascendans, sont, comme disent les lois romaines, *loco parentum* (1). Du reste il résulte du silence de la loi que cet empêchement ne s'applique point à la parenté simplement naturelle ni à l'alliance. V. art. 163.

Bien plus des motifs particuliers pouvant quelquefois recommander dans l'intérêt des familles, certaines unions réprouvées en principe, le roi peut accorder dispense des empêchemens que la loi détermine. Cette faculté, strictement bornée par le Code civil aux mariages des oncles et tantes avec leurs nièces ou neveux a été depuis étendue à ceux des beaux-frères et belles-sœurs. Mais dans tous les cas, la dispense ne doit s'accorder que pour causes graves. V. art. 164, et L. 16 avril 1832 (2); v. à ce sujet arrêté du 20 prairial an XI (9 juin 1803) (3), art. 1, 2 et 5.

186. L'adoption établit, comme nous le verrons plus bas, des rapports de paternité et de filiation, qui doivent faire proscrire le mariage, entre l'adoptant, l'adopté et toute la postérité de celui-ci. Quoiqu'elle ne produise

---

(1) Les termes mêmes de la loi, et les motifs de la prohibition, comprennent évidemment, selon nous, tous les descendans de frères et de sœurs, sous le nom de neveux et nièces. Toutefois, la question n'est officiellement décidée que pour le mariage du grand oncle et de la petite nièce. V. Av. cons. d'Et. 7 mai 1808. (IV, B. 191, n° 3308).

(2) IX, Part. 1, B. 72, n° 157.

(3) III, B. 285, n° 2792.

ni parenté ni alliance, des motifs de décence et d'honnêteté publique devaient étendre l'empêchement entre l'une des parties et le conjoint de l'autre, entre l'adopté et les enfans légitimes ou adoptifs de l'adoptant (art. 348).

187. L'absence d'une des condition prescrites par la loi forme un empêchement au mariage; on distingue les empêchemens en absolus et relatifs, suivant qu'ils s'opposent au mariage entre toutes personnes, ou entre certaines personnes seulement.

188. Il faut ajouter aux empêchemens absolus déjà énumérés, celui qui résulte de la mort civile (art. 25), et celui que le législateur a établi pour les veuves dans les dix mois de la dissolution du premier mariage (art. 228); enfin, relativement aux militaires, celui qui résulterait du défaut des permissions exigées par les décrets des 16 juin (1), 3 août (2) et 28 août (3) 1808.

189. Le défaut de raison formerait encore évidemment empêchement au mariage, puisqu'il y aurait alors absence de consentement (v. au surplus art. 174-2°).

S'il n'y a pas d'opposition légalement formée, l'officier de l'état civil devra-t-il célébrer, s'il en est requis, le mariage du dément, soit qu'il y ait ou non interdiction? L'interdiction ne produit-elle pas, par elle-même, un empêchement?

190. Le Code civil garde le silence sur les empêchemens

---

(1) IV, B. 195, n° 3463; voyez à ce sujet Av. cons. d'Etat, 21 décembre 1808 (IV, B. 220, n° 4032).
(2) IV, B. 199, n° 3604.
(3) IV, B. 201, n° 3681.

absolus qui résultaient autrefois des fiançailles, des vœux religieux, de l'engagement dans les ordres sacrés, et de l'impuissance.

Les fiançailles sont aujourd'hui inusitées dans l'ordre civil; c'est uniquement par les principes généraux sur les obligations conventionnelles, qu'il faudrait juger de l'effet d'une promesse de mariage.

Une semblable promesse faite à une personne empêcherait-elle d'en épouser une autre ? Cette promesse ne serait-elle pas nulle comme contraire à l'ordre public et aux bonnes mœurs ? Faudrait-il distinguer si elle est ou non accompagnée de dédit ?

L'engagement dans les ordres sacrés, et les vœux religieux dans une congrégation légalement autorisée, forment-ils obstacle au mariage civil ?

L'impuissance, naturelle ou accidentelle, a-t-elle cessé aujourd'hui d'être un empêchement ?

191. Outre les empêchemens relatifs résultant de la parenté, de l'alliance et de l'adoption, le mariage est encore prohibé entre l'époux coupable d'adultère et son complice, au moins lorsque le divorce aura été prononcé pour cette cause, sous l'empire de la loi qui l'autorisait. V. art. 298.

Les époux antérieurement divorcés peuvent-ils aujourd'hui se réunir, nonobstant l'art. 295 ?

192. On distingue encore les empêchemens en *dirimans*, qui empêchent de contracter un mariage valable, et simplement *prohibitifs*, qui empêchent seulement de le contracter licitement. Nous verrons au chapitre des

nullités, quels empêchemens doivent être réputés dirimans.

CHAPITRE II.

DES FORMALITÉS RELATIVES A LA CÉLÉBRATION DU MARIAGE.

193. Le mariage consiste dans le consentement : mais, d'une part, il importe de s'assurer que ce consentement est libre et sérieux ; d'autre part, il n'importe pas moins de rendre, dès le principe, ferme, stable et notoire, un engagement que les volontés qui l'ont formé n'ont pas le pouvoir de rompre, et qui opère un changement d'état. De là, la nécessité d'une célébration publique devant un officier préposé par la loi. La célébration doit avoir lieu dans l'endroit où les parties sont réputées le mieux connues, c'est-à-dire au domicile de l'une d'elles (art. 74), et devant l'officier de l'état civil de ce domicile. V. art. 165.

194. Observons ici que le domicile, quant au mariage, ne se règle pas par les principes ordinaires, il *s'établit par six mois d'habitation continue* (art. 74); c'est-à-dire, selon moi, 1° que le fait d'une habitation réelle dans une commune, joint à l'intention d'y fixer son principal établissement, ne suffirait point pour acquérir domicile, quant au mariage, si l'habitation n'avait pas duré six mois; 2° que six mois de résidence continue dans une commune suffisent au contraire pour acquérir ce domicile, même sans l'intention de fixer là son principal établissement.

Les six mois de résidence doivent-ils précéder immédiatement le mariage?

195. Toujours par les motifs qui font exiger la célébration, la loi veut que le mariage soit publiquement annoncé à l'avance, et que l'officier public s'assure d'ailleurs, par pièces et documens suffisans, de la capacité des contractans.

196. L'annonce publique du mariage consiste dans la double proclamation que doit en faire l'officier de l'état civil, aux jour, lieu et intervalle requis; et dans l'affiche de l'acte qui en est dressé. L'intervalle prescrit entre les deux publications est de huit jours; elles doivent se faire le dimanche, à la porte de la maison commune. La publication et l'acte contiennent les renseignemens nécessaires sur l'état civil des futurs, dont on doit spécialement énoncer la qualité de majeurs ou de mineurs (1), et la filiation. L'acte est, comme nous l'avons vu, inscrit sur un seul registre. C'est un extrait de ce registre qui est affiché; l'affiche doit demeurer dans l'intervalle d'une publication à l'autre. Du reste, pour que la publicité, qu'on entend assurer ainsi au mariage, ne devienne pas illusoire, la loi fixe un délai avant lequel le mariage ne peut être célébré, et un autre après lequel il ne peut plus l'être sans nouvelles publications. Le premier délai est de deux jours francs, à partir de la *seconde* publica-

---

(1) Il paraît que cette énonciation dispense de celle de l'âge (nonobstant art. 34), et qu'elle ne serait pas utilement remplacée par celle-ci. La loi ne prescrit pas non plus d'énoncer l'âge des père et mère.

tion, le second est d'une année, à partir de l'expiration du dernier. V. art. 63, 64, 65.

197. C'est naturellement au domicile de chacun des futurs que les publications doivent être faites. V. art. 166. Mais si *le domicile actuel n'est établi que par six mois de résidence* (c'est-à-dire, selon moi, si le lieu de cette résidence n'est pas en même temps celui du principal établissement), les publications, pour qu'elles atteignent mieux leur but, doivent être faites en outre *au dernier domicile.* V. art. 167.

Par dernier domicile, ne doit-on pas entendre ici le lieu du principal établissement?

Toujours par le même motif, le mariage des personnes *placées sous la puissance d'autrui*, doit encore être publié aux domiciles des parens sous la puissance desquels se trouve chacun des futurs. V. art. 168.

Doit-on publier au domicile des parens dont la loi requiert seulement le conseil? Où seraient faites les publications, si le consentement nécessaire au mineur était celui du conseil de famille?

198. Des motifs graves (nécessairement tirés de l'urgence) peuvent, non pas faire dispenser entièrement de publication, mais autoriser à se contenter d'une publication unique. La dispense, comme au cas de parenté ou de défaut d'âge, doit émaner de l'autorité royale; mais la force des choses commandait ici de confier à des préposés le pouvoir de l'accorder. V. art. 169, et arrêté du 20 prairial an XI (9 juin 1803) (1), art. 3 et 4.

---

(1) III, B. 285, n° 2792.

La dispense de la seconde publication n'entraîne-t-elle pas dispense de l'affiche, prescrite seulement dans l'intervalle de l'une à l'autre? Comment appliquer à ce cas les délais des art. 64 et 65?

199. Avant que l'officier de l'état civil procède à la célébration, il faut, 1° qu'il s'assure que les publications ont été faites, qu'il n'y est point survenu d'oppositions, ou qu'elles ont été levées.

La signification, les mentions sur les registres et le certificat exigé des divers officiers de l'état civil qui ont dû faire des publications, mettent celui qui est requis pour la célébration, à même de n'y pas procéder au mépris d'une opposition subsistante. Il ne le pourrait d'ailleurs sans s'exposer à l'amende et aux dommages-intérêts. V. art. 66, 67, 68 et 69.

La même peine ne serait-elle pas applicable à l'officier de l'état civil qui délivrerait mal-à-propos le certificat de non-opposition? V. art. 68, 69, 192, 193.

200. 2° Il doit être justifié à l'officier de l'état civil, de l'âge et de la filiation des contractans; ce sera ordinairement par l'acte de naissance. Toutefois la faveur du mariage a fait admettre ici un mode particulier de suppléer à l'acte de naissance, s'il est impossible de se le procurer. Il suffit alors d'un acte de notoriété, délivré par le juge de paix, sur une déclaration de témoins, et dûment homologué.

La loi règle en détail la forme de cet acte; il est reçu par le juge de paix du domicile, ou par celui du lieu de naissance; il contient la déclaration de sept *témoins* de l'un ou de l'autre sexe, parens ou autres (1). Les déclarations ont pour objet la désignation précise de la personne, et celle de la filiation, si toutefois on peut la connaître; l'indication du lieu et autant que possible de l'époque de la naissance; enfin l'indication des causes qui empêchent de rapporter l'acte. Les témoins doivent, comme de raison, signer leur déclaration, sauf à remplacer la signature par la mention ordinaire en cas semblable. V. art. 70, 71.

Ce n'est du reste ni au juge de paix qui reçoit l'acte, ni à l'officier de l'état civil auquel on le présente, qu'il appartient de décider si cet acte doit tenir lieu de l'acte de naissance. C'est aux juges ordinaires à reconnaître sur les conclusions du ministère public, si les déclarations et les causes qui empêchent de fournir la preuve légale sont ou non suffisantes, et à donner ou refuser en conséquence l'homologation. L'homologation se poursuit devant le tribunal du lieu où le mariage doit être célébré. V. art. 72, et remarquez que malgré toutes ces précautions l'acte dont il s'agit ne peut servir que pour la cause.

204. 3° Il faut qu'il apparaisse à l'officier de l'état civil des consentemens requis; sinon, des actes respectueux, ou des causes qui dispensent d'y recourir. La preuve du consentement, s'il n'est pas donné par les parens en personne, doit résulter d'un acte authentique. Les qua-

---

(1) La loi ne dit point s'ils doivent être appelés d'office ou choisis par les parties (v. art. 155).

lités du futur et de tous ceux qui ont concouru à l'acte doivent y être soigneusement énoncés. Voy. art. 73.

Suffit-il que l'acte porte consentement au mariage sans désignation de la personne à épouser?

Quant à la forme des actes respectueux à produire, voy. art. 154; *supr.* n° 177.

Quant à la manière de suppléer au consentement ou aux actes respectueux, voyez art. 155, et Av. cons. d'Et., 4 therm. an XIII (23 juillet 1805); *supr.* n° 178.

202. Observons que, d'après les principes précédemment exposés, l'officier de l'état civil doit : 4°, dans les cas où il serait à sa connaissance que l'une des parties eût déjà été mariée, se faire représenter la preuve de la dissolution du premier mariage. V. à ce sujet, Av. cons. d'Et., 17 germ. an XIII (7 avril 1805) (1).

203. 5° S'il s'agit du mariage d'un militaire, l'officier de l'état civil doit encore, à peine de destitution, se faire remettre les permissions exigées par les décrets ci-dessus cités. V. *supr.* n° 188.

204. Le mariage doit, comme on l'a vu, être célébré publiquement dans la commune et par l'officier de l'état civil du domicile de l'un des contractans. V. art. 74 et 165.

L'officier de l'état civil du domicile de l'un des contractans serait-il compétent hors de sa commune? Ainsi le mariage serait-il légalement célébré dans la commune où l'un des futurs a son domicile, par l'officier de l'état civil du domicile de l'autre?

---

(1) IV, B. 41, n° 666.

Ce qui constitue principalement la publicité de la célébration, c'est qu'il y soit procédé dans la maison commune en présence de quatre témoins. La célébration consiste dans la lecture des pièces et du chapitre vi du titre du mariage, dans la déclaration des époux, et le prononcé de l'officier de l'état civil. La célébration parfaite, il en doit être sur-le-champ dressé acte. V. art. 75.

205. Cet acte, destiné à constituer la preuve légale du mariage, doit naturellement contenir tous les documens propres à faire reconnaître l'identité des époux; il doit constater également l'accomplissement des conditions et des formes auxquelles est subordonnée la régularité du mariage.

A cet effet, il faut d'abord désigner clairement les époux et leurs pères et mères, en indiquant spécialement les qualités qui influent sur les conditions du mariage (1); il faut mentionner l'observation des règles prescrites sur les consentemens à obtenir, les actes respectueux à faire, les publications, les oppositions et leur main-levée (2); enfin, il faut énoncer l'accomplissement des formes de la célébration, qui consistent principalement dans la déclaration des époux et le prononcé de l'officier public, le

---

(1) Pour les pères et mères comme pour les époux, on doit énoncer les prénoms, noms, professions et domiciles; on doit de plus, pour les époux, indiquer l'âge et le lieu de naissance; on doit même, outre l'âge, mentionner la qualité de majeur ou de mineur (art. 76-1°, 2°, 3°).

(2) A l'égard des oppositions, on doit dire s'il en est ou non survenu, et dans le premier cas, en énoncer la main-levée (art. 76-7°).

tout en présence des témoins, qu'il est nécessaire aussi de bien désigner (3). V. art. 76.

206. La règle *locus regit actum* s'applique au mariage célébré en pays étranger, comme aux autres actes de l'état civil. Cependant la loi, fidèle à son principe de publicité, exige et même plus spécialement dans ce cas, les publications en France; elle fait d'ailleurs au Français l'application du principe posé en l'art. 3, et le laisse en conséquence soumis aux règles de capacité contenues au chapitre premier. V. art. 170; voy. aussi art. 47 et 48.

Toujours dans le même but de publicité, elle prescrit au Français de retour, un délai dans lequel la transcription de son acte de mariage doit avoir lieu sur les registres de son domicile. Ce délai est de trois mois à partir du retour. V. art. 171.

Quid si la transcription n'avait pas lieu, ou n'était faite qu'après le délai?

CHAPITRE III.

DES OPPOSITIONS AU MARIAGE.

207. Les empêchemens au mariage pouvant être ignorés ou dissimulés, la loi a dû admettre à former opposition les personnes qui peuvent en avoir connaissance.

---

(3) Les témoins doivent être désignés par leurs prénoms, noms, âge, professions et domiciles. Il faut de plus indiquer sur leur déclaration s'ils sont parens ou alliés, de quel côté et à quel degré (art. 76-9°).

Mais afin que ce droit ne devînt pas pour la méchanceté un moyen facile de vexer les citoyens, elle a dû en restreindre l'exercice à un petit nombre de personnes.

208. Parmi ces personnes, il en est une, le conjoint, dont la qualité seule forme la preuve d'un empêchement dirimant; celle-là est toujours recevable et fondée. V. art. 172, et remarquez que le même droit n'est pas ouvert à celui qui réclamerait l'effet d'une promesse de mariage.

209. Il est d'autres personnes qui sont légalement présumées agir par de bons motifs : ce sont les ascendans, suivant l'ordre indiqué par la loi (1). Même après que leur consentement n'est plus nécessaire, ils sont toujours recevables à s'opposer, sauf à examiner s'ils sont fondés. V. art. 173.

L'opposition d'un ascendant peut-elle être maintenue à raison de la gravité des circonstances, lorsqu'il n'existe aucun empêchement légal?

L'aïeule peut-elle former opposition du vivant de l'aïeul de la même ligne?

Les bisaïeuls peuvent-ils former opposition?

210. La troisième classe de personnes, formée des collatéraux d'une certaine qualité (2), n'est admise qu'à

---

(1) La mère n'est admise à s'opposer qu'*à défaut* du père; c'est seulement *à défaut* de père et mère que la loi admet l'opposition des aïeuls et aïeules.

(2) La loi comprend exclusivement, dans sa disposition, le frère ou la sœur, l'oncle ou la tante, le cousin ou la cousine germains. Il paraît du reste qu'il y a entre eux concurrence,

défaut d'aucun ascendant, et sous la condition expresse que les ascendans soient majeurs. Elle ne peut d'ailleurs fonder son opposition que sur les deux motifs prévus par la loi, défaut de consentement du conseil de famille, et démence du futur époux. Hors ces deux cas, les collatéraux seraient non recevables. Bien plus, comme l'opposition pour cause de démence pourrait souvent être légèrement formée, cette opposition ne peut être reçue qu'à la charge de provoquer l'interdiction ; auquel cas le jugement fixe le délai dans lequel la demande sera faite et jugée; mais comme ce délai même serait un succès pour la malice, la loi a dû laisser au tribunal, s'il se croit suffisamment éclairé, le pouvoir de donner mainlevée *pure et simple*. V. art. 174.

L'existence d'un bisaïeul ferait-elle obstacle au droit des collatéraux ?

Les alliés jouiraient-ils du même droit que les parens?

211. Concurremment avec les collatéraux, ou à leur défaut, et seulement pour les mêmes causes, la loi admet aussi l'opposition du tuteur ou curateur ; encore exige-t-elle l'autorisation du conseil de famille. V. art. 175.

Comment concevoir que le tuteur ou curateur d'un mineur forme, avec l'autorisation du conseil de famille, opposition pour cause de démence? Si le conseil consent au mariage, il refusera l'autorisation ; et s'il n'y consent pas, ce défaut de consentement est, en lui-même, une cause suffisante d'opposition. Faut-il conclure de là que la seconde cause d'opposition n'est point applicable au tuteur ou curateur ?

212. Le ministère public ne pourrait-il pas former opposition au mariage ?

213. La forme de l'opposition et de la procédure qui en est la suite, est réglée de la manière la plus propre à prévenir l'abus du droit d'opposition. Concentrer effectivement l'exercice de ce droit dans la classe des personnes désignées par la loi, et dans les cas qu'elle détermine ; assurer d'une part l'efficacité de l'opposition, et d'autre part préserver les futurs des lenteurs, si préjudiciables en cette matière : tel est le but que le législateur a dû se proposer.

214. L'opposition se forme par exploit. Outre les formalités communes à tous les exploits, l'acte doit être signé par l'opposant lui-même ou son fondé de pouvoir (1). Il énonce la qualité des opposans, et s'il y a lieu les motifs de l'opposition. Nous disons, *s'il y a lieu*, car cette dernière énonciation ne pouvait être exigée dans l'opposition des ascendans : lors même qu'ils auraient pour but unique de retarder le mariage, ils seraient encore censés agir par de bons motifs. L'acte contient en outre élection de domicile dans le lieu où le mariage *doit être célébré*. L'omission de la qualité ou des motifs, et celle de l'élection de domicile, emporteraient nullité, et interdiction de l'huissier. L'exploit du reste est signifié dans la forme ordinaire, tant aux parties qu'à l'officier de l'état civil ; celui-ci, comme tout officier public recevant en cette qualité une signification (v. C. pr., art. 68, 69), doit mettre son *visa* sur l'original. V. art. 66 et 176 ; voy. au surplus, art. 67-69.

---

(1) La procuration doit être spéciale et authentique (art. 66).

La signature de la partie ou de son fondé de pouvoir est-elle requise à peine de nullité?

A quel officier de l'état civil doit être signifiée l'opposition?

L'huissier doit-il refuser son ministère, s'il pense que la personne qui veut former opposition n'a pas qualité, ou que les motifs ne sont pas légaux?

L'officier de l'état civil peut-il, dans les mêmes cas, procéder au mariage sans attendre la main-levée?

Lorsque le mariage peut être également célébré dans diverses communes, l'opposant pouvant ignorer celle qui sera choisie, comment remplira-t-il la condition de l'élection de domicile?

215. L'opposition dûment faite et signifiée arrête le mariage, jusqu'à la main-levée consentie ou ordonnée. La loi prescrit à cet effet les formalités nécessaires pour que la connaissance des oppositions ou de leur main-levée ne puisse échapper à l'officier de l'état civil, requis de célébrer le mariage; et cela, soit qu'il ait lui-même reçu la signification, soit qu'elle ait été faite à l'officier de toute autre commune, dans laquelle les publications auraient eu lieu (1). Aussi le fait de la célébration du

---

(1) Dans ce but, l'officier de l'état civil qui reçoit l'opposition doit faire sans délai, sur le registre des publications, mention sommaire des oppositions, et en marge de cette inscription, mention des jugemens ou acte de main-levée (art. 67). Dès-lors, avant de célébrer le mariage, l'officier de l'état civil, qui doit constater dans l'acte l'absence d'opposition (art. 69. 76-7°), s'assurera, en consultant son propre registre, qu'il n'en existe pas entre ses mains. Quant à celles qui auraient pu survenir dans les autres communes, il en sera informé au moyen des certificats de non-opposition que les parties doivent lui re-

mariage nonobstant une opposition subsistante, entraînerait-il contre cet officier une peine (2), sans préjudice des dommages-intérêts envers qui de droit. V. art. 67, 68 et 69.

Quant à la demande en main-levée, elle se porte devant le tribunal de première instance, qui juge sauf l'appel. Il n'y a rien de particulier pour les délais d'ajournement et d'appel; mais l'urgence ne permettant pas ici de suivre le tour de rôle, les juges, tant de première instance que d'appel, doivent prononcer dans les dix jours de l'acte qui les saisit. V. art. 177, 178.

Quid si les juges n'avaient pas statué dans le délai fixé?

Le pourvoi contre l'arrêt qui prononce main-levée de l'opposition, ne devrait-il pas être suspensif?

216. L'opposition pouvant, sous plusieurs rapports, causer un grave préjudice aux parties dont elle arrête le mariage, celui qui par sa faute a causé ce préjudice en doit la réparation. Toutefois la disposition n'est point applicable aux ascendans, qui sous ce rapport ne peuvent jamais être réputés en faute. V. art. 179.

Quid à l'égard des dépens? V. C. pr., art. 130 et 131.

---

mettre. Ces certificats, au reste, doivent avoir été délivrés d'après les mêmes élémens par l'officier de l'état civil de chacune des communes dans lesquelles auront été faites les publications (art. 69).

(2) La peine consiste dans une amende de 300 francs (art. 68).

CHAPITRE IV.

DES DEMANDES EN NULLITÉ DE MARIAGE.

217. Nous avons dit plus haut, que les empêchemens dirimans font obstacle à la validité du mariage. Il en faut pourtant pas en conclure que le défaut d'une des conditions requises pour cette validité fasse considérer le mariage absolument comme non avenu. La célébration, même irrégulière, lui donne une existence de fait, qui ne peut être détruite que par un jugement déclaratif du droit. De là, la nécessité des demandes en nullité, qui ne peuvent être formées que dans les cas que la loi a prévus, par les personnes et dans le temps qu'elle détermine.

Vice du consentement des contractans;

Défaut du consentement des personnes sous la puissance desquelles les mineurs se trouvent placés;

Défaut d'âge;

Existence d'un premier lien;

Parenté ou alliance au degré prohibé;

Enfin, contravention aux règles de publicité et de compétence :

Tels sont les seuls cas pour lesquels la loi ait réglé l'exercice de l'action en nullité.

N'en faut-il pas conclure qu'il n'existe pas d'autres empêchemens dirimans? V. pourtant art. 25, 228, 295; 298, 348.

218. Parmi les empêchemens qu'on vient d'énumérer, il en est qui sont plus particulièrement fondés sur l'inté-

rêt privé; d'autres tiennent plus directement à l'ordre public. Aussi les nullités qui résultent des premiers ne peuvent-elles être invoquées que par les personnes dans l'intérêt desquelles l'empêchement est établi. Au contraire, la nullité résultant d'un empêchement d'ordre public peut être, en général, demandée par tous les intéressés et par le ministère public. C'est d'après cette vue qu'on distingue les nullités en absolues et relatives.

Les nullités, même absolues, peuvent se couvrir dans les cas que la loi détermine; mais il est clair que ce ne doit être qu'après que leur cause a cessé.

219. En appliquant ces principes, on conçoit, que le vice du consentement des contractans ne produit qu'une nullité relative, et qu'elle peut être proposée uniquement par celui qui n'a pas valablement consenti. La loi, du reste, n'indique ici comme vices du consentement que le défaut de liberté et l'erreur dans la personne. V. art. 180.

Dans quels cas le consentement sera-t-il réputé non libre? V. art. 1111-1114.

Qu'entend-on par erreur dans la personne? V. art. 1110.

Le dol serait-il une cause de nullité du mariage? V. art. 1116.

Q*id* s'il y a imbécillité, démence ou fureur, suivie ou non d'interdiction?

Le droit d'attaquer le mariage pour vice de consentement passerait-il aux héritiers?

220. Cette nullité peut naturellement se couvrir par un consentement postérieur; la loi voit une preuve suffisante de ce consentement, et le principe d'une fin de

non-recevoir, dans la cohabitation continuée pendant six mois, depuis la cessation de l'erreur ou de la violence. V. art. 181.

La ratification donnée avant les six mois ne rendrait-elle pas l'époux non recevable à attaquer le mariage?

Quid si la femme devient grosse dans cette intervalle?

221. Le défaut de consentement des parens n'est jamais une cause de nullité que dans le cas où ce consentement était *nécessaire*. Et dans ce cas même, la nullité ne peut évidemment être que relative aux personnes dont l'autorité a été méconnue, et à celles dont la faiblesse n'a pas pas été protégée. L'action appartient donc exclusivement aux parens dont le consentement était requis, et aux mineurs qui avaient besoin de ce consentement. V. art. 182, et remarquez que la loi qui comprend dans ses termes l'absence de consentement des père et mère, des ascendans et du conseil de famille (v. art. 148-150, 158, 160) ne s'explique point sur l'absence de consentement d'un tuteur *ad hoc* au mariage d'un enfant naturel (v. art. 159).

Si c'est le consentement du conseil de famille qui n'a pas été obtenu, à qui précisément appartiendra l'action?

Le mariage de l'enfant naturel mineur est-il nul, à défaut du consentement d'un tuteur *ad hoc*? Par qui pourrait être invoquée cette nullité?

222. Il est clair que si le consentement *nécessaire* intervient postérieurement, la nullité est entièrement couverte. Ce consentement peut être exprès ou tacite. Bien plus, le silence gardé depuis la connaissance acquise du mariage, pouvant faire supposer le consentement postérieur,

couvre également la nullité à l'égard de tous ; il suffit pour cela qu'il se soit écoulé une année sans réclamation. Pareillement, le silence gardé par le conjoint pendant le même délai depuis qu'il a atteint l'âge compétent, doit rendre celui-ci, mais celui-ci seulement, non-recevable dans son action. V. art. 183.

La mère peut-elle agir sans le concours du père, soit que celui-ci ratifie, soit qu'il garde le silence, ou qu'il soit mort depuis le mariage ? V. art. 148, 173.

La ratification des ascendans d'une ligne élève-t-elle une fin de non-recevoir contre les ascendans de l'autre ligne. V. art. 150.

Celle de l'ascendant éteindrait-elle l'action du conjoint, si elle était antérieurement intentée ?

L'année accordée au conjoint pour réclamer, ne court-elle que du jour où il n'était plus obligé d'obtenir le consentement de ses ascendans ; ou bien, court-elle du jour où il a atteint l'âge de vingt-un ans ?

L'époux ne serait-il pas non-recevable, même avant l'expiration de l'année, s'il avait ratifié en majorité, ou s'il avait volontairement cohabité avec l'autre époux ?

223. Le mariage des impubères, la bigamie ou l'inceste, sont des infractions directes au bon ordre et à la morale publique ; il en résulte une nullité absolue. L'action appartient donc aux époux eux-mêmes, à tous ceux qui ont intérêt, et au ministère public. V. art. 184.

224. Mais cette action est-elle toujours recevable ? A cet égard, il faut distinguer la cause de nullité et la qualité des personnes qui l'invoquent.

Si la cause provient de bigamie ou d'inceste elle ne peut en général se couvrir (v. pourtant art. 139).

Quid si la prohibition du mariage, à raison de la parenté, était ensuite levée par une dispense?

225. Quant à la nullité qui résulte du défaut d'âge, sa cause cesse naturellement après un certain temps. On conçoit aussi que la preuve d'une puberté physique antérieure à la puberté légale puisse, sans égard au temps écoulé, éteindre une action désormais sans motif. Ainsi la nullité se couvre dans deux cas : 1° expiration de six mois depuis l'âge compétent; 2° grossesse de la femme qui n'avait pas l'âge, avant l'expiration de ces six mois. Voy. art. 185.

La grossesse de la femme élèvera-t-elle une fin de non-recevoir, si le mari n'a pas l'âge compétent, quel que soit d'ailleurs l'âge de la femme?

Faut-il que la grossesse soit antérieure à l'exercice de l'action?

Ne suffirait-il pas d'une cohabitation continuée après l'âge compétent, pour éteindre l'action avant les six mois?

Une autre fin de non-recevoir contre la demande en nullité fondée sur cette cause, se tire de la complicité constituée par le consentement donné au mariage. Cette fin de non-recevoir est appliquée par la loi aux personnes sous la puissance desquelles les mineurs sont généralement placés, c'est-à-dire au père, à la mère, aux ascendans et à la famille. V. art. 186.

Cette fin de non-recevoir pourrait-elle s'appliquer aux parens qui, n'ayant pas qualité pour s'opposer ou pour consentir au mariage, l'auraient approuvé expressément ou tacitement?

S'appliquerait-elle aux parens induits en erreur sur l'âge véritable?

226. La base de toute action est dans l'intérêt de celui qui l'exerce. L'action en nullité, quelle qu'en soit la cause, ne peut donc être intentée que par ceux qui sont, actuellement et légalement, intéressés à dépouiller le mariage de ses effets. Cet intérêt est immédiat pour les époux eux-mêmes; mais il ne peut naître pour leurs collatéraux, qu'après la mort de l'un d'eux. Il en est de même en général pour les enfans issus d'un autre mariage. Les uns et les autres sont donc jusque-là non-recevables. V. art. 187.

Quid si les enfans du premier lit avaient un intérêt né et actuel du vivant des deux époux, *puta*, s'il s'agissait d'écarter de la succession d'un frère, les enfans du second mariage?

Quid à l'égard des ascendans? V. art. 186, 187 et 191.

227. Le conjoint au préjudice duquel a été contracté un second mariage est toujours intéressé, il est donc toujours recevable. V. art. 188.

Mais pour que l'action en pareil cas soit fondée, il faut qu'il y ait *réellement* un premier mariage, par conséquent un mariage valable. Ainsi, la nullité du premier mariage peut être invoquée comme défense à l'action en nullité du second, et si les nouveaux époux soulèvent cette question, elle doit être préalablement jugée. Voy. art. 189.

Cette exception ne s'opposerait-elle à toute personne qui attaquerait le mariage pour bigamie?

228. Quant au ministère public, dans les divers cas où son action est admise, il agit dans l'intérêt de la société,

pour faire cesser le scandale ; non-seulement donc il *doit* agir du vivant des époux, mais nous pensons qu'il ne le pourrait après la mort de l'un d'eux. V. art. 190.

De l'obligation imposée au ministère public d'invoquer les nullités absolues, et notamment celle qui résulte de la bigamie, ne faut-il pas conclure qu'il doit aussi soutenir, par tous les moyens possibles, les mariages valables ? Ne pourrait-il pas, dèslors, se rendre appelant du jugement qui prononcerait la nullité d'un mariage ?

229. La publicité du contrat et la célébration devant l'officier public compétent sont des conditions d'ordre public, essentielles à la validité du mariage. L'absence d'une de ces conditions constitue donc une nullité absolue. L'action conséquemment est accordée aux mêmes personnes que dans les cas prévus par l'article 184. Remarquons seulement que parmi ces personnes la loi fait ici mention spéciale des ascendans, sans exiger pour eux la condition d'un intérêt (c'est-à-dire d'un intérêt pécuniaire) né et actuel. V. art. 191.

Dans tous les cas où l'action est accordée implicitement ou explicitement aux ascendans, leur appartient-elle à tous concurremment, et indépendamment de l'ordre fixé par l'article 173 ?

L'omission des publications requises ou l'inobservation des règles et délais qui y sont relatifs, sont des contraventions au principe de publicité du mariage. Toutefois ces contraventions n'entraînant pas nécessairement absence entière de publicité, elles ne constituent pas en elles-mêmes une cause de nullité. Mais la sanction dans tous les cas consiste dans l'amende encourue tant par l'officier public que par les parties (1), amende que le procureur du roi doit faire prononcer. V. art. 192.

Le même principe s'applique à toute contravention aux règles de publicité et de compétence comprises dans les termes généraux de l'art. 165. Ces contraventions peuvent n'être pas assez graves pour faire prononcer la nullité; mais quand elles ne seraient pas jugées telles, elles donneraient toujours lieu aux peines ci-dessus. V. art. 193.

Le mariage contracté en pays étranger est-il nul à défaut de publications en France? V. art. 170.

L'est-il à défaut de transcription sur les registres de l'état civil du domicile? V. art. 171.

Le mariage célébré hors de la maison commune serait-il nul par ce seul motif? Quelle est à cet égard la sanction de l'art. 75?

Quid si le mariage n'avait pas été célébré en présence de quatre témoins?

Les nullités pour défaut de publicité ou incompétence sont-elles de rigueur, ou seulement facultatives?

230. Le mariage déclaré nul, pour quelque cause que

---

(1) L'amende contre l'officier public est déterminée au *maximum* de 300 fr.; le *minimum* n'en est pas fixé. Quant aux parties, la loi ne pouvait tendre efficacement à son but par une amende déterminée à une somme fixe; elle l'atteint au contraire en proportionnant cette amende à la fortune. Du reste, les personnes soumises à cette amende, que nous comprenons sous le nom de *parties*, sont ou les contractans eux-mêmes, ou, en cas de minorité de ceux-ci, les personnes sous la puissance desquelles ils ont agi (art. 192).

ce soit, ne peut en général produire d'effets (voyez pourtant art. 201, 202). Mais lors même qu'il aurait été valablement contracté, on conçoit bien que ses effets civils soient subordonnés à la preuve que doit en produire celui qui les réclame.

C'est en général dans l'acte de mariage que doit se trouver cette preuve, et l'acte lui-même ne fait foi qu'autant qu'il est inscrit sur les registres. Si pourtant il n'a pas été tenu de registres, ou s'ils sont perdus, les parties n'ont rien à s'imputer, et l'on applique alors l'art. 46. V. art. 194.

Les tribunaux peuvent-ils admettre à la preuve testimoniale dans le cas de l'art. 46, sans commencement de preuve par écrit?

Ne pourrait-on pas appliquer l'art. 46 au cas même où il existe des registres, s'il y a eu suppression de l'acte de mariage, ou si l'on a omis de l'inscrire?

231. La possession d'état n'a pas ici, comme en matière de filiation, l'effet de suppléer au titre. Le défaut de représentation de l'acte par les conjoints, qui ne peuvent ignorer où il a été passé, doit en général faire supposer qu'il n'en existe pas; cette induction ne saurait être détruite par la possession d'état, qui est l'œuvre des prétendus époux, et qui trop souvent couvre une union illégitime. V. art. 195.

Toutefois cette possession a un effet important, c'est de corroborer un acte informe, dont l'un des époux voudrait demander contre l'autre la nullité. En présence d'un acte quelconque de célébration devant l'officier de l'état civil, la possession d'état élèverait une fin de non-recevoir. V. art. 196.

La fin de non-recevoir tirée de la possession d'état ne s'appliquerait-elle pas, même à la nullité fondée sur le défaut de publicité, ou sur l'incompétence?

232. La faveur de la légitimité, et l'impossibilité dans laquelle seraient souvent les enfans issus du mariage d'en rapporter l'acte, faute de connaître le temps et le lieu de la célébration, les ont fait excepter de la règle générale. Mais pour qu'on ne puisse, à défaut de cet acte, contester leur légitimité, il faut :

1° Que leurs père et mère soient tous deux décédés.

Ne suffirait-il qu'ils fussent absens ou interdits?

Quid si les enfans réclamaient les effets du mariage *(puta*, le partage de la communauté) contre le survivant des père et mère, qui nierait le mariage?

2° Qu'ils aient vécu publiquement comme mari et femme;

3° Que les enfans aient la possession d'état d'enfans légitimes;

4° Que cette possession ne soit pas contredite par l'acte de naissance. V. art. 197.

Les héritiers des époux, autres que les enfans, pourraient-ils, dans certains cas, être dispensés de produire l'acte de célébration?

233. La preuve du mariage peut avoir été détruite par un crime (v. C. pén., art. 145, 146, 147, 173, 254, 255, 256). Alors la recherche du crime conduirait souvent à reconnaître le fait de la célébration, et l'époque de cette

célébration. La loi, moins sévère ici qu'en matière de filiation (art. 326 327), permet d'acquérir ainsi par le résultat d'une procédure criminelle la preuve d'une célébration légale, sous la seule condition d'inscrire le jugement sur les registres. Il est clair du reste que ce jugement déclaratif d'un fait antérieur doit assurer rétroactivement les effets civils du mariage, et cela non-seulement en faveur des enfans, mais en faveur des époux eux-mêmes, ajoutons, ou de tout autre intéressé. V. art. 198.

234. Les époux n'étant pas les seuls intéressés au rétablissement de la preuve du mariage, et cet intérêt subsistant après comme avant sa dissolution, la mort des époux ou de l'un d'eux, *sans avoir découvert la fraude*, ne saurait mettre obstacle à l'exercice de l'action criminelle tendant à ce rétablissement. La loi, en conséquence, attribue ici *pour ce cas spécialement* le droit d'*intenter* cette action à tous ceux qui ont intérêt, et au procureur du roi. V. art. 199.

La disposition de l'art. 199 est-elle restrictive tellement, qu'elle emporte interdiction d'agir du vivant des deux époux, soit de la part des intéressés, soit de la part du ministère public?

Pourrait-on conclure de notre article que l'action est interdite après la mort d'un époux, lorsque celui-ci a connu la fraude, et qu'il a négligé d'agir?

En quel sens dit-on que les parties intéressées peuvent intenter l'action criminelle? V. au contraire, C. instr. crimin., art. 1.

Si les intéressés ne se portent pas parties civiles, l'action du procureur du roi pour la poursuite du crime, peut-elle tendre au rétablissement de la preuve du mariage?

235. L'action criminelle ne peut s'intenter après la mort du coupable, que la loi suppose ici être l'officier public. Mais l'action civile contre ses héritiers doit produire le même résultat, quant à la preuve du mariage. Au reste, pour prévenir toute collusion, la loi, contre les principes reçus en matière civile, confie l'exercice de cette action au ministère public. V. art 200.

N'assimilerait-on pas à l'action dirigée contre les héritiers, celle qu'on pourrait diriger contre le dépositaire des registres comme civilement responsable (art. 51)?

Les dispositions de la loi relatives au cas de fraude de l'officier public, ne s'appliqueraient-elles pas à tous les cas de fraude, dont l'auteur serait connu?

Quid si l'auteur de la fraude n'est pas connu? V. art. 46.

236. En comprenant sous la rubrique des *demandes en nullité* les règles sur la preuve du mariage, le Code semble avoir mis sur la même ligne le mariage non prouvé, et le mariage annulé; il ne faut pourtant pas confondre la contestation de l'existence du mariage, et la demande en nullité. Le droit de contester l'existence du mariage, à défaut de preuve, n'est pas limité à un certain temps, ni à une certaine classe de personnes. Il suffit que le mariage soit nié, pour que celui qui en réclame les effets soit obligé d'en rapporter la preuve. A défaut de cette preuve, le mariage n'a devant la loi aucune existence, et ne produit dès-lors aucun effet civil (art. 194).

Au contraire, le mariage sujet à l'action en nullité existe légalement jusqu'à la preuve acquise de la cause de nullité, preuve qui ne peut résulter que d'un jugement rendu sur une demande formée en temps utile, et par une partie capable. Il y a plus, quoique la nullité prononcée rétroagisse en général *ad initium*, la loi, ayant égard à la bonne foi des parties ou de l'une des parties, conserve, pour le passé, au mariage ainsi contracté, les effets civils, soit en faveur des deux époux, soit en faveur de l'un d'eux seulement; et dans l'un et l'autre cas, en faveur des enfans issus du mariage. V. art. 201 et 202.

Lorsque les effets du mariage ne sont pas conservés aux deux époux, que doit-on décider quant à la communauté de biens, et aux avantages matrimoniaux stipulés réciproques?

Si le mariage nul a été contracté de bonne foi, quand cesseront les effets civils? Doit-on argumenter de l'art. 550?

La bonne foi ne doit-elle pas toujours se présumer? Voy. art. 2268.

Le mariage *putatif* a-t-il pour effet de légitimer les enfans nés du commerce antérieur des prétendus époux, soit que la cause de nullité existât ou non à l'époque de leur conception?

CHAPITRE V.

DES OBLIGATIONS QUI NAISSENT DU MARIAGE.

237. Le mariage impose des obligations aux époux l'un envers l'autre; c'est l'objet du chapitre suivant. La loi ne s'occupe ici que de celles qu'il produit entre les époux et d'autres personnes par suite des rapports de parenté ou d'alliance qu'il produit ou consacre.

238. La procréation des enfans étant la fin principale

du mariage, on doit supposer que le consentement qui forme ce contrat s'applique, dans la pensée même des époux, à l'obligation de pourvoir au sort des enfans qui en proviendront, en leur fournissant la nourriture, l'entretien et l'éducation. La loi déclare en conséquence que les époux *contractent ensemble* cette obligation par le seul fait du mariage. Voy. art. 203, et remarquez :

1° Que l'obligation énoncée ici comme conséquence du mariage, est imposée par la nature aux père et mère à ce seul titre; bien plus, qu'elle est sanctionnée par le droit civil, indépendamment du mariage, puisque la loi l'applique même à l'égard des enfans incestueux ou adultérins (art. 762); concluez *à fortiori* pour les enfans simplement naturels.

Remarquez, 2° que l'obligation de nourrir et entretenir les enfans se confond dans celle de les élever; mais qu'elle ne cesse pas entièrement avec celle-ci, car les enfans, après qu'ils sont élevés, peuvent encore n'être pas en état de pourvoir à leurs besoins.

239. En outre, la nature semble commander aux père et mère de fournir à leurs enfans, après qu'ils sont élevés, un établissement convenable. Toutefois, comme il n'y a pas ici de nécessité absolue, de puissantes considérations morales font refuser aux enfans le droit d'agir à cet effet en justice. V. art. 204.

240. De leur côté, les enfans ne pourraient sans impiété refuser les moyens d'existence aux parens de qui ils tiennent la leur. A ce titre, ils doivent des alimens, non-seulement à leurs père et mère, mais à tous leurs ascendans. Bien entendu, au reste, que les alimens ne

sont jamais dus qu'à ceux qui sont dans le besoin. Voy. art. 205.

241. L'époux, par son mariage, adopte en quelque sorte les père et mère de son conjoint. De là l'obligation des gendres et belles-filles envers leurs beaux-pères et belles-mères. Cette obligation, tant qu'elle dure, est égale à celle des enfans, mais elle cesse dans deux circonstances, 1° à l'égard de la belle-mère, par son second mariage; 2° lorsque le lien est rompu par la mort du conjoint qui le produisait sans qu'il reste d'enfans du mariage. V. art. 206.

242. Toute personne qui, en raison de la parenté ou de l'alliance, doit des alimens à une autre, est par cela même en droit d'en obtenir, s'il y a lieu, de celle-ci. Ainsi, nul doute que les ascendans autres que les père et mère n'en doivent à leurs descendans; ainsi, les beaux-pères et belles-mères, sauf les deux cas ci-dessus, en doivent à leurs gendres et belles-filles. V. art. 207.

243. L'obligation réciproque de se fournir des alimens existe-t-elle entre les beaux-fils ou belles-filles, *privignos*, et les beaux-pères et belles-mères, *vitricos vel novercas*?

Existe-t-elle entre un conjoint et les aïeuls ou aïeules de l'autre?

Cesse-t-elle à l'égard de la belle-fille, *nurus*, si elle convole en secondes noces?

Toutes les personnes comprises dans l'obligation de fournir des alimens en sont-elles tenues concurremment? Ainsi, le parent le plus éloigné est-il à cet égard sur la même ligne que le plus proche? L'allié est-il sur la même ligne que le parent?

244. On comprend sous le nom d'alimens, la nourri-

ture, le logement, le vêtement. Le montant doit se régler d'après les circonstances du besoin d'un côté, et des moyens de l'autre; V. art. 208. Ces circonstances du reste pouvant changer, il peut nécessairement changer avec elles. De là la faculté d'obtenir décharge ou réduction. V. art. 209. Il est clair, par la même raison, que le montant pourrait au contraire être élevé s'il y avait lieu.

Nemo potest pro parte vivere : Doit-on en conclure que l'obligation de fournir des alimens est solidaire entre toutes les personnes qui en sont concurremment tenues, nonobstant l'art. 1202?

245. Les alimens doivent en général être fournis en argent; cependant la loi autorise, dans certains cas, à les offrir en nature dans la maison de celui qui est tenu de les fournir. Cette offre, qui ne doit jamais être accueillie qu'en connaissance de cause, ne peut l'être, en général, s'il n'y a impossibilité de payer la pension. Toutefois, la condition d'impossibilité n'est pas exigée quand l'offre émane du père ou de la mère. V. art. 210 et 211.

Quid s'il y avait impossibilité de payer en argent, et que la vie commune présentât des inconvéniens graves?

246. Les personnes auxquelles sont dus des alimens jouissent-elles du bénéfice de *compétence* à l'égard de ceux qui les doivent?

L'obligation de fournir des alimens entraînerait-elle, dans certains cas, celle de payer les dettes?

CHAPITRE VI.

DES DROITS ET DEVOIRS RESPECTIFS DES ÉPOUX.

247. La nature même et le but de la société conjugale indiquent les devoirs mutuels des époux. Unis entre eux par un lien sacré qui confond en quelque sorte deux personnes en une, ils se doivent fidélité; unis pour s'aider à supporter le poids de la vie, ils se doivent secours et assistance. V. art. 212.

248. Le bon ordre de cette société exigeant qu'il y ait un chef, la prééminence de l'homme est indiquée par la nature; plus fort que sa compagne, il doit la protéger, ce qu'il ne pourrait faire qu'imparfaitement s'il n'avait droit à son obéissance. V. art. 213.

249. De là naît pour la femme l'obligation d'habiter avec son mari, de le suivre; et pour le mari celle de la recevoir, et de lui fournir le nécessaire.

L'obligation de suivre son mari existe pour la femme, quelque part qu'il plaise à celui-ci de transporter sa résidence. L'obligation de fournir à la femme le nécessaire est naturellement plus ou moins étendue, selon les facultés et l'état de celui-ci. V. art. 214.

La femme qui refuse d'habiter avec son mari peut-elle y être contrainte par la saisie de sa personne?

L'obligation pour la femme de suivre son mari ne cesse-t-elle pas, quand la résidence qu'il prétend lui assigner n'est pas convenable?

250. De là naît encore l'incapacité dont la femme est frappée pour la plupart des actes de la vie civile, auxquels elle ne peut procéder sans autorisation. Cette incapacité peut recevoir plus ou moins d'extension, suivant le régime auquel est soumise l'association conjugale quant aux biens; elle peut aussi se modifier en faveur du commerce, à l'égard de la femme marchande publique.

251. Mais, sous quelque régime qu'elle soit mariée, la femme, même marchande publique, ne peut sans autorisation ester en jugement. V. art. 215.

Cette règle ne reçoit d'exception qu'en matière criminelle ou de police, et seulement lorsque la femme est *poursuivie*. La nécessité de la défense naturelle doit alors dispenser de toute formalité. V. art 216.

252. L'incapacité existe également pour contracter, mais seulement *dans les cas exprimés par la loi* (art. 1124). La loi la prononce, toujours indépendamment du régime de l'association, pour les donations, aliénations, hypothèques, acquisitions à titre gratuit ou onéreux. Du reste, notre législateur, ennemi de toute subtilité, n'exige pas, comme autrefois, pour habiliter la femme, une *autorisation formelle;* ce qu'il faut, c'est le consentement du mari. Ce consentement peut résulter de son concours dans l'acte; autrement, il ne peut s'induire des circonstances, et doit être prouvé par écrit. V. art. 217; voy. pourtant. art. 1449.

Existe-t-il pour la femme mariée une incapacité de s'obliger distincte de celle d'aliéner? La femme séparée de biens ne peut-elle pas valablement s'obliger, jusqu'à concurrence de son mobilier? Combinez art. 1124, 217, 1449.

Le simple consentement du mari n'aurait-il pas l'effet d'habiliter la femme, aussi bien pour ester en jugement que pour contracter?

La ratification postérieure du mari équivaudrait-elle au consentement donné *ab initio* ?

253. L'autorisation du mari pouvant être refusée sans cause légitime, la loi permet d'y suppléer par celle de justice, soit pour ester en jugement (art. 218), soit pour passer un acte (art. 219). On sent, au reste, que dans les deux cas, il convient que le refus du mari soit constaté, et que la justice soit mise à même d'apprécier les causes, en entendant le mari. L'art. 219 y a pourvu, en réglant la forme à observer pour le cas où il s'agit de passer un acte (1). Que s'il s'agit d'autorisation pour ester en jugement, le Code civil garde le silence sur la forme à suivre, mais cette lacune se trouve remplie par le Code de procédure (2). V. art. 218, 219; C. pr., art. 861, 862.

---

(1) Aux termes de cet article, la femme peut faire citer *directement* le mari devant les juges ordinaires, le tribunal de première instance; le tribunal compétent est naturellement celui du domicile commun; le tribunal peut donner ou refuser son autorisation; toutefois le mari doit préalablement être entendu ou appelé, non en audience publique, mais à la chambre du conseil.

(2) Le Code de procédure dispose pour le cas où la femme *voudra se faire autoriser à la poursuite de ses droits*. Il ne permet pas la citation directe; il prescrit une sommation préalable pour constater le refus. Après quoi la femme obtient sur requête la permission de citer le mari à jour indiqué en la chambre du conseil (C. pr., art. 861).

L'art. 861 du Code de procédure ne déroge-t-il pas à l'art. 219 du Code civil?

Quel est le juge qui doit accorder l'autorisation d'ester en jugement?

Les art. 861 et 862 s'appliquent-ils au cas où la femme est défenderesse?

254. La célérité nécessaire aux opérations commerciales a dû faire dispenser de l'autorisation la femme marchande publique. Bien entendu que la dispense, comme le motif qui l'a fait établir, se borne aux actes relatifs à son négoce. Bien entendu aussi que cet état qui, sous certain rapport, soustrait la femme à la puissance maritale, ne peut être embrassé par elle sans le consentement de son mari (C. comm., art. 4). C'est en raison de ce consentement, que la communauté, qui d'ailleurs doit profiter des résultats, est tenue des engagemens contractés par la femme; c'est ce qu'on exprime en disant que la femme commune oblige son mari (voy. art. 1409-2°, 1426). Remarquons, au reste, que la femme n'est pas réputée marchande publique, si elle ne fait un commerce séparé. V. art. 220, et C. comm., art. 4 et 5; voy. aussi C. comm., art. 7.

L'engagement contracté par la femme marchande publique, sans énonciation de cause, est-il réputé pour fait de commerce? V. C. comm., art. 638, al. dernier.

S'il y a aliénation ou hypothèque, la validité de l'acte est-elle subordonnée à l'emploi effectif du prix, ou des fonds empruntés, pour les affaires du commerce?

Le consentement tacite du mari suffit-il pour que la femme soit marchande publique?

Le consentement du mari pourrait-il, au moins dans certains cas, être suppléé par l'autorisation de la justice?

La femme non commune obligerait-elle son mari?

Le mari commun en biens serait-il tenu par corps des engagemens de la femme marchande publique?

La femme simple factrice de son mari ne l'oblige-t-elle pas sans autorisation spéciale? En quoi diffère-t-elle de la femme marchande publique?

255. Le mari peut, par diverses causes, être hors d'état d'autoriser sa femme. Mais comme la puissance maritale dure toujours, tant que le mariage n'est point dissous, la femme n'est pas pour cela relevée de son incapacité; elle doit alors avoir recours à l'autorisation de justice.

256. Cela s'applique au cas où le mari, condamné à une peine afflictive ou simplement infamante, doit par là même être réputé indigne d'exercer sa prérogative. Cette incapacité spéciale, quoique non rappelée par la loi criminelle parmi les effets de la dégradation civique, dont le mari est alors frappé (v. C. pén., art. 28 et 34), est évidemment supposée par notre Code, et s'explique par les mêmes motifs que la dégradation civique elle-même. Elle s'attache également à la simple condamnation par contumace (v. C. pén., art. 28). Mais elle est bornée par les termes de la loi au temps de la durée de la peine (v. pourtant C. instr. crim., art. 619 et 633).

Il est bien clair, du reste, que pour autoriser, le juge n'a pas besoin ici, comme au cas de refus, d'entendre préalablement le mari. V. art. 221.

257. Cela s'applique encore au cas d'interdiction ou d'absence du mari. V. art. 222, et C. pr., 863, 864.

Les art. 222 et 863 ne pourraient-ils pas s'appliquer au cas de simple non-présence?

258. L'autorisation spéciale pour les actes que la loi détermine étant l'exercice de la puissance maritale, à laquelle le mari ne peut renoncer, elle ne saurait être suppléée par une autorisation générale donnée à l'avance, même par contrat de mariage; une semblable autorisation ne serait valable que pour les actes d'administration. V. art. 223.

259. Notre législateur tient tellement à ce que l'autorisation du mari soit donnée après examen et avec discernement, qu'il ne se contente pas, comme autrefois, de l'autorisation du mari mineur. La femme du mineur, comme celle de l'interdit, doit être autorisée par justice. V. art. 224.

Ne convient-il pas d'appeler devant le juge le mari mineur?
En cas de minorité de la femme, l'autorisation de son mari n'équivaudrait-elle pas à l'assistance d'un curateur? *Quid* si celui-ci ne veut ou ne peut l'autoriser? V. art. 2208.

260. L'autorisation du mari ou de justice est requise à peine de nullité; mais cette nullité, fondée sur le mépris qu'on a fait de l'autorité maritale, ne peut, dans le droit actuel, être invoquée que par ceux dans l'intérêt desquels l'autorité est établie, c'est-à-dire par les époux, et conséquemment par leurs héritiers. V. art. 225 et 1125.

La nullité pourra-t-elle toujours être demandée par les héritiers du mari?
La règle des art. 225 et 1125 s'appliquerait-elle aux donations acceptées par la femme sans autorisation?

261. La nécessité de l'autorisation n'étant, comme on

l'a vu, fondée que sur la puissance maritale, elle n'a pas d'application au testament, parce qu'alors la femme dispose pour le temps où cette puissance n'existera plus. V. art. 226.

CHAPITRE VII.

DE LA DISSOLUTION DU MARIAGE.

262. Le mariage se dissout évidemment par la mort naturelle. V. art. 227, 1°.

Il ne se dissout plus par le divorce. L. 8 mai 1816 (1).

Mais la mort civile étant une image de la mort naturelle, la loi, comme on l'a déjà vu, lui donne l'effet de dissoudre le mariage, du moins quant à ses effets civils (art. 25). Au reste, il est à remarquer que la dissolution est attribuée ici par les termes du Code à la *condamnation*, et qu'elle ne l'est qu'à la condamnation *devenue définitive*. V. art. 227-3°.

Doit-on conclure de l'art. 227 que le mariage serait dissous avant la mort civile encourue, et par le seul fait de la condamnation définitive?

Ne faut-il pas plutôt en conclure que la mort civile même ne dissoudrait pas le mariage, tant que la condamnation qui l'a produite ne serait pas irrévocable?

---

(1) VII, B. 84, n° 645.

CHAPITRE VIII.

DES SECONDS MARIAGES.

263. La dissolution du mariage rend à l'époux survivant sa liberté ; cependant des raisons d'honnêteté publique, et surtout la nécessité de ne pas laisser la paternité incertaine relativement aux enfans qui pourraient naître dans les premiers mois du second mariage, ont fait établir pour les femmes la défense de se remarier avant dix mois. V. art. 228; C. pén., art. 194.

La femme dont le premier mariage est déclaré nul peut-elle se remarier immédiatement?

Si nonobstant la prohibition, la femme se remarie avant le délai, et s'il naît un enfant avant trois cents jours depuis la dissolution du premier mariage, auquel des deux maris sera-t-il censé appartenir?

TITRE SIXIÈME.

DE LA SÉPARATION DE CORPS.

264. La loi, en abolissant le divorce, n'a pas dû réduire au désespoir l'époux malheureux, auquel les excès ou les désordres de son conjoint rendraient la vie commune insupportable; elle lui a ménagé la ressource de la séparation de corps,

Le Code civil qui, tout en permettant le divorce, avait aussi admis, en faveur des époux auxquels leur croyance religieuse l'interdisait, la voie de la séparation, détermine les causes pour lesquelles cette séparation peut avoir lieu, les formes à suivre pour l'obtenir, et une partie de ses effets. Mais comme il a laissé beaucoup de questions à résoudre, nous tâcherons de suppléer à son silence en recourant aux dispositions du titre du divorce, lorsqu'elles paraîtront susceptibles d'être appliquées à la séparation.

265. On distinguait deux sortes de divorce : le divorce pour cause déterminée, et le divorce par consentement mutuel. Tout ce qui est relatif à ce dernier est évidemment inapplicable à la séparation, qui ne peut avoir lieu de cette manière (art. 307). Il en est de même en général des formes particulières auxquelles était assujettie l'instance en divorce pour cause déterminée (d. art. 307).

Quant aux causes de divorce, la loi y renvoie expressément. V. art. 306.

Il paraît raisonnable d'étendre aussi à la séparation tout ou partie des mesures provisoires auxquelles donnait lieu la demande en divorce, et les règles relatives aux fins de non-recevoir.

Il y a lieu d'examiner si et jusqu'à quel point on doit en dire autant des effets du divorce.

CHAPITRE I.

CAUSES DE LA SÉPARATION.

266. L'adultère de la femme est toujours pour le mari une cause de séparation. V. art. 229.

Celui du mari, non moins répréhensible en morale, mais moins funeste dans ses résultats, ne peut autoriser la demande de la femme qu'autant que le mari a tenu sa concubine dans la maison commune. V. art. 230.

Suffirait-il que l'adultère eût été commis dans la maison commune, si la concubine n'y demeurait pas habituellement?

Ne doit-on entendre par *maison commune* que celle où la femme habite de fait avec son mari? V. C. civ., art. 230, et C. pén., art. 339.

Le mari qui tient une concubine dans la maison commune peut-il fonder une demande en séparation sur l'adultère de sa femme? V. C. pén., art. 336.

Quid, vice versâ, si la femme adultère se pourvoit en séparation pour adultère du mari?

267. Les causes réciproques de séparation sont :

1° Les excès, sévices et injures graves. V. art. 231. Les tribunaux doivent peser les circonstances, en ayant surtout égard à la condition des parties ;

2° La condamnation de l'un des époux à une peine infamante. V. art. 232.

268. L'ordre public est trop intéressé à l'exécution des lois du mariage, pour qu'il puisse y être valablement dérogé par le consentement des parties (V. art. 6). Le

législateur même du divorce avait reconnu ce principe, et ne considérait le consentement mutuel que comme formant la preuve d'une cause secrète, mais réelle et péremptoire (art. 233). Le consentement des époux à vivre séparés ne saurait autoriser les inductions qu'on était au contraire fondé à tirer du consentement au divorce; il eût été d'ailleurs impossible d'assujettir ce consentement aux mêmes épreuves. La séparation ne peut donc avoir lieu par consentement mutuel. V. art. 307. Concluez de là qu'en cette matière l'aveu du défendeur ne ferait pas foi des faits à lui imputés (v. à ce sujet art. 1356, et C. pr., 870).

CHAPITRE II.

FORMES DE LA SÉPARATION.

269. Aux termes de l'art. 307, la demande est intentée, instruite et jugée comme toute autre action civile. Toutefois, la demande en séparation ne peut être formée directement; elle est assujettie, comme l'était le divorce, à l'essai de conciliation par la comparution des parties en personne, sans assistance de tiers, devant le président du tribunal. V. C. pr., art. 875, 876, 877; v. à ce sujet C. civ., art. 236-239.

Que si les efforts du magistrat restent sans succès, il renvoie les parties à se pourvoir. Evidemment alors la demande s'intente par assignation en la forme usitée, sans le préliminaire de conciliation ordinairement requis (v. C. pr., art. 48), et sans qu'il soit besoin d'obtenir d'autre permission de citer (v. C. civ., art. 240). Seulement la femme, à raison de son incapacité, ayant besoin d'autorisation pour ester en jugement, cette autorisation lui est accordée par une clause spéciale de l'ordonnance de renvoi, qui statue aussi sur certaines mesures provisoires dont il sera question plus bas. V. C. pr., art. 878.

270. Quant à l'instruction, le principe posé par l'art. 307 est de nouveau consacré par l'art. 879, C. pr.

Néanmoins, s'il y a lieu d'ordonner une enquête, ce qui arrivera fréquemment, ne devrait-on point appliquer l'art. 251 C. civ., sur les témoignages domestiques?

Les formes ordinaires de la séparation seront-elles observées, quand la demande sera fondée sur la condamnation d'un des époux à une peine infamante? V. art. 261.

Ne doit-on pas appliquer à la séparation l'art. 235, qui suspend l'action en divorce pendant la poursuite criminelle? V. C. inst. crim., art. 3.

Pourrait-on faire juger l'action en séparation fondée sur crime ou délit, par les tribunaux criminels ou correctionnels?

CHAPITRE III.

MESURES PROVISOIRES AUXQUELLES POUVAIT DONNER LIEU LA DEMANDE EN DIVORCE POUR CAUSE DÉTERMINÉE, LEUR APPLICATION A LA SÉPARATION DE CORPS.

271. Quoique l'action en divorce tendît à la dissolution du mariage, et par conséquent à l'anéantissement de la puissance maritale, il est clair que cet anéantissement

ne pouvait résulter de la simple demande formée, à tort ou à raison, par l'un des époux. C'est donc au mari que la loi réservait en général, pendant l'instance, l'exercice de l'autorité paternelle, et par conséquent l'administration provisoire des enfans communs. Mais l'intérêt de ceux-ci devant prévaloir sur tout, il fallait bien laisser au tribunal le pouvoir d'en ordonner autrement pour leur plus grand avantage. Le droit de provoquer à cet égard une mesure était expressément accordé à la mère, à la famille et au ministère public. V. art. 267, dont l'application à la séparation ne paraît pas douteuse.

272. Cette demande ne pouvait non plus dépouiller le mari de ses droits sur la personne et sur les biens de la femme, ni à plus forte raison sur les biens de la communauté. Mais, d'une part, il était nécessaire de soustraire la faiblesse de la femme au danger d'une habitation commune, et de pourvoir à sa subsistance. D'autre part, il était à craindre que le mari n'abusât de ses droits, comme chef de la communauté, pour compromettre les intérêts de la femme.

Quant à la sûreté de la personne, la loi y pourvoyait en accordant à la femme, demanderesse ou défenderesse, la permission de quitter le domicile du mari pendant la poursuite; elle l'assujettissait seulement à une résidence déterminée, qui devait l'être par le tribunal. En outre elle obligeait le mari à lui fournir en proportion de ses facultés une provision alimentaire que le tribunal fixait s'il y avait lieu. V. art. 268.

Du reste, la résidence dans la maison indiquée étant la condition de l'indulgence de la loi envers la femme, celle-ci était tenue de justifier de cette résidence à toute réquisition, faute de quoi la provision pouvait toujours être refusée. Bien plus, la femme demanderesse pouvait être déclarée non-recevable à continuer ses poursuites. V. art. 269.

La faculté de quitter le domicile est également consacrée pour le cas de demande en séparation, et cela du moment où l'essai de conciliation a été vainement tenté. La maison est convenue entre les parties ou indiquée par le président, qui dans tous les cas ordonne en conséquence la remise des effets à son usage journalier. Quant aux demandes en provision, elles sont portées à l'audience. V. C. pr., art. 878.

L'art. 269 est-il applicable aux demandes en séparation?

Quant à la conservation des droits de la femme commune en biens, il s'agissait de les protéger pendant l'instance contre le divertissement des effets mobiliers de la communauté, contre les obligations qui pourraient être contractées à sa charge, et contre l'aliénation d'immeubles en dépendant.

A cet effet, la femme était autorisée à faire placer sous le scellé, pour y demeurer jusqu'à inventaire et prisée, les effets mobiliers, dont la possession dès-lors ne restait plus au mari qu'à titre de gardien judiciaire, tenu comme tel à les représenter ou à répondre de leur valeur. L'apposition de scellés pouvait être requise en tout état de cause, et ce à partir de la date, conséquemment avant même l'expédition, de l'ordonnance portant comparution des parties devant le président (art. 238). V. art. 270.

A l'égard des obligations et aliénations, on n'avait pas jugé à propos de les interdire absolument au mari demeuré administrateur. Mais la loi atteignait son but en soumettant à l'action en nullité pour fraude les actes de ce genre postérieurs à la date de l'ordonnance ci-dessus. V. art. 271.

Les articles 270 et 271 peuvent-ils être appliqués à la demande en séparation ?

CHAPITRE IV.

DES FINS DE NON-RECEVOIR CONTRE L'ACTION EN SÉPARATION.

273. Toute action fondée sur une injure s'éteint par la réconciliation ; mais le pardon même rend plus grave l'injure qui le suit, et cette nouvelle injure doit détruire l'effet de la réconciliation. D'après ces principes, la réconciliation survenue, soit avant soit après la demande, pourvu qu'elle fût postérieure aux faits allégués, rendait non-recevable l'action en divorce. Mais d'un autre côté, la réconciliation n'empêchant pas de renouveler la demande pour cause nouvelle, la loi autorisait expressément alors à faire valoir les anciennes causes à l'appui de la nouvelle demande. V. art. 272, 273, dont l'application à la séparation n'est pas douteuse.

L'habitation commune des époux depuis la demande intentée serait-elle une preuve suffisante de réconciliation ? Voy. à ce sujet, C. civ., art. 268, et C. pr., 878.

Quid si la femme est devenue grosse ?

274. Si les faits qui constituent la fin de non-recevoir sont avoués par le demandeur, il n'y a ici nulle difficulté à s'en tenir à son aveu. S'ils sont niés, le défendeur doit en faire la preuve. Cette preuve se fait de la même manière que pour ceux qui fondent l'action. V. art. 274, et C. pr., 879.

CHAPITRE V.

DU JUGEMENT ET SES EFFETS.

275. Le jugement est rendu sur les conclusions du ministère public (C. pr., art. 83 et 879). Il est susceptible d'opposition ou d'appel, et n'est soumis à cet égard à aucune règle particulière. V. art. 307.

276. Toutefois, il est un point sur lequel on s'éloigne en cette matière des règles ordinaires, par l'attribution au tribunal civil d'une compétence spéciale. L'adultère de la femme, que nous avons vu être une cause de séparation, est en même temps un délit puni par la loi, d'une peine correctionnelle (C. pén., art. 337), peine au surplus qui ne peut jamais être appliquée que sur la plainte du mari (C. pén., art. 336). La loi voyant ici l'équivalent de cette plainte dans la demande en séparation formée par le mari, veut que le tribunal qui reconnaît pour constant le fait d'adultère, et qui prononce en conséquence la séparation, applique lui-même à la femme la peine d'emprisonnement pendant un temps, fixé par l'un comme par l'autre Code, au *minimum* de trois mois et au *maximum* de deux ans. Cette peine, au

reste, comme toute autre, doit être prononcée sur la réquisition du ministère public. V. art. 308.

277. Le même motif qui ne permet de punir l'adultère de la femme que sur la plainte du mari, a fait accorder a celui-ci le droit de faire grace de la peine, pourvu qu'il consente à reprendre sa femme. V. art. 309; C. pén., art. 337.

278. Le complice de la femme adultère est passible de la même peine, disons mieux, d'une peine plus grave puisqu'à l'emprisonnement pendant le même espace de temps se joint une amende de cent à deux mille francs (C. pén., art. 338). Mais le complice n'étant point partie dans l'instance en séparation, il est évident que la peine ne peut lui être appliquée par le jugement qui intervient sur cette instance.

Le Code pénal punit aussi d'une peine correctionnelle (une amende de cent à deux mille francs) le mari qui aurait entretenu une concubine dans la maison conjugale, lorsqu'il en est convaincu sur la plainte de la femme (C. pén., art. 339).

Cette peine doit-elle être prononcée par le jugement du tribunal civil qui admet la séparation pour cette cause?

Le jugement du tribunal correctionnel qui condamne la femme ou le mari, aux termes des art. 336, 337 et 339 C. pén., entraînerait-il de plein droit séparation de corps? Pourrait-il au moins la prononcer sur des conclusions prises formellement à cet égard?

279. La séparation de corps laissant subsister le lien du mariage, et d'un autre côté l'époux qui l'a obtenue ne pouvant plus être contraint à l'habitation commune,

celui contre lequel la séparation a été prononcée se trouve ainsi réduit à un célibat forcé. Cet inconvénient avait paru si grave au législateur, que, pour y remédier, il sacrifiait en quelque sorte le principe qui lui avait fait admettre la séparation de corps comme voie parallèle au divorce. Après trois ans, l'époux qui avait obtenu la séparation pouvait être mis par l'autre dans l'alternative, ou d'en revenir à la vie commune jugée insupportable, ou de laisser prononcer le divorce, que sa conscience peut-être ne lui permettait pas. Toutefois, ce moyen de se soustraire au célibat forcé était, avec juste raison, refusé à la femme adultère. V. art. 310, dont la disposition, au reste, n'a plus d'application depuis l'abrogation du divorce.

280. La séparation faisant cesser la communauté d'habitation, fait cesser par conséquent la collaboration, principe de la communauté de biens. Il est naturel que cette communauté ne survive pas à sa cause. On ne voit pas non plus à quel titre le mari conserverait l'administration et la jouissance des biens de la femme, lorsqu'il n'y a plus de ménage commun. Aussi la séparation de corps emporte-t-elle toujours la séparation de biens. V. art. 311.

C'est à raison de cet effet, dont la connaissance intéresse les tiers, qu'on exige la publication du jugement de séparation de corps. V. C. pr., art. 880, 872 ; C. com., art. 66. Mais remarquez que la loi ne prescrit pas ici, comme au cas de simple séparation de biens, la publication de la demande (C. pr., art. 866-869).

La séparation de biens, suite de la séparation de corps, remonte-t-elle au jour de la demande? V. art. 1445 et 271.

Les créanciers du mari peuvent-ils intervenir dans l'instance en séparation de corps, ou attaquer le jugement qui la prononce, par application des articles 1447, et C. pr., 871? V. C. comm., art. 66.

Quid si la publication du jugement n'avait pas eu lieu?

L'application de l'article 66, C. comm., qui prévoit cette omission, doit-elle se borner au cas où l'un des époux est commerçant? En quel sens cet article autorise-t-il les créanciers à s'opposer au jugement?

281. La loi n'a pas d'ailleurs tracé en détail les effets de la séparation de corps; le principal consiste évidemment à dispenser le mari de l'obligation de recevoir sa femme, et la femme de l'obligation de suivre son mari. D'où la conséquence nécessaire que la femme a droit de se choisir un domicile, nonobstant art. 108.

282. Du reste, la séparation laisse subsister dans toute leur force les devoirs mutuels de fidélité, secours et assistance (art. 212). Les devoirs de protection de la part du mari, d'obéissance de la part de la femme (art. 213), deviennent moins étroits, mais ne cessent pas entièrement. La femme, en conséquence, reste frappée de l'incapacité produite par la puissance maritale (art. 215-226). Enfin l'état de séparation n'est point irrévocable. Toutes ces différences entre la séparation qui relâche le lien, et le divorce qui le brise, commandent la plus grande réserve dans l'application qu'on voudrait faire à l'une, des effets de l'autre, tels qu'ils sont réglés par les articles 295-305.

283. Parmi ces effets, il faut d'abord évidemment re-

jeter tout ce qui tenait à la faculté de se remarier, et tout ce qui s'appliquait exclusivement au divorce par consentement mutuel. Ainsi se trouvent écartés les art. 295, 296, 297, 305.

Mais ne devrait-on pas appliquer à la séparation prononcée pour cause d'adultère, la loi qui défendait à l'époux coupable d'épouser *jamais* son complice (art. 298)?

La seconde partie de l'art. 298 est reproduite par l'art. 308 V. *supr.*, n° 276.

Les autres dispositions sont relatives, 1° à la conservation ou privation des avantages que les époux avaient pu se faire, soit par leur contrat de mariage, soit depuis le mariage contracté (art. 299, 300);

2° A la pension alimentaire qui pouvait être due à l'époux qui avait obtenu le divorce, sur les biens de l'autre (art. 301);

3° A la garde des enfans, à l'obligation de les nourrir, entretenir et élever, et aux avantages qui leur étaient assurés par les lois ou par les conventions matrimoniales de leurs père et mère (art. 302-304).

284. Punir l'époux coupable, favoriser l'époux innocent, l'indemniser même, autant que possible, du malheur auquel il est réduit par la faute de l'autre, assurer aux malheureux fruits de l'union dissoute la protection et les secours dus à leur faiblesse, les préserver du mauvais exemple, enfin ne point ajouter à leur infortune par la privation des avantages pécuniaires qui leur étaient assurés, leur conserver donc tous ces avantages, sans en hâter cependant l'ouverture : telles sont les vues aux-

quelles le législateur s'était attaché dans les dispositions ci-dessus.

La plus grande partie de ces vues semblent applicables à la séparation de corps dont les causes sont identiquement les mêmes que celles du divorce.

285. Toutefois on ne peut, en étendant la disposition rigoureuse de l'art. 299, admettre contre l'un des époux la déchéance des avantages qui lui étaient assurés par son contrat de mariage. V. pourtant art. 1518.

Ne devrait-on pas, au moins, permettre à l'époux demandeur en séparation, d'en faire prononcer la révocation pour cause d'ingratitude (art. 953, 955), nonobstant art. 959?

Quant aux avantages faits depuis le mariage contracté, on ne peut leur appliquer non plus la déchéance prononcée par l'art. 299; mais il y a peu d'inconvénient, puisqu'ils peuvent toujours être révoqués par la volonté du donateur (v. art. 1096).

286. Le devoir mutuel de secours et assistance, qui subsiste après la séparation, rend évidemment sans application ici la disposition de l'art. 301.

287. A l'égard des enfans, nous pensons également que, nonobstant la séparation, l'exercice de l'autorité paternelle doit continuer, en principe, d'appartenir au père demandeur ou défendeur (art. 373); mais nous n'hésitons pas à appliquer les art. 302 et 303, en ce qui concerne le pouvoir discrétionnaire des tribunaux, et le droit respectivement accordé aux père et mère, de surveiller l'entretien et l'éducation des enfans, droit accompagné de l'obligation d'y contribuer.

288. Quant à la conservation des avantages assurés aux enfans, et à l'époque de leur ouverture, tout reste évidemment dans le droit commun, et c'est uniquement comme superflue qu'on doit ici rejeter la disposition de l'art. 304.

289. L'état de séparation peut toujours cesser à la volonté des parties. A cet égard, il ne paraît pas douteux que tous les faits de réconciliation qui, avant le jugement, rendraient l'action non recevable (v. ci-dessus, nos 273, 274), feraient également tomber de plein droit le jugement, s'ils survenaient postérieurement. Toutefois, le rétablissement de la communauté de biens ne serait pas la suite nécessaire de cette réconciliation. V. art. 1451, dont la disposition, contraire en ce point à l'ancien droit, a eu précisément pour but de favoriser la réconciliation des époux, en leur laissant la faculté de se réunir sans rentrer pour cela en communauté.

Est-il nécessaire, pour faire tomber le jugement, que les deux époux consentent à la réunion? L'époux qui a obtenu la séparation ne peut-il pas toujours, en renonçant au bénéfice du jugement, forcer l'autre à la vie commune?

TITRE SEPTIÈME.

DE LA PATERNITÉ ET DE LA FILIATION.

290. Des droits civils de la plus haute importance sont subordonnés à l'état de famille, et cet état dépend entièrement, pour chacun, de sa filiation. La plénitude des droits de famille ne doit appartenir qu'aux enfans provenus du mariage, et cependant on ne peut les refuser tous à ceux qui proviennent d'une union plus ou moins illicite.

De là deux sortes de filiation, la filiation légitime, qui fait l'objet des deux premiers chapitres de ce titre, et la filiation naturelle, qui se subdivise en naturelle simple, et adultérine ou incestueuse; le chapitre III lui est consacré.

291. Dans le premier chapitre, dont l'intitulé au surplus n'est pas d'une exactitude rigoureuse, le législateur, laissant à la doctrine le soin de définir la filiation légitime, s'attache uniquement à établir, avec les développemens, les distinctions et les modifications dont il est susceptible, le principe qui attribue au mari la paternité des enfans nés d'une femme mariée ou veuve. Ce principe, en effet, constitue la filiation paternelle, et par suite la légitimité des enfans conçus, ou même des enfans simplement nés, dans le mariage.

Dans le second chapitre, la loi supposant que le fait même de la filiation paternelle et maternelle est mis en question, détermine les diverses preuves par lesquelles cette filiation peut être établie.

Remarquons au reste que la légitimité des enfans reposant toujours sur le mariage dont elle est un effet civil, les règles contenues en ces deux chapitres, uniquement relatifs à la filiation des enfans légitimes, ne peuvent être appliquées s'il n'y a mariage constant entre les père et mère prétendus, ou si la preuve du mariage n'est pas rapportée suivant les règles ci-dessus établies (art. 194-200, *supr.* N°⁸ 230-235).

CHAPITRE I.

DE LA FILIATION DES ENFANS LÉGITIMES OU NÉS DANS LE MARIAGE.

292. Il n'y a proprement d'enfans légitimes que ceux qui sont conçus pendant le mariage, du commerce des deux époux. Quant aux fruits de leur commerce antérieur qui naissent depuis le mariage, s'ils ne sont pas légitimes dès le principe, du moins faut-il dire qu'ils naissent tels, puisque le mariage aurait l'effet de légitimer ceux même qui seraient nés antérieurement.

293. La naissance depuis le mariage est un fait positif sur lequel il ne peut exister aucune incertitude; mais la nature ayant couvert la conception d'un voile impénétrable, on ne peut en déterminer l'époque précise. Ce,

pendant il est toujours facile de la fixer approximativement par celle de la naissance. Il suffit pour cela de connaître le terme le plus court et le terme le plus long de la gestation ; car il est évident que la conception n'est pas antérieure à l'époque fixée par le terme le plus long, ni postérieure à l'époque fixée par le terme le plus court. Le Code considère en général trois cents jours comme le terme le plus long, et cent quatre-vingts jours comme le plus court. C'est ensuite par l'intérêt de la légitimité de l'enfant qu'on se détermine à supposer, tantôt la gestation la plus longue, tantôt la gestation la plus courte (art. 312, 314, 315 combinés).

Ainsi il est vrai de dire que la loi répute conçu pendant le mariage tout enfant qui naît plus de cent soixante-dix-neuf jours après la célébration, et moins de trois cents jours après la dissolution ;

Qu'elle répute conçu avant le mariage tout enfant qui naît viable avant le cent quatre-vingtième jour de la célébration ;

Qu'en principe au moins, elle ne considère pas comme conçu pendant le mariage l'enfant qui naît plus de trois cents jours après la dissolution.

294. Quant à la question de savoir si l'enfant est ou non le fruit du commerce des deux époux, la présomption qui attribue la paternité au mari s'applique aux enfans conçus, et même à ceux qui sont seulement nés, depuis le mariage; c'est-à-dire que les uns et les autres sont censés appartenir au mari jusqu'à désaveu de sa part. Mais cette présomption, fondée sur la probabilité du commerce des deux époux, et sur celle de l'innocence

de la mère, milite plus fortement pour les enfans conçus pendant le mariage; elle n'admet alors la preuve contraire que dans deux cas : 1° impossibilité physique de cohabitation à l'époque de la conception, en observant que la loi, suivant la doctrine exposée, la place naturellement dans l'intervalle du trois centième au cent quatre-vingtième jour avant la naissance. Du reste, l'impossibilité doit être physique; les causes spécifiées sont l'éloignement ou un accident quelconque; mais par diverses considérations graves, la loi ne permet pas au mari d'alléguer son impuissance naturelle. 2° Adultère de la femme, mais seulement si la naissance a été cachée au mari. Encore, dans ce dernier cas, la présomption de paternité n'est-elle pas entièrement détruite; le mari est seulement admis à proposer toute espèce de faits propres à justifier qu'il n'est pas le père. V. art. 312 et 313, et remarquez que la séparation du corps ne dissolvant pas le mariage, laisse subsister tout entière la présomption de paternité du mari (1).

---

(1) Au moment où ceci s'imprime, une proposition se discute dans les chambres à l'effet de faire cesser cette rigueur. Quelle qu'en soit l'issue, que je ne puis prévoir, il me semble que le principe est bon à maintenir, puisque le mariage subsiste, et qu'une réconciliation, toujours désirable entre les époux, peut facilement se supposer. Seulement il me paraîtrait raisonnable que le désaveu fût permis pour cause de séparation judiciaire comme il l'est pour cause d'adultère et de naissance cachée, et que le mari fût en conséquence admis à proposer tous les faits propres à justifier qu'il n'est pas le père.

L'éloignement des époux peut-il être considéré comme cause d'impossibilité physique de cohabitation, lorsque la distance n'est pas telle, qu'elle n'ait pu être franchie dans l'intervalle de cent vingt jours dans lequel se place la conception?.

Peut-on prouver, par témoins ou autrement, que cette distance n'a pas été franchie?

En cas de naissance cachée de l'enfant, pour que le désaveu du mari soit admis, faut-il que l'adultère soit prouvé indépendamment du recel de la naissance?

Faut-il que l'époque de l'adultère prouvé coïncide avec l'époque possible de la conception?

Est-ce au mari à prouver que la naissance lui a été cachée?

Quid si la femme adultère qui n'a point dissimulé la naissance, reconnaît que l'enfant n'est pas de son mari?

295. Quant aux enfans nés pendant le mariage, mais conçus antérieurement, il est encore probable qu'ils sont issus du commerce des deux époux; mais le désaveu du mari doit suffire en général pour repousser cette probabilité.

C'est d'après ce principe qu'en autorisant, de droit commun, le désaveu de l'enfant né avant le cent-quatre-vingtième jour du mariage, et supposant par là même l'existence de la présomption de paternité jusqu'à désaveu, la loi détermine seulement trois cas où ce désaveu ne peut avoir lieu :

1° Si le mari a eu connaissance de la grossesse avant le mariage; car en épousant la femme enceinte, il a virtuellement reconnu sa paternité. V. art. 314-1°.

2°. S'il a assisté à l'acte de naissance, et s'il a approuvé cet acte, soit en le signant, soit en y laissant insérer la mention qui tient lieu de la signature. Il est évident en effet qu'il y a encore reconnaissance virtuelle. V. art. 314-2°.

3°. Enfin, si l'enfant n'est pas *déclaré* (1) viable. Car outre qu'alors la naissance avant le cent-quatre-vingtième jour n'exclut pas nécessairement la possibilité de la conception postérieure au mariage, il y a dans tous les cas une raison dominante, c'est le défaut d'intérêt. V. art. 314-3°; v. à ce sujet art. 725-2°, 906 al. dernier.

Le désaveu du mari n'est-il non recevable que dans les cas énoncés par l'art. 314?

Le mari recevable à désavouer l'enfant né avant le cent quatre-vingtième jour du mariage est-il obligé de justifier son désaveu?

Peut-on lui prouver qu'il est le père?

296. La même présomption ne peut plus militer à l'égard de l'enfant qui naît plus de trois cents jours après la dissolution du mariage; il n'est donc pas besoin de le désavouer pour *contester* sa légitimité. V. art. 315.

Mais ne doit-on pas induire des termes de cet article que l'enfant peut dans certains cas être déclaré légitime, ce qui supposerait une gestation de plus de trois cents jours?

297. Le mari qui ne désavoue pas l'enfant né de sa femme est censé le reconnaître, et personne ne sera reçu à se plaindre, lorsque le principal intéressé gardera le

---

(1) Le fait de la viabilité, entièrement différent du fait de la vie, étant de nature à n'être constaté que sur le témoignage des gens de l'art, on conçoit que la loi ne reconnaisse pour non viable l'enfant qui a vécu, qu'autant qu'il est déclaré tel.

silence. Sa réclamation doit avoir lieu dans un court délai, qu'il convenait de fixer diversement, suivant que le mari est présent ou absent, et que la naissance lui est connue ou cachée. Le mari présent n'a qu'un mois à partir de la naissance. En cas d'absence ou de naissance cachée, la loi ne fait avec raison courir le délai que du retour ou de la découverte de la fraude; en outre, elle le porte à deux mois. V. art. 316.

Quand le mari sera-t-il réputé absent dans le sens de cet article?

298. Mais si le mari meurt dans le délai utile pour réclamer, l'état de l'enfant n'étant point encore consolidé, les héritiers peuvent contester sa légitimité dans un nouveau délai. Bien plus, le délai qui, comme dans les deux derniers cas, est ici de deux mois, ne court pas contre les héritiers tant que le droit héréditaire, seul fondement de leur action, ne leur est pas disputé par l'enfant, c'est-à-dire, tant qu'il n'y a de sa part ni prise de possession, ni trouble apporté à la possession des héritiers. V. art. 317.

Les héritiers pourraient-ils fonder leur désaveu sur l'adultère de la femme et la naissance cachée (nonobstant C. pén., art. 336)?

Les légataires, les successeurs irréguliers, le curateur à la succession vacante pourraient-ils désavouer?

Quid à l'égard des successibles qui renoncent à la succession?

Quid à l'égard des héritiers de la femme?

299. Un simple acte extrajudiciaire, intervenu dans les

délais fixés, suffit pour préserver le mari ou ses héritiers de la déchéance, mais non pour autoriser à laisser indéfiniment dans l'incertitude l'état de l'enfant. De là la nécessité d'intenter une action dans un nouveau délai d'un mois, passé lequel le désaveu sera comme non avenu. Du reste, comme l'enfant, ordinairement mineur, doit être défendu par un tuteur (art. 450), et que sa position particulière ne permet pas de lui appliquer les règles du droit commun sur la tutelle, l'action doit être dirigée contre un tuteur *ad hoc* qui lui sera donné. En outre, sa mère, dont l'intérêt dans cette circonstance est évident, doit être appelée pour être présentée au procès. V. art. 318.

Par qui sera nommé le tuteur *ad hoc* dont l'enfant doit être pourvu ?

CHAPITRE II.

DES PREUVES DE LA FILIATION DES ENFANS LÉGITIMES.

300. On l'a déjà dit, il n'est point question dans ce chapitre des preuves de la légitimité, effet civil du mariage qui ne peut être réclamé que dans les termes des art. 194 et suivans. Le cas ici prévu est celui où le mariage entre deux personnes étant prouvé ou non dénié, une autre personne se prétend issue de ce mariage. Les preuves qu'elle doit fournir de sa filiation ne sont pas les mêmes que celles qui seraient exigées pour établir la filiation naturelle.

301. La preuve la plus ordinaire de la filiation des enfans légitimes se trouve dans l'acte de naissance, qui doit en général contenir les déclarations relatives tant à la paternité qu'à la maternité (art. 57). Ces déclarations, quoique émanées de simples particuliers, font pleine foi, lors, bien entendu, que l'acte qui les contient est régulièrement dressé, et pourvu spécialement que cet acte soit inscrit sur les registres de l'état civil. V. art. 319, et remarquez, 1° que l'acte de naissance fait bien preuve de la filiation du dénommé, mais qu'il ne peut dispenser le porteur de prouver son identité; 2° que pour être admis à faire cette preuve par témoins, le réclamant qui produit l'acte de naissance n'a pas besoin, comme au cas de l'art. 323, de fournir un autre commencement de preuve.

Les déclarations contenues en l'acte de naissance font-elles foi jusqu'à inscription de faux? V. C. pén., art. 145-147, 345, 363. Leur foi n'est-elle pas plus ou moins grande, suivant la qualité des personnes qui les ont faites?

Quid si l'acte de naissance énonce pour mère une femme mariée sans indiquer le père, ou s'il indique pour père un autre que le mari?

Quelle foi ferait l'acte de naissance inscrit sur une feuille volante?

302. Il serait quelquefois impossible à un enfant de représenter son acte de naissance, lors même que cet acte existerait. Sa possession d'état doit y suppléer; car il arrivera bien rarement qu'un enfant étranger à la famille réunisse en sa faveur les diverses circonstances dont se compose cette possession. V. art. 320 et 321.

La possession est un fait qui, en matière d'état comme

en toute autre, fait en général supposer le droit. La possession d'un état quelconque consiste dans l'exercice paisible et constant des droits et prérogatives attachés à cet état; elle se constitue conséquemment d'une réunion de faits. La possession d'état en matière de filiation consiste dans tous les faits qui indiquent les rapports de parenté entre un individu, et la famille à laquelle il se prétend rattaché par sa filiation. La loi énumère ici les principaux de ces faits qui se résument tous dans ces trois mots usités dans les auteurs : *nomen, tractatus, fama.* V. art. 321.

Si la possession d'état est déniée, ne peut-on pas prouver par témoins les différens faits qui la constituent?

La réunion des trois circonstances indiquées est-elle absolument nécessaire pour constituer une possession d'état complète?

303. Le titre et la possession réunis se prêtent une force mutuelle. La possession est la meilleure preuve de l'identité du réclamant avec l'enfant dont la naissance et la filiation sont constatées par l'acte. Leur concordance rend la fraude trop invraisemblable pour qu'il soit permis de la supposer. Ainsi l'acte de naissance isolé ne fait point preuve complète, si l'identité est déniée; ni cet acte ni la possession d'état, séparés l'un de l'autre, n'excluent la preuve contraire; mais la possession conforme au titre rend l'état inattaquable. V. art. 322.

Ne peut-on pas cependant contester la légitimité de l'enfant qualifié légitime dans son acte de naissance, et dont la possession d'état est conforme à ce titre, soit en niant le mariage des père et mère (v. art. 194, 197), soit en le soutenant nul?

304. L'enfant qui n'a en sa faveur ni titre ni possession

constante, n'est pas pour cela privé du droit de réclamer son état; il peut, sous les modifications qui vont être indiquées, se faire admettre à la preuve testimoniale. On sent, du reste, qu'on doit considérer comme sans titre celui qui est inscrit comme né de père et mère inconnus; il en est de même de celui qui prouve qu'il a été inscrit sous de faux noms, puisque le résultat de cette preuve est de détruire le titre. V. art. 323, al 1.

L'enfant sera-t-il admis à prouver qu'il a été inscrit sous de faux noms, lorsque sa possession sera conforme à son titre?

Quoi qu'il en soit, le principe qui, en toute matière, restreint dans d'étroites limites l'emploi de la preuve testimoniale, commandait ici, à cause de la gravité des intérêts et de la facilité des fraudes, une application sous certains rapports plus rigoureuse. La loi, en conséquence, sans examiner si l'absence de preuve écrite est ou non imputable à la faute du réclamant (v. à ce sujet art. 1341, 1348), exige pour l'admettre à la preuve testimoniale qu'il ait en sa faveur un commencement de preuve. Mais d'un autre côté, tandis qu'en matière ordinaire le commencement de preuve, lorsqu'il est requis, doit nécessairement être par écrit, il peut en cette matière se tirer également de présomptions ou indices; seulement il faut que ces présomptions ou indices résultent de faits graves et dès-lors constans. V. art. 323, al. dernier.

Au surplus, en ce qui concerne le commencement de preuve par écrit et ses caractères, la loi, appliquant spécialement ici les principes généraux posés ailleurs (v. art. 1347), le fait résulter avec raison des papiers domestiques (registres ou autres) des père et mère, et des actes (quelle que soit leur forme) émanés de toute personne ayant effectivement ou ayant dû avoir un intérêt dans la contestation. V. art. 324.

Ne faut-il pas que l'intérêt de l'auteur de l'écrit soit contraire à celui du réclamant?

La nécessité du commencement de preuve cesse-t-elle en cas de non-existence ou de perte des registres de l'état civil? Voy. art. 46.

Au cas prévu par cet article, les registres des père ou mère décédés ne pourraient-ils pas faire preuve complète?

305. Toutes les fois qu'une personne est admise à faire preuve d'un fait, la preuve contraire est de droit (C. pr., art. 256). Cette preuve, au reste, peut porter ici, soit sur le fait de la maternité, et par suite sur celui de la paternité, soit sur le fait de la paternité seulement. Voy. art. 325.

Pour prétendre que le réclamant n'est pas l'enfant du mari de la mère, ne faudra-t-il pas être dans les cas où le mari est en général autorisé à désavouer?

Sera-t-il nécessaire de faire un désaveu dans le délai fixé par les art. 316 et 317?

306. Quoique ce soit souvent par le résultat d'un crime ou d'un délit commis à son préjudice, que l'enfant se trouve placé dans la nécessité de réclamer son état, et quoique la preuve de ce crime ou délit pût amener celle de l'état véritable, le législateur n'a pas voulu qu'à l'aide d'une procédure criminelle, on parvînt à éluder la sévérité des règles établies pour la preuve de la filiation. Non-seulement donc il établit en principe la

compétence exclusive des tribunaux civils en matière de réclamation d'état (nonobst. C. inst. crim., art. 3-al. 1), mais il veut que l'action criminelle, au lieu de suspendre ou d'arrêter comme à l'ordinaire l'exercice de l'action civile (v. C. instr. crim., art. 3-al. dernier), soit au contraire ici suspendue jusqu'au jugement sur la question d'état. V. art. 326, 327, voy. au contraire, art. 198.

La loi doit-elle s'entendre en ce sens, qu'aucune question d'état n'étant encore soulevée par les intéressés, le ministère public ne puisse poursuivre les crimes et délits parvenus à sa connaissance, par cela seul qu'ils seraient propres à compromettre l'état des personnes? V. C. civ., art. 52, 53; C. instr. crim., art. 22.

Pourquoi la règle de l'art. 327 n'a-t-elle pas d'application à la suppression de la preuve d'un mariage (v. art. 198)?

307. Nul ne pouvant renoncer à l'état qui lui est donné par la nature et par la loi, il s'en suit que l'action pour le réclamer est imprescriptible à l'égard de l'enfant. V. art. 328.

En est-il de même des droits subordonnés à cet état? Ainsi l'enfant qui réclame son état plus de trente ans après la mort de son père, peut-il toujours prétendre à la succession de celui-ci?

L'enfant serait-il soumis à la péremption établie par l'article 397, C. pr.? Son désistement aurait-il quelque effet à son égard?

308. La mort de l'enfant privé de son état ne détruisant pas l'intérêt de sa réclamation, le droit d'intenter ou de suivre l'action passe aux héritiers; mais le silence gardé par lui pendant un certain temps depuis l'époque où il

était capable de juger de ses droits, peut élever contre ses héritiers, dont l'intérêt est moindre, une fin de non-recevoir. Ainsi, les héritiers ne peuvent intenter l'action dont leur auteur s'est abstenu, si celui-ci est mort plus de cinq ans après sa majorité. V. art. 329.

Si l'enfant est mort dans le délai, combien de temps dure l'action pour les héritiers?

Quant au droit de suivre l'action intentée par l'enfant, il ne pouvait être renfermé pour les héritiers dans des limites aussi étroites puisqu'il est de principe qu'une action, même non transmissible de sa nature, peut toujours être suivie par les héritiers quand elle est commencée par le défunt (v. *Just*. Inst., § 1, *in fin*, *de perp. et temp. act.*). Mais il est clair que ce droit ne peut plus être invoqué quand le défunt de son vivant a renoncé à la poursuite commencée. Suivant cette idée, la loi refuse ici aux héritiers le droit de suivre l'action, 1° si le défunt s'en est formellement désisté; 2° s'il a laissé passer sans poursuite trois ans, délai ordinaire de la péremption (C. pr., art. 397). V. art. 330.

L'interruption des poursuites pendant trois ans rend-elle les héritiers non-recevables à suivre l'action, lorsque la péremption n'a pas été prononcée? V. C. pr., art. 399, et C. civ., art. 330.

Le désistement de l'enfant, ou la péremption d'instance acquise de son vivant, empêcheraient-ils les héritiers d'agir, s'il était mort dans les cinq ans de sa majorité?

Les héritiers sont-ils les seuls qui puissent intenter une action en réclamation d'état du chef d'un défunt? Spécialement les enfans ou descendans du défunt ne doivent-ils pas indépendamment même du titre d'héritiers être admis à établir la filiation de leur père, mère, aïeul, etc., pour prouver leur propre état? N'ont-ils pas cette action de leur propre chef? N'est-elle pas imprescriptible dans leur personne? Pourraient-ils agir du vivant de leur ascendant?

Les créanciers ne peuvent-ils pas réclamer l'état de leur débiteur, du vivant même de celui-ci? V. art. 1166.

L'état d'une personne peut-il être contesté après sa mort et dans un temps illimité? V. *Marcien*, L. 1, ff. *ne de stat. defunct.*

CHAPITRE III.

DES ENFANS NATURELS.

309. On appelle enfans naturels tous ceux qui ne sont point issus d'un mariage légitime; ils sont adultérins, si l'un des deux parens était, à l'époque de la conception, engagé par mariage avec une autre personne; ils sont incestueux, s'ils naissent de deux personnes parentes ou alliées au degré prohibé.

La haine de l'adultère et de l'inceste a fait refuser aux fruits de ces déplorables unions tous les droits de famille attachés à la naissance. Il n'existe aucun moyen de leur attribuer ces droits; mais la loi, plus indulgente pour les enfans qui doivent le jour à une faiblesse moins condamnable, permet de les élever au rang des enfans du mariage, par la légitimation, ou de leur conférer les droits de filiation naturelle, par une reconnaissance.

SECTION I.

De la légitimation des enfans naturels.

310. La légitimation est une faveur de la loi qui élève au rang d'enfans légitimes ceux qui ne sont pas nés tels. Cette faveur dans notre droit est exclusivement attachée au mariage subséquent des père et mère. On a dû penser que le moyen le plus efficace de ramener aux bonnes mœurs les personnes qui avaient vécu en mauvais commerce, était de subordonner à leur mariage l'état des enfans auxquels ils avaient donné le jour.

Les seuls enfans qui aient besoin de légitimation sont les fans *nés* (1) hors mariage; les seuls qui n'en soient pas susceptibles sont ceux qui proviennent d'un commerce incestueux ou adultérin. Ceux donc qui en ayant besoin ne sont pas compris dans l'exclusion *peuvent* être légitimés par le mariage. Du reste, la certitude de la filiation étant, on le sent bien, la condition essentielle de la légitimation, la loi exige que cette filiation soit établie par une reconnaissance légale des deux parens; bien plus, dans la crainte des fraudes, elle veut que la reconnaissance, qui peut d'ailleurs précéder le mariage, soit faite au plus tard dans l'acte même de célébration. V. art. 331.

Les père et mère qui se marient sont-ils maîtres de légitimer ou non les enfans qui réunissent les conditions requises?

Ne suffirait-il pas que les père et mère fussent, pour une

---

(1) Quant aux enfans conçus hors mariage, mais qui naissent depuis le mariage, v. art. 314, et ci-dessus, n° 292.

cause quelconque, incapables de s'épouser au moment de la conception, pour que la légitimation n'eût pas lieu?

Si les père et mère ou l'un d'eux ont ignoré, lors de la conception, le fait qui constitue l'inceste ou l'adultère, leur mariage postérieur légitimera-t-il les enfans?

La légitimation peut-elle résulter d'un mariage putatif? Voir sur cette question et sur la précédente art. 201 et 202.

L'enfant né de parens ou alliés au degré prohibé, dans un des cas où la dispense est possible, sera-t-il légitimé par le mariage contracté depuis avec dispense?

Quid si la dispense et le mariage ont lieu dans l'intervalle de la conception à la naissance?

Quid si l'enfant est né ou même simplement conçu avant la loi qui permet la dispense?

L'enfant conçu d'un commerce adultérin ne sera-t-il pas illégitime, quoique ses père et mère se soient épousés avant sa naissance? Ne pourrait-on pas toujours contester sa légitimité, quoiqu'il eût titre et possession conforme?

Un jugement déclaratif, soit de la paternité, soit de la maternité, ne constituerait-il pas la reconnaissance légale exigée comme condition de la légitimation?

Faudrait-il que ce jugement fût antérieur au mariage?

L'enfant reconnu par son père, avec indication de la mère dans l'acte, ne serait-il pas légitimé par le mariage subséquent, quoique la mère ne l'eût pas expressément et formellement reconnu?

311. En rattachant à la famille l'enfant qui en est l'objet, la légitimation y rattache également toute la descendance. De là la faculté de légitimer même les enfans morts, s'ils ont laissé des descendans. V. art. 332.

312. La légitimation, comme le mot lui-même l'indique, confère la légitimité; mais cet effet du mariage ne peut précéder sa cause. La légitimité de l'enfant ne remonte

donc pas à sa naissance. Il n'a que les droits qu'il aurait eus, s'il était né du mariage qui le légitime. V. art. 333.

Pareillement, l'enfant conçu avant le mariage de ses père et mère, mais né depuis, n'est-il pas incapable de recueillir les droits ouverts dans l'intervalle de sa conception au mariage de ses père et mère?

SECTION II.

De la reconnaissance des enfans naturels.

313. La loi attribuant des effets civils à la filiation naturelle, a dû indiquer les moyens de la constater. Ces moyens diffèrent de ceux qui sont relatifs à la filiation légitime.

Ainsi, 1° on ne s'en rapporte pas ici à des témoignages étrangers consignés dans l'acte de naissance; c'est l'aveu du père et de la mère qui constitue le titre de l'enfant (art. 334). Cet aveu du reste, ne lie que celui qui l'a fait (art. 336); il peut être contesté par les intéressés (art. 339).

2° A défaut de cet aveu, il n'est pas toujours permis d'avoir recours à une recherche judiciaire (art. 340).

3° Enfin, lors même que cette recherche n'est pas défendue, elle est assujettie à des conditions plus sévères (art. 341).

La raison de ces différences est facile à apercevoir, c'est que la réclamation de l'enfant, dont l'intérêt d'ailleurs est moins précieux, tend à imputer aux père et mère un fait illicite, ce qui commande la plus grande réserve.

Quoiqu'il en soit, la loi indique deux manières d'établir la filiation naturelle, la reconnaissance volontaire et le jugement déclaratif.

§ I.

De la reconnaissance volontaire.

314. La reconnaissance est un aveu formel que le père ou la mère fait de sa qualité.

La validité de la reconnaissance est subordonnée à sa forme; elle n'est pas permise indistinctement à l'égard de tous les enfans naturels.

315. La reconnaissance doit être faite dans la forme la plus propre à s'assurer qu'elle est sérieuse et libre. Sa place naturelle est dans l'acte de naissance, toutefois il est permis de la faire par acte séparé. L'acte, comme nous l'avons vu, peut être reçu par l'officier de l'état civil (art. 62; v. ci-dessus, n° 90); mais le ministère de cet officier n'est pas nécessaire. Tout ce que la loi exige, c'est que la reconnaissance soit faite par acte authentique. V. art. 334, 1317.

Faut-il un acte exprès? Ne suffit-il pas au contraire que la reconnaissance se trouve consignée dans un acte authentique, quel que soit d'ailleurs l'objet de cet acte?

Une reconnaissance sous seing privé peut-elle produire quelque effet, *Puta* donner droit à des alimens?

La reconnaissance peut-elle avoir lieu avant la naissance de l'enfant?

Peut-elle avoir lieu après sa mort, soit qu'il laisse ou non des descendans? V. art. 332.

316. Les fruits de l'inceste ou de l'adultère n'ont pas grand intérêt à ce que le secret de leur naissance soit divulgué. La morale publique aurait à gémir s'il était permis aux pères et mères de consigner leur propre turpitude sur les registres. La reconnaissance ne peut donc avoir lieu au profit des enfans adultérins ou incestueux. V. art. 335.

Si, contre la prohibition de la loi, la reconnaissance avait eu lieu, l'enfant pourrait-il la faire valoir pour réclamer des alimens aux termes de l'art. 762?

Pourrait-on la faire valoir contre lui pour l'application de l'article 908?

317. La reconnaissance est l'aveu d'un fait personnel qui ne doit pas s'appliquer au fait d'autrui. Toutefois il paraît qu'on ne concevait pas d'abord une reconnaissance faite par le père sans indication de la mère. La supposant donc faite avec cette indication, on hésitait, lors de la confection de la loi à lui attribuer un effet quelconque indépendant de l'aveu ou du désaveu de la mère, qui seule peut connaître d'une manière certaine le fait de la paternité (1). Quoi qu'il en soit, le législateur appliquant ici dans l'intérêt de l'enfant les principes en matière d'aveu, accorde effet à la reconnaissance du père sans l'indication et l'aveu de la mère; mais fidèle aux mêmes principes, il borne cet effet au père seul. V. art. 336.

---

(1) V. projet de Code civil, liv. 1, tit. 7, art. 27; rédaction communiquée au tribunat et discussion au conseil d'état sur cette rédaction, art. 23 (séance du 29 fruct. an x).

De là au reste il résulte clairement que l'indication de la mère faite par le père sans l'aveu de celle-ci ne prouve point la maternité naturelle. Dites-en autant de l'indication qui serait faite par toute autre personne. A plus forte raison l'indication du père faite par qui que ce soit, sans pouvoir de lui ne prouverait-elle pas la paternité. Ajoutons que cette dernière indication ne devrait pas même être admise dans l'acte (art. 35 et 340 combinés).

318. L'enfant qu'un des époux a eu, avant son mariage, d'un autre que de son époux, n'est point adultérin ; mais sa reconnaissance pendant le mariage constitue une sorte de manque de foi envers le conjoint, qui, dans l'ignorance de son existence, n'avait pas dû compter sur le préjudice qui en résulterait pour lui et ses enfans. La loi a satisfait à tous les intérêts en anéantissant, à l'égard du conjoint et des enfans du mariage, cette reconnaissance, d'ailleurs valable et susceptible de produire tous ses effets. Mais les mêmes raisons ne s'appliquant pas à l'enfant né du commerce antérieur des deux époux, la loi l'excepte avec raison de la disposition. Conséquemment cet enfant dont la légitimation n'est plus possible après la célébration du mariage (art. 331), peut au moins acquérir encore par une reconnaissance les droits d'enfant naturel. V. art. 337.

L'époux veuf peut-il, au préjudice des enfans de son mariage, reconnaître un enfant naturel né avant le mariage, d'un autre que de son époux ?

Ne pourrait-il pas toujours reconnaître avec effet l'enfant qu'il aurait eu depuis la dissolution du mariage ?

La reconnaissance faite pendant le mariage peut-elle, après

qu'il est dissous, sans qu'il en reste d'enfans, nuire à l'autre époux, soit en diminuant l'effet des donations qui lui ont été faites, avant ou depuis la reconnaissance, par acte entre vifs ou par testament ; soit en lui enlevant ses droits à la succession du prédécédé?

La reconnaissance de l'enfant né du commerce antérieur des deux époux peut-elle être utilement faite pendant le mariage par un seul des époux? Ne doit-on pas distinguer à cet égard entre le père et la mère (art. 340 et 341 combinés)?

319. La reconnaissance n'est point une légitimation, elle tend seulement à établir la filiation naturelle, état nécessairement inférieur à celui de légitimité. Toutefois, des effets importans sont attachés à cet état, particulièrement quant aux droits réciproques de succession ; ces droits sont réglés en leur lieu. V. art. 338, et à ce sujet, art. 756-766, 158, 383, 908.

320. Les droits et devoirs attachés à la qualité d'enfant naturel, et d'autre part les incapacités qu'elle entraîne, soulèvent contre la reconnaissance, ou contre la réclamation de cet état, des intérêts divers. D'un autre côté, la reconnaissance n'est qu'un aveu, et c'est contre son auteur seul qu'un aveu doit, de sa nature, faire pleine foi. Il n'est pas moins conforme aux principes qu'une réclamation qui touche au droit d'autrui laisse libre carrière à la défense. De là la faculté, pour tout intéressé, de contester, soit la reconnaissance, soit la réclamation. V. art. 339, qui dans la généralité de ses termes semble autoriser également à contester, soit la validité de la reconnaissance, soit la vérité du fait reconnu.

L'enfant lui-même n'est-il pas au nombre des intéressés qui peuvent contester la reconnaissance?

L'un des parens peut-il, en son nom personnel, contester la reconnaissance faite par l'autre parent?

La reconnaissance peut-elle être contestée quand elle est soutenue de la possession d'état?

§ II.

De la déclaration judiciaire, soit de paternité, soit de maternité.

321. A défaut d'une reconnaissance, la filiation naturelle peut, comme on l'a dit, s'établir par une déclaration judiciaire. A cet égard, il faut voir quand il est permis de rechercher soit la paternité, soit la maternité, quelles preuves peuvent être admises, et quels effets la déclaration doit produire.

322. La paternité est un fait difficile à constater d'une manière certaine, en l'absence de l'aveu, et la loi n'a pas voulu permettre une procédure scandaleuse qui n'aurait pu amener qu'un résultat douteux. La recherche de la paternité est donc en général interdite.

Mais l'enlèvement étant un fait positif, facile à prouver, la loi, qui en ordonne la poursuite, a pu également autoriser à en tirer les inductions relatives à la paternité. L'enlèvement, au reste, n'établit pas contre le ravisseur une présomption de paternité, il permet seulement de le déclarer père, encore faut-il pour cela qu'il y ait rapport entre l'époque de la conception et celle de l'enlèvement. V. art. 340.

Quand y a-t-il enlèvement, et quelles peines ce crime fait-il encourir? V. C. pén., art. 341-344, 354-357.

L'enlèvement pratiqué par fraude, sans violence, en d'autres termes, *le rapt de séduction*, autoriserait-il la recherche de la paternité?

Le cas de viol ne serait-il pas assimilé à celui d'enlèvement?

Quant à la manière de prouver l'enlèvement, et les circonstances propres à établir la paternité du ravisseur, la loi n'a tracé aucune règle particulière. L'admission à la preuve testimoniale paraît donc ici de droit commun. et dès-lors on ne voit pas pourquoi l'on ne chercherait pas dans la procédure criminelle à laquelle l'enlèvement doit donner lieu, les élémens qui peuvent servir à décider la question d'état.

Suit-il de là que l'action civile en déclaration de paternité puisse être poursuivie devant les mêmes juges que l'action publique fondée sur l'enlèvement (C. instr. crim., art. 3)?

323. La grossesse et l'accouchement sont des faits apparens et faciles à constater, qui peuvent conduire à la certitude de la maternité. La crainte du scandale n'a donc pas paru un motif suffisant pour en interdire la recherche.

A l'égard de cette recherche, la loi ne se borne à établir l'obligation pour le réclamant, de prouver son identité avec l'enfant dont la prétendue mère est accouchée, et la nécessité d'un commencement de preuve par écrit pour être admis à la preuve testimoniale. V. art. 341.

Remarquons à ce sujet,

1° Qu'en exigeant de celui qui réclame sa mère la preuve de son identité avec l'enfant dont elle est accouchée, la loi exige, par là même, la preuve du fait de l'accouchement, si ce fait n'est pas dès à présent constant. C'est donc au fait de l'accouchement, comme au fait de l'identité, que s'applique la règle sur l'admission à la preuve testimoniale, et la nécessité d'un commencement de preuve par écrit.

2° Que l'acte de naissance indicatif de la mère, sans aveu de celle-ci, ne fait point ici foi de l'accouchement; qu'il n'a pas même les caractères requis pour constituer un commencement de preuve.

3° Que les indices, quelque graves qu'ils soient, ne peuvent, comme en matière de filiation légitime, suppléer au commencement de preuve par écrit.

L'écrit émané de la partie adverse qui, rendant vraisemblable l'accouchement de la prétendue mère, n'aurait aucun trait à l'identité du réclamant, pourrait-il suffire pour faire admettre celui-ci à la preuve testimoniale?

324. La possession constante de l'état d'enfant naturel ne ferait-elle point preuve complète de la maternité?

Les art. 326 et 327 sur la compétence exclusive des tribunaux civils ne s'appliqueraient-ils pas à la recherche de la maternité naturelle?

Ne doit-on pas appliquer à cette recherche l'imprescriptibilité de l'action en réclamation d'état, et la transmission de cette action aux héritiers (art. 328-330)?

325. Les motifs qui ont fait prohiber la reconnaissance des enfans incestueux ou adultérins, ne permettent pas davantage d'admettre ces enfans à la preuve judiciaire de leur filiation. Cette règle est commune à la recherche de la paternité, permise au cas d'enlèvement, et à la recherche de la maternité. V. art. 342.

L'enfant incestueux ou adultérin ne pouvant ni être reconnu, ni être admis à la preuve judiciaire de sa filiation, comment appliquer l'art. 762 qui lui accorde des alimens?

Ne peut-on pas supposer la filiation constante, indépendamment de toute recherche et de toute reconnaissance, *Puta* si dans une instance les parties s'accordent sur le fait de la filiation, et que l'adultère ou l'inceste soit prouvé par l'une d'elles?

Quid si l'enfant conçu pendant le mariage est désavoué par le mari?

Quid si l'enfant est né d'un mariage contracté au mépris des art. 147, 161, 162, 163?

326. La loi garde le silence sur les effets de la déclaration judiciaire, soit de paternité, soit de maternité, toutefois, il y a lieu de croire que les droits qu'elle accorde à l'enfant naturel reconnu, les devoirs qu'elle lui impose, les incapacités dont elle le frappe, sont des conséquences attachées à l'état de filiation naturelle. De quelque manière donc que cet état se trouve légalement établi, les effets doivent être les mêmes (v. pourtant art. 756).

Appliquerait-on l'art. 337 à la déclaration de paternité ou de maternité intervenue pendant le mariage du père ou de la mère?

327. Les avantages attachés à la filiation naturelle portent le plus souvent l'enfant lui-même à la réclamer. D'autre part cependant les incapacités qui en sont la suite font concevoir l'intérêt qui peut exister à diriger contre l'enfant la recherche, soit de paternité, soit de maternité. Le législateur, en traçant les règles ci-dessus, semble avoir eu principalement en vue la recherche di-

rigée par l'enfant (v. art. 341, 342). Toutefois, ni les termes ni l'esprit de la loi n'autorisent à distinguer pour l'application de l'art. 340, qui prohibe d'une manière générale, la recherche de la paternité. Quant à la prohibition de l'art. 342, on pourrait soutenir, d'après les termes de la loi, qu'elle n'a pas d'application à la recherche dirigée contre l'enfant ; mais cette distinction, appuyée sur la lettre, ne paraît pas ratifiée par l'esprit du législateur. Selon nous, dans tous les cas où la recherche ne serait point admise de la part de l'enfant, elle ne peut davantage être admise contre lui.

Serait-elle même admise contre l'enfant dans les cas où elle est permise en sa faveur ?

TITRE HUITIÈME.

DE L'ADOPTION ET DE LA TUTELLE OFFICIEUSE.

328. Ce titre se lie naturellement au précédent, car l'adoption produit une espèce de filiation. A l'adoption se rattache la tutelle officieuse qui est destinée à y conduire.

CHAPITRE I.

DE L'ADOPTION.

SECTION I.

De l'adoption et de ses effets.

329. L'adoption, inconnue en France jusqu'à la révolution, a été introduite dans nos lois pour consoler, par une image de paternité, les personnes de l'un ou de l'autre sexe auxquelles la nature a refusé des enfans. Le Code en fait aussi un moyen de payer la dette de la reconnaissance pour des services au-dessus de toute récompense.

L'adoption contrarierait les vues sages du législateur si elle pouvait détourner de la procréation des enfans légitimes, ou diriger, au préjudice de ceux-ci, l'affection des parens sur des étrangers. L'illusion qu'elle est destinée à produire ne pourrait naître, s'il n'existait entre l'adoptant et l'adopté une différence d'âge suffisante, ou si les rapports qu'elle établit ne remontaient à l'enfance ou à la première jeunesse de l'adopté. Cette illusion serait en général incompatible avec l'adoption d'une même personne par plusieurs; au contraire, elle n'est que plus complète, lorsque ce sont deux époux qui se donnent par l'adoption un enfant commun. Au reste, l'illusion dont il s'agit n'est point précisément le but qu'on se propose dans l'adoption rémunératoire, ce qui explique en partie les privilèges dont jouit cette adoption.

Enfin, le changement d'état que l'adoption doit opérer, les nouveaux rapports qui vont s'établir entre l'adoptant et l'adopté, rapports de nature à altérer ceux qui existent entre eux et leur famille respective, tous ces motifs demandent de leur part un consentement réfléchi, dont les mineurs ne sont point susceptibles. Ils n'exigent pas moins impérieusement la participation du conjoint de l'adoptant, et des père et mère de l'adopté.

330. D'après ces considérations, on se rendra facilement raison des conditions auxquelles est subordonnée la faculté d'adopter ou d'être adopté. La loi exige :

1° Que l'adoptant ait plus de cinquante ans; 2° qu'il n'ait à l'époque de l'adoption ni enfans ni descendans légitimes; 3° qu'il ait quinze ans au moins de plus que l'adopté. V. art. 343.

Faut-il pour faire obstacle à l'adoption, que les enfans légitimes soient nés, ou suffit-il qu'ils soient conçus? Comment jugerait-on si l'enfant né depuis l'adoption était conçu auparavant?

331. La loi exige, 4° que la personne qu'on se propose d'adopter ne soit pas en même temps ou ne soit pas déjà adoptée par un autre, si ce n'est pourtant par le conjoint de l'adoptant; 5° que ce conjoint, s'il ne veut pas adopter lui-même, consente au moins à l'adoption. Toutefois, cette dernière condition n'est pas requise pour l'adoption testamentaire, qui ne doit produire son effet qu'après la dissolution du mariage. V. art. 344.

332. La loi exige, 6° qu'il existe entre l'adoptant et l'adopté des rapports antérieurs, qui préparent ou motivent les rapports plus intimes que l'adoption va consacrer.

Ainsi, dans les cas ordinaires, il faut que les bienfaits répandus sur l'enfant pendant sa minorité, aient annoncé à l'avance et commencé à réaliser l'intention qu'il n'était pas encore permis d'accomplir. On ne satisfait à cette condition que par six ans au moins de secours et de soins non interrompus.

Quant à l'adoption rémunératoire, il faut que l'adopté ait sauvé la vie de l'adoptant *au péril de la sienne;* telle est au moins l'idée générale qui paraît ressortir des cas particuliers que la loi exprime. Du reste, on n'exige ici ni l'âge de cinquante ans, ni les quinze ans de distance entre les deux parties; il suffit à cet égard que l'adoptant soit majeur et plus âgé que l'adopté (majeur lui-même, art. 346). Mais cette adoption ne peut pas plus que l'autre avoir lieu au préjudice des enfans ou descendans légitimes actuellement existans, ni sans le consentement du conjoint. V. art. 345.

La règle qui défend l'adoption d'une même personne par plusieurs est-elle applicable à l'adoption rémunératoire?

333. La loi exige, 7° que l'adopté soit majeur; 8° s'il a ses père et mère ou l'un d'eux, qu'il obtienne leur consentement ou requière leur conseil, suivant qu'il a ou non atteint l'âge de vingt-cinq ans. V. art. 346, et remarquez que la loi ne distinguant pas, la nécessité du consentement jusqu'à l'âge de vingt-cinq ans est la même pour les deux sexes; remarquez encore que la loi ne parlant que des père et mère, il n'y a point lieu, à leur défaut, de s'adresser aux ascendans. Quant à la manière de requérir le conseil, c'est probablement par un acte respectueux notifié dans la même forme que pour le mariage, et il paraît convenable d'observer le délai d'un mois; mais on ne voit pas qu'il y ait lieu dans aucun cas de renouveler cet acte.

Si l'un des père et mère est dans l'impossibilité de manifester sa volonté, le consentement de l'autre ne doit-il pas suffire?

Quid s'ils sont tous deux dans cette impossibilité, ou si c'est le survivant qui s'y trouve?

En cas de dissentiment, le consentement du père suffirait-il?

334. A toutes ces conditions, il faut joindre celle de la bonne réputation de l'adoptant (art. 355).

Ne faut-il pas aussi que l'adoptant et l'adopté jouissent des droits civils?

Peut-on adopter son enfant naturel?

335. L'adoption étant une création du droit civil, ses

effets sont nécessairement renfermés dans le cercle tracé par la loi. Elle établit entre l'adoptant et l'adopté, non une filiation proprement dite, mais certains rapports de paternité et de filiation. Ces rapports se réduisent, 1° à la transmission de nom (art. 347); 2° à certaines prohibitions de mariage (art. 348); 3° à l'obligation d'alimens (art. 349); 4° au droit de succession de l'adopté à l'adoptant (art. 350); 5° à la succession de l'adoptant ou de ses descendans aux biens que l'adopté tenait de l'adoptant (art. 351, 352); 6° enfin le meurtre commis par l'adopté sur la personne de l'adoptant serait considéré et puni comme parricide (C. pén., art. 299).

Au surplus, l'adopté reste dans sa famille naturelle (art. 348); non-seulement il y conserve tous ses droits (ibid.), mais il est vrai de dire qu'aucun des liens qui l'unissent à ses parens naturels n'est brisé ni même relâché (voy. art. 349, 351-al. 2). Au contraire, l'adopté demeure en général étranger aux parens de l'adoptant (v. art. 350; voy. pourtant art. 348).

336. Nous avons dit que l'adoption opérait transmission de nom; mais puisque l'adopté reste dans sa famille, il ne doit point, en prenant le nom de l'adoptant, perdre le sien. Le nouveau nom s'ajoute seulement à l'ancien. V. art. 347.

337. L'adopté restant dans sa famille naturelle, l'adoption ne produit évidemment ni parenté ni alliance. Néanmoins, l'image de paternité qui rattache à l'adoptant l'adopté, et par suite tous les descendans de celui-ci, ne permet pas de mariage entre eux. L'intimité que cette adoption doit introduire entre ceux qui deviennent

enfans d'un même père est aussi une cause suffisante pour empêcher le mariage de l'adopté avec les enfans légitimes ou adoptifs de l'adoptant. La même raison d'honnêteté publique a dû faire également interdire le mariage entre l'adoptant ou l'adopté, et le conjoint de l'autre. V. art. 348.

La prohibition de mariage entre les enfans adoptifs du même individu, empêcherait-elle d'adopter deux époux?

Le mariage contracté en contravention aux dispositions de l'art. 348 serait-il nul?

338. La loi rend commune à l'adoptant et à l'adopté, l'un envers l'autre, l'obligation naturelle qu'elle a consacrée ailleurs, entre les pères et mères et leurs enfans, de se fournir des alimens (appliquez les art. 203-205, 208-210). Il est clair, au reste, que cette obligation n'en continue pas moins d'exister entre l'adopté et ses père et mère. V. art. 349.

339. Le principal effet de l'adoption, outre la transmission du nom, consiste dans le droit de succession qu'elle confère à l'adopté. Ce droit n'a aucune application aux parens de l'adoptant; car sous tout autre rapport que celui du mariage (art. 348), l'adopté leur demeure totalement étranger. Mais, quant à la succession de l'adoptant lui-même, le droit de l'enfant adoptif est semblable à celui de l'enfant né en mariage. La survenance même d'autres enfans de cette dernière qualité n'altérerait pas ce principe; il y aurait alors lieu à partage égal entre l'adopté et les enfans du mariage. Voy. art. 350.

L'adopté a-t-il droit à une réserve? V. art. 913. Pourrait-il, pour la compléter, faire réduire non-seulement les legs, mais même les donations entre-vifs, antérieures ou postérieures à l'adoption?

L'existence d'un enfant adoptif laissé par le défunt ferait-elle obstacle à l'exercice des droits conférés par les art. 351, 352, 747?

Les enfans ou descendans de l'adopté ont-ils, à défaut de l'adopté lui-même, le droit de succéder à l'adoptant, soit de leur chef, soit par représentation?

340. Le droit de succession de l'adopté à l'adoptant n'est point réciproque; c'est à ses parens légitimes qu'appartient la succession de l'adopté. Seulement la loi ne veut pas que des biens dont une affection toute personnelle l'avait enrichi, passent, au préjudice du bienfaiteur ou de sa postérité, en des mains étrangères.

Au cas donc de mort de l'adopté, pourvu qu'il meure sans descendans légitimes, car les descendans de l'adopté ne sont pas étrangers à l'adoptant; en ce cas, disons-nous, la loi fait retourner à l'adoptant ou à ses descendans les biens qui proviennent de lui par succession ou donation; comme ailleurs, et par le même principe, elle fait succéder l'ascendant donateur aux choses par lui données à son descendant mort sans postérité (art. 747). Ce retour n'est point une résolution du titre auquel le défunt possédait les biens (v. à ce sujet, art. 951, 952); c'est ici, comme au cas de l'art. 747, une véritable succession, qui oblige à contribuer aux dettes, à respecter les droits conférés aux tiers par le défunt, et qui dès-lors n'a point d'application aux biens aliénés par lui. C'est d'ailleurs un droit limité exclusivement aux personnes et aux choses que la loi détermine. Tous autres biens appartiennent aux héritiers légitimes, et ceux même qui proviennent de l'adoptant leur appartiennent également, à défaut de l'adoptant ou de ses descendans. V. art. 351.

Si les biens sont aliénés, le retour ne s'applique-t-il pas au prix qui peut en être dû, et à l'action en reprise que pouvait avoir le défunt? V. art. 747.

341. Ce n'est qu'à défaut de descendans légitimes de l'adopté que le retour ci-dessus a lieu. Ceux-ci recueillent donc, à l'exclusion de l'adoptant ou de sa postérité, les biens provenant de l'adoptant qui se trouvent dans la succession de leur auteur. Mais s'ils viennent à mourir eux-mêmes sans postérité, la loi, toujours par le même motif, accorde encore le retour à l'adoptant. C'est là, au reste, une faveur plus grande que dans le cas précédent, puisque le retour s'applique ici à des biens *qui ont fait souche*. Aussi cette faveur est-elle exclusivement bornée à la personne de l'adoptant lui-même. V. art. 352.

Si l'adopté avait laissé plusieurs enfans, et que quelques-uns d'eux seulement vinssent à mourir, l'adoptant pourrait-il exercer son droit dans leur succession, au préjudice des autres enfans de l'adopté appelés comme frères ou neveux à la succession légitime?

SECTION II.

Des formes de l'adoption.

342. Constater le consentement des parties, vérifier l'accomplissement de toutes les conditions requises, et notamment s'assurer de la bonne réputation de l'adoptant, le tout en évitant d'abord une publicité inopportune ; donner à l'adoption une fois admise la publicité qui doit accompagner un changement d'état ; consigner ce changement sur les registres destinés à constater l'état des personnes, et à donner à tous le moyen de le connaître et de le prouver : tel est le but qu'a dû se proposer le législateur en réglant les formes de l'adoption (art. 353-359).

343. Le consentement se constate par un acte passé entre les parties présentes devant le juge de paix du domicile de l'adoptant. V. art. 353.

344. Le contrat ainsi formé est ensuite successivement soumis à l'homologation du tribunal de première instance (1), et à celle de la Cour royale (art. 354-357). Cette double homologation est poursuivie par *la partie la plus diligente* (2), dans les formes et les délais prescrits

---

(1) La compétence du tribunal (et par suite celle de la cour) se règle comme celle du juge de paix eu égard au domicile de l'adoptant (art. 354).

(2) L'action de la partie de la plus diligente s'applique avec raison à toute démarche postérieure au consentement donné devant le juge de paix (art. 354, 357, 359). Rien n'empêche du reste lorsqu'un acte a été fait par l'une des parties que les actes suivans ne soient faits par l'autre.

(art. 354, 357). Les deux tribunaux instruisent et jugent dans des formes toutes spéciales (art. 355-357).

345. Le tribunal de première instance est saisi au moyen de la remise faite par la partie au procureur du roi, d'une expédition de l'acte ci-dessus. Cette remise doit être faite dans le délai de dix jours. V. art. 354.

L'instruction a lieu et le jugement est rendu dans la chambre du conseil; l'instruction porte sur l'accomplissement des conditions prescrites au chapitre Ier, et en outre sur la bonne réputation de l'adoptant. Le jugement est rendu sur les conclusions du procureur du roi; il n'est pas motivé. V. art. 355, 356.

346. La partie, mécontente ou non du jugement, doit le soumettre à la cour royale; elle a pour cela le délai d'un mois. La cour instruit dans les mêmes formes que le tribunal. L'arrêt n'est pas non plus motivé. Voy. art. 357.

Comment la partie saisira-t-elle la cour? Ne conviendrait-il pas qu'elle remît pour cela les pièces de la procédure au procureur général?

347. Le jugement de première instance, quelle que soit sa décision, et l'arrêt de la cour royale, quand il rejette l'adoption, se rendent en la chambre du conseil; mais lorsque la cour juge définitivement qu'il y a lieu à l'adoption, la publicité qu'on devait jusque-là éviter, devient au contraire désirable. Cette publicité s'acquiert par le prononcé à l'audience, et par l'affiche. V. art. 358.

348. L'adoption admise par arrêt s'inscrit, à la réquisition d'une des parties, sur le registre de l'état civil du

domicile de l'adoptant; l'inscription ne s'opère que sur le vu de l'arrêt; elle doit avoir lieu dans les trois mois, à peine de déchéance. V. art. 359.

Les délais prescrits par les art. 354 et 357, le sont-ils aussi à peine de déchéance?

349. L'accomplissement de toutes les formes ci-dessus est nécessaire pour consolider l'adoption; mais sa cause est certainement dans la volonté des parties, ratifiée par le législateur aux conditions qu'il a prescrites. Lors donc que la volonté est légalement constatée, et que l'accomplissement des conditions a été vérifié par les magistrats que la loi prépose, on ne peut nier que l'adoption, encore sujette à déchéance, ne soit néanmoins parfaite. Bien plus, d'après le principe qui assure en général à une partie les effets de son droit, du jour même où elle le réclame, si l'examen qui suit sa réclamation en démontre la justice (v. à ce sujet art. 1153, *in fin.*, 1445, *in fin.*), on ne voit pas pourquoi on ne ferait pas remonter les effets, et par conséquent la perfection de l'adoption, supposée légale, au jour où le contrat est porté devant les tribunaux. D'après cette théorie, on s'explique facilement que la mort de l'adoptant pendant l'instruction n'ôte point à l'adopté le droit de faire continuer cette instruction. Seulement alors les héritiers de l'adoptant, dont l'intérêt contraire est né, peuvent se rendre partie dans l'instance, à l'effet d'établir que l'adoption est inadmissible. Du reste, vu la nature de l'affaire, c'est par voie de mémoire ou observations remis au procureur du roi qu'ils doivent procéder. V. art. 360.

Ne doit-on pas, par argument de l'art. 360, établir en principe général que la mort ou l'incapacité de l'une ou de l'autre des parties, survenue pendant l'instruction, n'empêcherait pas d'admettre l'adoption?

Devrait-on même exiger la capacité jusqu'à l'époque où l'acte est porté devant les tribunaux?

Ne faut-il pas, à cet égard, distinguer entre la capacité de droit et la capacité de consentir? exiger la première, qui consiste dans l'existence naturelle et civile, et dans l'absence d'empêchement, jusqu'à l'époque où le contrat est porté devant les tribunaux; mais n'exiger la seconde qu'au moment où l'acte des consentemens respectifs est passé devant le juge de paix?

350. Malgré les précautions prises pour assurer l'accomplissement des conditions sous lesquelles la loi permet l'adoption, il est possible que, par erreur ou ignorance, les juges l'aient admise en l'absence de quelqu'une de ces conditions. L'adoption alors doit être nulle; mais il y a de graves difficultés sur la manière de faire valoir cette nullité, dont le principe pourtant est évident. D'une part, l'adoption étant admise par un arrêt, la force de la chose jugée semble la mettre à l'abri de toute attaque, à moins qu'on ne fasse tomber l'arrêt en prenant une des voies extraordinaires de cassation, requête civile ou tierce-opposition. D'autre part, l'application de ces voies aux héritiers de l'adoptant, par lesquels la question sera ordinairement soulevée, n'offre qu'incertitude et embarras. Peut-être vaut-il mieux dire que les jugemens et arrêts qui interviennent ne dépouillant point l'adoption de son caractère primitif de contrat, la question de validité ou invalidité du contrat doit ici,

comme dans tous les cas, être portée directement devant les tribunaux ordinaires, pour y subir, s'il y a lieu, les deux degrés de juridiction.

CHAPITRE II.

DE LA TUTELLE OFFICIEUSE.

351. Le législateur ayant cru ne devoir admettre l'adoption proprement dite qu'à l'égard des majeurs, a offert dans la tutelle officieuse le moyen de s'attacher les mineurs par un titre légal, et de se procurer ainsi la facilité de les adopter par la suite (1).

352. La tutelle officieuse s'établit par les volontés réunies du tuteur et des personnes sous la protection et la

---

(1) La loi prévoit un autre cas où une personne étrangère peut, par l'effet d'une simple déclaration devant l'autorité municipale, se trouver chargée d'un enfant; c'est lorsqu'il s'agit d'un enfant nouveau-né trouvé par une personne qui consent à s'en charger (C. pén., art. 348, al. dernier). Le législateur garde le silence sur les conditions et sur les effets de cet acte de charité. Il est à croire que le règlement des conditions est laissé à la prudence de l'autorité municipale, qui doit avoir le pouvoir de refuser l'offre. Quant aux effets ils ne peuvent consister que dans l'obligation plus ou moins étendue de pourvoir aux besoins de l'enfant. Cette étendue pourrait s'apprécier diversement suivant les circonstances. Du reste, il est clair que ce mineur ne pourrait avoir d'autre représentant légal que celui dont il serait pourvu suivant les règles ordinaires de la tutelle.

dépendance desquelles le mineur se trouve placé (1); mais la loi prescrit certaines conditions. Ainsi, comme l'adoption, et par le même motif, la tutelle officieuse n'est point permise aux pères de famille, ni aux personnes âgées de moins de cinquante ans. V. art. 361. Elle ne l'est aux personnes mariées qu'avec le consentement de leur conjoint. V. art. 362. Enfin les diverses volontés dont le concours est nécessaire doivent être constatées par un procès-verbal du juge de paix. Ce juge est ici celui du domicile de l'enfant. V. art. 363.

353. Principalement destinée à préparer l'adoption, et à sauver la bizarrerie de l'adoption d'un majeur, la tutelle officieuse manquerait son but si elle pouvait avoir lieu moins de six ans avant la majorité du pupille. Il faut donc que celui-ci n'ait pas quinze ans.

A ce moyen, si le tuteur veut adopter plus tard, son seul titre pourra lui servir à justifier des six ans de soins et de secours prescrits pour l'adoption (art. 345), puisque, à ce titre, il aura été obligé de les fournir. Voy. art. 364, al. 1.

---

(1) Ce sont, suivant les cas :

Le père et la mère; il paraît que le dissentiment entre eux empêcherait l'établissement de la tutelle;

Le survivant d'entre eux; le cas où l'un d'eux serait dans l'impossibilité de manifester sa volonté n'est pas prévu;

A défaut de l'un et de l'autre, le conseil de famille; les ascendans n'y ont que leur voix;

A défaut de parens, les administrateurs de l'hospice, si l'enfant est dans un hospice; sinon la municipalité de sa résidence. Art. 361.

354. Au reste, les obligations du tuteur peuvent être plus ou moins étendues par l'effet des stipulations ou conditions particulières sous la foi desquelles l'établissement de la tutelle aura été consenti; mais en l'absence même de toute stipulation, elles consistent à nourrir et élever le pupille, et à le mettre en état de gagner sa vie. V. art. 364, al. 2.

355. Cette tutelle, comme toute autre, emporte l'obligation d'administrer la personne et les biens du pupille, et conséquemment celle de rendre compte (art. 370); elle a cela de particulier que le tuteur devant pourvoir à ses frais aux besoins du mineur, ne peut imputer les dépenses d'éducation sur les revenus du pupille. Voy. art. 365.

Le tuteur aura-t-il la garde du mineur et l'administration des biens, lorsque celui-ci aura ses père ou mère?

365. Un effet important de la tutelle officieuse, c'est d'autoriser l'adoption testamentaire. Toutefois cette adoption n'est permise qu'en prévoyance du cas où le tuteur décéderait pendant la minorité, qui rend impossible l'adoption ordinaire; elle ne peut d'ailleurs être conférée qu'après que les rapports résultant de la tutelle se sont invétérés par l'expiration de cinq ans. Enfin, son effet est subordonné à la condition du décès du tuteur sans enfans légitimes. V. art. 366.

Quid si le testament a été fait avant les cinq ans, mais que le tuteur ne meure qu'après ce délai, sans l'avoir révoqué?
Quid si le tuteur qui meurt sans enfans, en avait au moment de la confection du testament?

Suffit-il que le tuteur ait survécu quelque temps à la majorité du pupille pour rendre sans effet l'adoption testamentaire?

L'adoption testamentaire peut-elle être valablement et définitivement acceptée ou répudiée, pendant la minorité de l'adopté?

Est-elle, comme le contrat d'adoption, soumise à l'homologation des tribunaux et à l'inscription sur le registre de l'état civil?

357. Le tuteur peut mourir sans avoir été à même d'adopter par testament, ou sans avoir usé de cette faculté. Sa mort ne doit point éteindre l'obligation qu'il s'est imposée par la tutelle officieuse; sa succession reste donc tenue de fournir au pupille, jusqu'à sa majorité, des moyens de subsister, qui ont pu être réglés par une convention antérieurement faite en prévoyance de ce cas, et qui, à défaut de cette convention, sont réglés amiablement ou judiciairement. V. art. 367.

358. Si le tuteur survit à la majorité du pupille, il n'est point forcé à l'adoption, que le pupille de son côté est toujours en droit de refuser; mais il peut y être procédé de leur consentement respectif suivant les formes et avec les effets réglés au chapitre précédent. V. art. 368.

La loi, en renvoyant seulement aux formes et aux effets de l'adoption ordinaire, dispense-t-elle, par là même, des autres conditions exigées au chapitre précédent? L'adoption pourra-t-elle avoir lieu ici, quoiqu'il soit survenu au tuteur des enfans légitimes, ou sans le consentement du conjoint? L'adopté n'aura-t-il pas besoin du consentement de ses père et mère?

359. Quoique l'adoption ne puisse, comme on voit,

intervenir sans le consentement mutuel des deux parties, celles-ci sont cependant placées dans une position différente. Celui qui s'est imposé la charge de la tutelle officieuse a manifesté par là l'intention d'adopter; il peut donc être requis de réaliser cette intention, et faute par lui de satisfaire à la réquisition, il peut être tenu d'une indemnité (v. à ce sujet art. 1147). Mais sur ce point plusieurs observations :

1° L'indemnité n'étant due qu'à défaut d'adoption, le tuteur n'en peut être tenu qu'après un certain délai, fixé par la loi à trois mois depuis la majorité, et lorsque les réquisitions faites dans ce délai sont restées sans effet (v. à ce sujet art. 1146).

2° L'indemnité n'est point due ici pour refus d'adoption comme s'il eût existé une obligation d'adopter; elle ne l'est qu'en vertu de l'engagement pris par le tuteur de mettre le pupille en état de gagner sa vie (art. 364). Par conséquent elle ne peut appartenir au pupille s'il n'est hors d'état de gagner sa vie et d'ailleurs sans moyen d'existence; elle a pour objet unique de réparer le tort résultant pour lui de cette incapacité, et se résout dèslors en secours propres à lui procurer un métier (v. à ce sujet art. 1149).

3° Sous ces conditions même il paraît que le droit à l'indemnité est encore abandonné à la prudence des juges; il est possible en effet que l'incapacité du pupille ne soit point imputable au tuteur (v. à ce sujet art. 1147, 1148).

4° enfin il est évident que toutes les règles ci-dessus

ne sont applicables qu'à défaut de stipulations particulières (v. à ce sujet art. 364, 1134, 1152). V. art. 369.

Les réquisitions à fin d'adoption ne peuvent-elles être utilement faites que dans les trois mois de la majorité? Ce délai passé sans réquisition, le pupille serait-il déchu de tout droit à indemnité?

Le pupille n'aurait-il pas droit aux indemnités ci-dessus dans le cas où l'adoption serait, non pas refusée par le tuteur, mais devenue impossible, puta s'il était survenu au tuteur des légitimes?

Quid si c'est le pupille qui refuse l'adoption offerte par le tuteur?

360. Que la tutelle soit ou non suivie d'adoption, que le pupille ait droit ou non à indemnité, il est de toute évidence que le tuteur lui doit compte de ses biens, s'il les a administrés. V. art. 370.

TITRE NEUVIÈME.

DE LA PUISSANCE PATERNELLE.

361. La filiation produit entre les enfans et les auteurs de leurs jours des rapports de supériorité d'une part et de dépendance de l'autre. Ces rapports qui commencent à la naissance et se continuent avec plus ou moins de force pendant toute la durée de la vie, constituent la *puissance paternelle*.

362. Etablie par le droit naturel, et l'un des moyens les plus efficaces pour le maintien du bon ordre chez les hommes réunis en société, la puissance paternelle a reçu des législateurs anciens et modernes des développemens proportionnés aux besoins des temps et des lieux. Chez les Romains, cette puissance, concentrée dans la main du chef de famille, était tout à la fois une propriété et une sorte de magistrature domestique, qui n'étant bornée ni par l'âge ni par le mariage des enfans, s'étendait également sur leur postérité la plus reculée. Mais notre Code, en consacrant la prérogative paternelle, n'en fait une véritable puissance qu'à l'égard des enfans qui ne sont pas en âge de se gouverner eux-mêmes; encore cette puissance est-elle réduite à des limites assez étroites. Du reste, la prérogative chez nous est commune au père et à la mère, sauf la prééminence du mari, comme chef. Elle leur appartient de préférence aux ascendans du degré supérieur, qui pourtant y participent jusqu'à un certain point, particulièrement à défaut de père et mère.

363. La puissance paternelle prise dans son sens le plus large, est le fondement de plusieurs dispositions éparses dans le Code civil, notamment aux titres du mariage (art. 148-151, 173, 182; voy. aussi art. 184, 187, 191), de l'adoption (art. 346, 361), de la tutelle (art. 389, 390, 397, 402-404), des donations entre-vifs et testamens (art. 1075; voy. aussi art. 913, 919). Le titre qui nous occupe se borne à proclamer le principe général des devoirs communs aux enfans de tout âge (art. 371), et à fixer les principaux effets de la puissance

paternelle proprement dite (art. 372-387), effets qui sont propres aux pères et mères seuls.

364. C'est un principe de morale que l'enfant, à tout âge, doit à ses père et mère honneur et respect. En érigeant cette maxime en loi, le législateur prescrit évidemment aux enfans de conformer à ces sentimens, qu'il ne peut commander, leurs actes extérieurs; et par là il donne aux magistrats, suivant les cas, le pouvoir d'empêcher ou de réprimer les infractions. V. art. 371.

Ainsi, même avant la loi nouvelle sur la contrainte par corps (1), l'article 371 n'autorisait-il pas suffisamment les juges à refuser au fils l'exercice de la contrainte par corps contre son père?

365. Mais la faiblesse de l'âge, en même temps qu'elle réclame pour les enfans une protection spéciale, leur impose des devoirs plus étroits, et c'est à quoi la loi a pourvu, en plaçant les mineurs non émancipés sous l'autorité de leurs parens (2).

---

(1) V. L. 17 avril 1832, art. 19 (IX, 1re partie, B. 75, n° 158).

(2) Cette autorité avec les droits et avantages qui l'accompagnent étant ici formellement proclamée par la loi, et attachée par elle à la qualité indélébile de père et de mère, il est clair, en principe, qu'elle ne peut être refusée aux pères et mères sans un texte également formel. Il existe bien dans la loi et dans ce titre même quelques exceptions ou modifications tendant à refuser dans des cas prévus certaines conséquences de l'autorité paternelle. Mais je ne connais de loi portant privation entière et absolue que la disposition du Code pénal (art.

366. C'est au père et à la mère que la nature et la loi attribuent cette autorité. V. art. 372. Mais la puissance maritale en décerne nécessairement au père l'exercice exclusif pendant le mariage. V. art. 373; voy. pourtant art. 141, 507.

367. L'autorité des père et mère consiste dans un pouvoir de direction et de répression, que la loi n'avait pas besoin de définir pleinement. Ses effets ici relatés s'appliquent à la résidence de l'enfant, aux moyens de correction que la loi met dans la main des pères ou mères, enfin au droit qu'elle défère à ceux-ci sur les biens de leurs enfans.

368. L'enfant, placé sous l'autorité de ses père et mère, doit évidemment résider dans la maison paternelle, à moins que le père, qui exerce cette autorité, ne juge à propos de le placer ailleurs. La faveur du service mili-

---

335), contre les pères et mères coupables d'avoir excité, favorisé ou facilité la prostitution ou la corruption de leurs enfans. Toutefois il est difficile d'admettre que la loi entende réserver cette autorité au parent frappé de mort civile (v. pourtant art. 22 et 25). En outre je ne puis croire que les magistrats chargés de faire exécuter les lois suivant les vues du législateur, soient impuissans pour prévenir ou réprimer des abus manifestement contraires à ces vues. Je pense conséquemment qu'on doit reconnaître à ceux-ci un pouvoir discrétionnaire pour modifier suivant les cas l'exercice de cette autorité dans la personne des pères et mères qui s'en seraient rendus évidemment indignes (v. art. 267, 302). Mais je n'ai pas besoin d'ajouter que les magistrats doivent user de ce pouvoir avec une extrême réserve.

taire fait seule admettre une exception à ce principe, pour le cas d'enrôlement volontaire, et cette exception même ne s'applique qu'après l'âge de dix-huit ans révolus. V. art. 374; voy. aussi art. 108; voy. cependant art. 267, 302.

Ce que la loi dit ici du père ne doit-il pas s'appliquer au père ou à la mère survivant, et ce, quand même l'enfant aurait un tuteur étranger? Dans ce dernier cas, où serait le domicile de l'enfant?

Les tribunaux, par argument des art. 267 et 302, ne pourraient-ils pas dans d'autres cas autoriser l'enfant à quitter la maison paternelle?

369. Le droit de diriger les actions de l'enfant entraîne celui de corriger ses écarts; on sent au surplus que c'est uniquement dans des cas très-graves que les moyens de correction contre un enfant peuvent entrer dans le domaine du législateur. V. art. 375.

370. La peine consiste dans une détention temporaire, dont la durée est calculée sur la faiblesse de l'âge. Le droit de la requérir ou de l'infliger, droit qui, en principe, n'appartient qu'aux magistrats revêtus de l'autorité publique, se trouve ici communiqué aux magistrats domestiques, toujours cependant avec l'intervention des magistrats ordinaires, et sauf l'accomplissement des formes et conditions prescrites. Le pouvoir du magistrat domestique est plus ou moins étendu, et l'intervention de l'autorité publique plus ou moins puissante, suivant l'âge de l'enfant, la qualité du parent, l'indépendance plus ou moins grande de sa position. Le législateur a cru devoir prendre aussi en considération la position de

l'enfant propriétaire ou exerçant un état, qui dès-lors appartient moins exclusivement à sa famille, et a plus de droit à la protection sociale (art. 376-382).

371. La loi dispose d'abord pour le cas le plus général, celui où l'autorité est exercée par le père, en l'absence de toute circonstance particulière (art. 376-379); elle indique ensuite quelques modifications concernant le cas de second mariage du père (art. 380); elle règle, après, celui où l'autorité est exercée par la mère survivante (art. 381), et enfin, celui où l'enfant a des biens ou exerce un état (art. 382).

372. Le droit du père varie suivant que l'enfant a plus ou moins de seize ans commencés : dans le premier cas, il ordonne la détention pendant un mois au plus; dans le second, il requiert seulement cette détention, qui peut durer six mois, mais ne peut excéder ce terme. Dans l'un comme dans l'autre, le père doit s'adresser au président du tribunal, car une arrestation ne peut avoir lieu sans l'ordre du magistrat. Mais dans le premier, le président n'est point juge, il n'est en quelque sorte que l'instrument légal de la volonté du père; dans le second, au contraire, c'est lui qui porte la sentence en connaissance de cause, avec pouvoir d'admettre, de rejeter ou de modifier, et préalablement il doit en conférer avec le procureur du roi. V. art. 376, 377.

Au cas de l'art. 376 le président serait-il obligé de sanctionner la volonté du père, si elle lui paraissait évidemment inique?

373. Dans les deux cas, les formes les plus simples doi-

vent être employées. Point d'écritures qui laisseraient des traces, point de formalités qui entraîneraient des frais, point d'entraves qui blesseraient l'indépendance du pouvoir paternel. Toutefois, il faut bien que l'ordre d'arrestation soit délivré par écrit, mais il n'y a ni requête ni procès-verbal détaillé, l'ordre même n'est pas motivé.

Il faut bien aussi pourvoir à la subsistance de l'enfant pendant sa détention, et au recouvrement des frais. A cet effet, le père est *tenu de souscrire une soumission de payer tous les frais, et de fournir les alimens convenables.* Voy. art. 378.

L'ordre d'arrestation ne doit-il pas constater la demande ou réquisition du père, et, s'il y a lieu, la conférence avec le procureur du roi?

L'arrestation ne doit-elle pas s'opérer par le ministère d'un officier public? Ne faut-il pas toujours un procès-verbal d'emprisonnement, et un écrou? V. C. pr., art. 789, 790; C. instr. crim., 608-610.

La soumission que le père est tenu de souscrire est-elle relative aux frais et aux alimens, ou bien la loi veut-elle dire qu'il est tenu de souscrire une soumission de payer les frais, et tenu, sans soumission à cet égard, de fournir les alimens?

Ne conviendrait-il pas que les alimens fussent consignés d'avance? V. C. pr., art. 791; L. 17 avril 1832 (1), art. 28.

Quid si le père ne les fournit pas? V. C. pr., art. 800-4°.

374. L'autorité paternelle serait dépouillée de sa plus belle prérogative, si le père n'avait pas toujours le droit

---

(1) IX, 1re partie, B, 73, n° 158.

de pardonner. Ce droit lui appartient dans le cas même où la détention, simplement requise par lui, semblerait plutôt l'œuvre du magistrat que la sienne. Il est clair, au reste, que le pardon des écarts passés n'ôte pas le droit de punir les nouveaux, en se conformant aux règles ci-dessus tracées. V. art. 379.

Le droit de renouveler la correction est-il borné au cas où le père a abrégé la durée de la première détention?

Lors même que l'enfant a moins de seize ans, le président doit-il délivrer l'ordre d'une nouvelle détention sur la simple demande du père? Celui-ci ne devrait-il pas prouver les nouveaux écarts?

375. Le second mariage du père diminue la confiance que la loi a mise en lui; car on peut redouter pour les enfans du premier lit l'influence de la belle-mère. Le père alors, quel que soit l'âge de l'enfant, doit employer pour le faire détenir la voie de réquisition; ses droits, du reste, ne reçoivent aucune atteinte. V. art. 380.

376. Quant à la mère, quoique, à défaut de son mari, elle ait l'exercice de l'autorité paternelle, la faiblesse de son sexe ne permet pas de lui confier le droit de correction avec la même étendue qu'au père. Ce droit lui est absolument refusé en cas de second mariage; dans aucun cas, elle ne peut l'exercer qu'avec le concours des deux plus proches parens paternels, et par de réquisition. V. art. 381.

Sous ces modifications ne faut-il pas appliquer à la mère tout ce qui est dit du père? Ne pourrait-elle pas comme lui abréger la détention?

Si l'enfant n'a point de parens paternels, la mère ne peut-elle pas requérir seule la détention?

Le droit de faire détenir l'enfant ne peut-il jamais appartenir à la mère du vivant de son mari?

Quid s'il est interdit ou absent?

377. La voie de réquisition est également la seule admise à l'égard de l'enfant propriétaire ou exerçant un état. A cette garantie réclamée par la position sociale de l'enfant, la loi en ajoute une autre, la jouissance des deux degrés de juridiction. L'enfant détenu peut, par l'intermédiaire du procureur général, obtenir du président de la cour royale la révocation ou modification de l'ordre d'arrestation. La loi d'ailleurs trace la marche à suivre par les deux magistrats pour que la décision soit portée en grande connaissance de cause. A cet effet, le procureur général, saisi par un mémoire de l'enfant, doit se faire rendre compte par le procureur du roi, et faire ensuite son rapport au président de la cour royale. Celui-ci doit, avant de statuer, donner avis au père, et recueillir tous les renseignemens. V. art. 382.

Ce recours est-il exclusivement borné au cas prévu par l'art. 382, 1er al.?

Ne conviendrait-il pas de l'appliquer à tous les cas où la détention n'a lieu que par voie de réquisition?

378. Les devoirs généraux des enfans et l'autorité des parens sur les mineurs sont trop essentiellement attachés à la qualité de père et d'enfant, pour que le législateur ait eu besoin de prononcer par une disposition expresse l'application aux enfans naturels des art. 371, 372 et 374. Quant au droit de correction, il est certaine-

ment une conséquence de l'autorité paternelle sur les mineurs, et dès-lors il convenait de rendre commun aux pères et mères naturels le moyen introduit par le droit positif; mais il était nécessaire de s'en expliquer comme l'a fait le législateur en renvoyant aux articles 376, 377, 378, 379. Voy. art. 383.

A qui du père ou de la mère naturels appartient l'exercice de l'autorité à laquelle sont soumis les mineurs par l'art. 372? Où devra résider l'enfant naturel reconnu par les deux parens?

La mère naturelle peut-elle faire détenir l'enfant du vivant du père?

Le peut-elle jamais autrement que par voie de réquisition?

Peut-elle faire cette réquisition sans le concours de qui que ce soit?

Les modifications qu'apporte à l'exercice du droit de correction le second mariage des parens légitimes, ne devraient-elles pas recevoir leur application au mariage d'un des parens naturels?

L'art. 382 ne doit-il pas s'appliquer aux enfans naturels?

379. Dans la vue d'accorder aux pères et mères une indemnité des soins et des sacrifices de tout genre que leur impose l'éducation de leurs enfans, le législateur a attaché à la puissance paternelle un droit utile. Ce droit, qui consiste dans la jouissance des biens, a encore pour effet de prévenir les discussions fâcheuses auxquelles donnerait souvent lieu un compte rigoureux des revenus. Observons du reste :

1° Que ce droit, comme en général l'exercice de la puissance paternelle, appartient aux deux parens, l'un à défaut de l'autre;

2° Que dans la crainte que l'intérêt personnel ne portât les parens à retarder le mariage de leurs enfans mineurs, la loi fait cesser l'usufruit avant la majorité, dès que les enfans ont atteint l'âge de dix-huit ans;

3° Que ce droit n'ayant plus de cause lorsque le mineur administre par lui-même, il cesse encore par l'émancipation. V. art. 384.

Si l'émancipation est retirée (v. art. 485), la jouissance recommence-t-elle?

Si l'enfant venait à mourir avant l'âge de dix-huit ans, la jouissance durerait-elle jusqu'à l'époque où il devait atteindre cet âge? V. art. 620.

380. Cette jouissance, comme tout usufruit, est assujettie à l'acquittement des charges de fruits, au nombre desquelles il faut naturellement comprendre l'entretien des enfans. La loi s'explique encore sur le paiement des arrérages ou intérêts; elle y ajoute les frais funéraires et ceux de dernière maladie. V. art. 385; voy. aussi art. 605-613.

Entend-on parler ici des intérêts et arrérages qui courront contre l'enfant pendant la durée de l'usufruit? Ceux-là étant évidemment compris sous le n° 1 de l'article, le but de la disposition spéciale n'est-il pas plutôt de mettre à la charge de l'usufruit paternel le paiement des intérêts ou arrérages, qui aiyant couru auparavant, sont dus au moment où l'usufruit mence?

Les frais funéraires et de dernière maladie dont il s'agit sont-ils ceux qui s'appliquent à l'enfant lui-même? ne s'agit-il pas plutôt des personnes auxquelles l'enfant succède?

381. Le principe de l'usufruit légal reçoit quelques exceptions, les unes générales (C. civ., art. 386, 1442;

C. pén., 335); les autres particulières à certains biens (art. 387, 730). Partie de ces exceptions sont fondées sur le peu de faveur que méritent les pères et mères dans certains cas, ce qui s'applique notamment à l'époux contre lequel le divorce aurait été prononcé, et à la mère qui se remarie. Voy. art. 386; voy. aussi art. 730, 1442, et C. pén., 335.

Appliquerait-on, au cas de séparation de corps, la disposition qui prive de l'usufruit légal l'époux contre lequel le divorce aurait été prononcé?

L'inconduite prouvée de la mère produirait-elle le même effet que son second mariage?

Toutes les fois que le père de son vivant est privé de la jouissance, s'ouvre-t-elle immédiatement au profit de la mère?

382. Les autres exceptions reposent, soit sur la faveur particulière due au travail et à l'industrie de l'enfant; soit sur la volonté des personnes qui transmettent les biens; cette volonté en effet étant le principe de la transmission, il est naturel qu'elle puisse, dans certaines limites, en régler l'effet et l'étendue. La première exception comprend les biens acquis par un travail et une industrie *séparés;* la seconde s'applique aux biens donnés ou légués, sous la condition *expresse* que les père et mère n'en jouiront pas. V. art. 387.

Si l'enfant est héritier à réserve du donateur ou testateur, la jouissance de la portion réservée peut-elle être enlevée au père ou à la mère?

Pourrait-on donner à l'enfant, sous la condition que l'administration même n'appartiendrait pas à ses père ou mère, nonobstant les art. 389 et 390?

TITRE DIXIÈME.

DE LA MINORITÉ, DE LA TUTELLE ET DE L'ÉMANCIPATION.

383. L'âge des individus, qui influe sur leur capacité physique et morale, doit nécessairement apporter de grandes différences dans l'état des personnes. De là naît leur division en majeurs et mineurs. Il faut savoir d'abord ce que c'est qu'un mineur, c'est l'objet du chapitre I. Les mineurs sont, comme nous l'avons vu, plus étroitement soumis à la puissance paternelle, mais indépendamment de cette puissance, ou à son défaut, le mineur privé par la mort, d'un de ses protecteurs naturels, réclamait une protection plus spéciale de la loi (1); tel est le but de la tutelle qui fait la matière du chapitre II. L'émancipation, en soustrayant le mineur à l'autorité paternelle et le faisant sortir de tutelle, lui confère une certaine capacité qui le rapproche du majeur; on en parlera au chapitre III.

---

(1) Exposé des motifs, par le conseiller d'état *Berlier*.

CHAPITRE I.

DE LA MINORITÉ.

384. La nature n'a point posé une limite bien fixe à l'incapacité résultant de l'âge ; cette limite doit être tracée par le droit positif, eu égard à la capacité du plus grand nombre à un certain âge. Le Code civil ne prolonge la minorité que jusqu'à vingt-un ans accomplis. V. art. 388.

La majorité se compte-t-elle par jour ou par heure ? V. *Ulp.*, L. 3, § 3, ff *de minor.*; voy. pourtant C. civ., art. 2260 ; *Ulp.*, L. 6, L. 7, ff. *de usucap.*; *Venul.*, L. 15, ff. *de div. temp. præscr.*; Paul, L. 134, ff. *de verb. sign.*

CHAPITRE II.

DE LA TUTELLE.

385. La tutelle est en général une autorité conférée à une personne capable sur la personne et les biens d'un incapable, dans le but unique de le protéger ; elle s'applique dans notre droit aux mineurs non émancipés et aux interdits.

C'est toujours de la loi que le tuteur tient son autorité ; mais quelquefois la loi la défère, directement et sans connaissance de cause, à certaines personnes, à raison de leur qualité; c'est la tutelle légitime. Dans d'autres cas, la loi permet à certaines personnes de la déférer ; la tutelle peut alors être appelée dative.

Le Code reconnaît quatre sortes de tutelles, deux légitimes et deux datives; elles ont lieu, en général, suivant l'ordre dans lequel elles sont énumérées dans les quatre premières sections de ce chapitre.

SECTION I.

De la tutelle des père et mère.

386. Il résulte de ce que nous avons dit, après l'orateur du gouvernement, que la tutelle n'a point lieu pour les mineurs qui ont père et mère : mais c'est une conséquence de la puissance paternelle que le père, chargé de gouverner la personne, administre aussi les biens, lors même qu'il n'en aurait pas la jouissance. Il est clair que cette administration le rend comptable, et que son compte doit être plus ou moins étendu, suivant qu'il a ou non la jouissance. Le compte dans un cas comprend la propriété et les revenus, dans l'autre il ne s'applique qu'à la propriété. V. art. 389; v. à ce sujet art. 384-387, 730, 1442.

Les biens du père administrateur sont-ils grevés d'hypothèque légale?

Le père administrateur doit-il faire pourvoir l'enfant d'un subrogé tuteur? Autrement, qui agira pour les intérêts du mineur s'ils se trouvent en opposition avec ceux du père?

Ne faut-il pas appliquer au père administrateur les dispositions relatives aux excuses, exclusion ou destitution du tuteur, et les règles de son administration?

387. La mort naturelle ou civile de l'un des époux donne ouverture à la tutelle du survivant. V. art. 390.

La tutelle ne doit-elle jamais s'ouvrir du vivant des père et mère? *Quid* si le père ne peut administrer? *Puta* s'il est absent (1), interdit, excusé ou destitué?

Les enfans naturels ne doivent-ils pas être en tutelle du vivant des père et mère qui les ont reconnus? Cette tutelle appartient-elle à leurs parens? et à l'un de préférence à l'autre?

388. Quoique la tutelle soit déférée sans distinction au survivant des père et mère, il y a pourtant plusieurs différences à cet égard dans le droit de chacun d'eux.

Ces différences, dont il est au surplus facile de se rendre raison, s'appliquent à l'étendue des pouvoirs, à l'époque où la tutelle est déférée, aux causes qui peuvent en dispenser ou en exclure.

389. La tutelle du père survivant n'est, en quelque sorte, que la continuation de son droit antérieur, qui s'étend ou commence à s'appliquer aux biens que la mort de la mère transmet à l'enfant, et à tous ceux qu'il acquerra par la suite. Ce droit, à l'exercice duquel la mère ne participait point de son vivant, demeure entier après sa mort. Au contraire, la volonté du père, toujours supposée sage et éclairée, peut, non pas, il est vrai, enlever la tutelle à la mère survivante, mais en modifier dans ses mains l'exercice, par la nomination d'un conseil. La mère alors est inhabile à faire *sans l'avis* du conseil les actes pour lesquels l'assistance est

---

(1) V. art. 141-143, *ci-dessus*, nos 158-165.

requise. Cette incapacité, qui ne peut, au reste, s'appliquer qu'aux actes relatifs à la tutelle, s'étend à tous ou à quelques-uns seulement, suivant que le père a spécifié ou non ceux pour lesquels l'avis du conseil serait nécessaire. V. art. 391.

La mère peut-elle agir contre l'avis du conseil ?
Le conseil est-il responsable envers le mineur ?

La nomination du conseil est une disposition à cause de mort, nécessairement soumise à certaines formes ; mais la loi qui la favorise n'exige pas ici celles des actes ordinaires de dernière volonté, c'est-à-dire des testamens (v. art. 969). Elle autorise bien l'emploi de ces formes, mais elle permet d'y suppléer par une déclaration assujettie seulement à l'authenticité, qui, dans ce cas particulier, peut être également conférée par le ministère du juge de paix assisté de son greffier, et par celui des notaires. V. art. 392.

390. C'est toujours au moment de la mort de la mère que la tutelle est déférée au père ; mais à la mort du père, l'enfant peut être seulement conçu. L'incertitude de sa naissance et de sa viabilité rend incertaine la propriété des biens, dont l'administration ne peut dès-lors être confiée à la mère. D'un autre côté, celle-ci pourrait avoir intérêt à supposer une grossesse et un accouchement. La loi pourvoit à tout en faisant nommer un curateur au ventre par le conseil de famille.

Il paraît certain que ce curateur doit, dans l'intérêt de qui de droit, administrer provisoirement, et surveiller la veuve pour prévenir la supposition de *part*. Après la naissance, il continue à surveiller la mère devenue tutrice, dans l'intérêt de l'enfant dont il devient le subrogé tuteur : v. art. 395, et remarquez qu'en appelant le curateur à la subrogée tutelle, la loi, par là même, ôte à la mère le droit de concourir à sa nomination, et exclut de cette fonction les parens de la ligne maternelle (art. 423).

La nomination d'un curateur au ventre n'est-elle pas sans objet lorsqu'il existe déjà des enfans du mariage, dont la mère est tutrice ? Ne peut-on pas alors s'en dispenser ?

391. Hors les cas particuliers d'excuse (art. 427-441), qui sont même plus rares pour lui que pour tout autre (v. art. 435, 436), le père appelé à la tutelle ne peut la refuser; mais le refus de la mère devant toujours être attribué à un bon motif, il lui est loisible de s'imposer ou non une charge peut-être au-dessus de ses forces. Sa qualité l'oblige seulement à faire pourvoir ses enfans d'un tuteur, et à remplir jusque-là les devoirs de la tutelle. V. art. 394.

La mère peut-elle à son gré se décharger de la tutelle une fois acceptée ?
Quand sera-t-elle réputée l'avoir acceptée ?

392. Quelque fâcheuse que soit pour les enfans du premier lit l'entrée d'une belle-mère dans la maison paternelle, cette circonstance n'est pas cependant de nature à exercer quelque influence sur la tutelle que la loi confie au père; mais l'état de dépendance dans lequel la mère doit se trouver placée par son second mariage, donne lieu d'abord d'examiner si la tutelle lui sera con-

servée, et ne permet dans tous les cas de la maintenir dans ses fonctions qu'en lui adjoignant son second mari. L'examen appartient à la famille; il doit être provoqué par la mère elle-même avant son mariage. Faute de remplir cette obligation, qui pèse aussi jusqu'à un certain point sur le futur mari, la mère perd de *plein droit* la tutelle; et si, faute de remplacement, elle la conserve indûment, tous deux sont solidairement responsables de outes les suites. V. art. 395.

La mère qui perd ainsi la tutelle de plein droit ne peut-elle pas être renommée? Dans ce cas l'hypothèque légale de ses mineurs ne remonte-t-elle pas au jour de sa primitive entrée en gestion?

Lors même que la mère n'est pas renommée ne conserve-t-elle pas jusqu'à remplacement une tutelle de fait à laquelle l'hypothèque légale continue de s'appliquer?

La mère à laquelle la tutelle n'a pas été conservée, ou qui l'a perdue de plein droit, recouvre-t-elle ses droits à la tutelle légitime par la mort de son second mari?

Le second mari déclaré par la loi responsable *de toutes les suites de la tutelle indûment conservée*, répond-il de la gestion antérieure au mariage?

Si, au contraire, la mère se conforme à l'obligation qui lui est imposée, le conseil de famille peut, suivant l'intérêt des enfans, la maintenir ou non dans la tutelle. S'il la maintient, le second mari devient co-tuteur, solidairement responsable en cette qualité; mais ici, sa responsabilité, comme ses fonctions, ne date évidemment que du jour du mariage. V. art. 396.

Les biens du co-tuteur sont-ils soumis à l'hypothèque légale?

Le co-tuteur reste-t-il seul tuteur au décès de sa femme?

SECTION II.

De la tutelle déférée par le père ou la mère.

393. Le même principe qui a fait établir la tutelle légitime des père et mère, leur a fait également attribuer le droit individuel de choisir un tuteur à leurs enfans. Ce choix peut porter sur un étranger comme sur un parent. Du reste, le droit dont il s'agit ne peut s'exercer par l'un au préjudice de la tutelle légitime de l'autre; il n'appartient qu'au dernier mourant d'entre eux. Voy. art. 397.

Si le survivant n'est pas tuteur, *puta* s'il est excusé ou exclus, peut-il user de ce droit, soit immédiatement, soit pour le temps où il n'existera plus?

En cas d'interdiction de l'un des époux, l'autre pourrait-il, en mourant le premier, nommer un tuteur aux enfans?

394. Cette nomination est un acte de même genre que la nomination de conseil par le père à la mère survivante; la même forme a dû naturellement lui être appliquée. Il est d'ailleurs soumis à quelques exceptions et modifications. V. art. 398.

395. Le second mariage de la mère, qui modifie, comme nous l'avons vu, son droit à la tutelle légitime, doit, par la même raison, modifier aussi le droit qu'elle a de choisir un tuteur; elle en est entièrement privée, si elle n'est pas maintenue dans la tutelle, et lors même qu'elle y est maintenue, son choix est sujet à la confirmation du conseil de famille. V. art. 399 et 400.

Le conseil de famille étant toujours maître de ne point confirmer le choix de la mère maintenue dans la tutelle, quel droit a-t-elle de plus que si elle n'y était pas maintenue?

Si la mère meurt veuve de son second mari, son choix sera-t-il sujet à confirmation?

396. De quelque faveur que soit entouré le choix du père ou de la mère, il ne peut être plus obligatoire pour le tuteur élu que ne le serait celui du conseil de famille. Ainsi le tuteur étranger devra bien, s'il y consent, être préféré aux parens, même les plus proches; mais il jouira dans ce cas, comme dans tous, du droit résultant de l'art. 432, il pourra de même faire valoir toutes les excuses admises par la loi. V. art. 401.

SECTION III.

De la tutelle des ascendans.

397. C'est seulement à défaut de tuteur élu par le dernier mourant des père et mère qu'a lieu la tutelle légitime des ascendans; elle est déférée aux seuls mâles, eu égard au degré d'abord, et ensuite à la ligne. Ainsi l'ascendant du degré le plus proche, quel que soit d'ailleurs ce degré, et quelle que soit la ligne, est appelé à la tutelle; mais l'ascendant paternel est appelé à l'exclusion de l'ascendant maternel du même degré. V. art. 402.

Entre deux ascendans de la même ligne et du même degré, on n'aperçoit d'autre motif de préférence que la communauté de nom. Cette raison fait qu'entre deux bisaïeuls paternels la tutelle appartient de droit à l'aïeul paternel du père. V. art. 403. Mais entre deux bisaïeuls maternels, la loi, en attribuant la tutelle à l'un des deux, ne peut elle-même faire le choix; elle laisse ce choix au conseil de famille. V. art. 404.

En cas d'incapacité, d'excuse ou d'exclusion du père ou de la mère, ou du tuteur élu par le dernier mourant, ou bien encore si celui-ci vient à mourir, la tutelle est-elle déférée de plein droit aux ascendans?

Si l'ascendant le plus proche est exclus ou excusé, l'ascendant plus éloigné lui succède-t-il? Combinez art. 402 et 405. Voy. aussi *Ulp.*, L. 11, ff. *de testam. tut.*, et L. 3, § 8, *de Leg. tut.*

SECTION IV.

De la tutelle déférée par le conseil de famille.

398. Lorsque le tuteur n'a pas été désigné, soit par la loi, soit par la volonté du dernier mourant des père et mère, ou lorsque cette désignation reste sans effet, c'est à la famille assemblée sous la présidence d'un magistrat que la loi en confie le choix. Lors donc qu'un mineur non émancipé reste sans père ni mère, sans tuteur de leur choix, sans ascendans mâles, comme aussi en cas d'excuse ou d'exclusion du tuteur légitime ou choisi, ajoutons, et généralement toutes les fois qu'il n'y a pas lieu à l'une des tutelles ci-dessus, il est pourvu par un conseil de famille à la nomination d'un tuteur. V. art. 405.

399. Les attributions du conseil de famille ne se bornent pas là; il forme pour toute la minorité une espèce de tribunal domestique, auquel il y a souvent lieu de recourir relativement à l'état ou aux affaires du mineur. Il est évident qu'on doit appliquer à tous les cas où l'in-

tervention de ce conseil est nécessaire, la plupart des règles ici posées pour sa convocation, sa composition, les devoirs imposés à ses membres, l'ordre et la tenue de ses séances.

400. La convocation, qui n'a jamais lieu sans le concours du juge de paix, puisque c'est à lui de fixer les lieu, jour, heure (art. 411, 415), et jusqu'à un certain point même la composition de l'assemblée (art. 409, 410); la convocation, disons-nous, peut, lorsqu'il s'agit de nommer un tuteur, être faite, soit sur la réquisition et à la diligence de toute partie intéressée, parent, créancier ou autre; soit d'office et à la poursuite du juge de paix, sur l'avis d'une personne quelconque. Le juge de paix compétent est celui *du domicile du mineur*. V. art. 406; voy. aussi art. 421, 446, 479.

401. Le conseil se compose en général, outre le juge de paix, qui en est membre nécessaire et même principal (v. art. 416), d'un certain nombre de parens ou alliés, pris par moitié dans chaque ligne. Ce nombre est ordinairement fixé à six. Les parens ou alliés ne sont appelés de droit commun qu'autant qu'ils se trouvent dans la commune *où la tutelle est ouverte*, ou dans une distance rapprochée (deux myriamètres). La règle de préférence dans chaque ligne est la proximité de degré; ce n'est qu'à égalité de degré que le parent l'emporte sur l'allié. Entre parens (ajoutons ou entre alliés) du même degré, l'âge détermine la préférence. Voy. art. 407.

Les alliés sont-ils appelés au conseil de famille lorsque l'époux qui produisait l'affinité est mort sans laisser d'enfans?

402. Mais observons, 1° que la limitation du nombre reçoit exception à l'égard de certains parens ou alliés que leur qualité rend surtout recommandables. Ainsi les frères germains et les maris des sœurs germaines, que la loi au surplus déclare *seuls exceptés*, sont toujours appelés, quel que soit leur nombre. Si donc ils complètent ou excèdent le nombre légal, ils excluent tous parens, autres néanmoins que les *veuves d'ascendans et les ascendans valablement excusés*. Mais s'ils sont en nombre inférieur, c'est-à-dire sans doute, si la réunion des frères et beaux-frères avec les ascendans ne complète pas le nombre de six, le conseil se complète suivant les règles ordinaires. V. art. 408.

En quel sens la loi dit-elle que les frères germains et les maris de sœurs germaines sont *seuls* exceptés, quand d'ailleurs elle appelle avec eux en sus du nombre légal les ascendans et veuves d'ascendans? Ces derniers, lors même qu'il y aurait moins de six frères germains n'excluraient-ils pas les collatéraux plus proches en degré?

Quid s'il y a par exemple cinq frères germains, un bisaïeul et un frère d'un seul côté?

Les ascendans auxquels la tutelle n'a pas été déférée ne doivent-ils pas être mis sur la même ligne que ceux qui sont excusés?

La veuve de l'ascendant est-elle appelée au conseil de famille lorsqu'elle n'est pas elle-même ascendante?

L'ascendante remariée en fait-elle partie?

Observons 2° qu'en bornant sa vocation aux parens ou alliés qui se trouvent sur les lieux ou dans la distance prescrite, la loi laisse au juge de paix la faculté d'appeler, en cas d'insuffisance, les parens ou alliés domiciliés hors la distance. Seulement il n'y est pas obligé et peut, s'il l'estime plus convenable, appeler alors des amis, lesquels au surplus doivent être domiciliés dans la commune même. V. art. 409.

Observons enfin que hors le cas même d'insuffisance, le juge de paix peut toujours appeler, à quelque distance que ce soit, des parens ou alliés plus proches ou du moins égaux en degré, non en sus, mais en remplacement des parens domiciliés dans la distance. V. art. 410.

403. Pour quelque cause et à quelque époque que le conseil de famille soit convoqué, n'est-ce pas toujours par le lieu de l'ouverture de la tutelle que doivent se régler et sa composition (art. 407), et le lieu de la tenue de ses séances (art. 415), par conséquent la compétence du juge de paix qui doit le convoquer (art. 406) et en faire partie (art. 407, 416)? — Cette règle s'appliquerait-elle sans distinction au cas de tutelle des père et mère comme à tout autre?

Le lieu de l'ouverture de la tutelle, nécessairement déterminé par le domicile du mineur (art. 406 et 407 combinés; v. à ce sujet art 110), doit-il l'être une fois pour toutes par le domicile qu'avait le mineur au moment où la mort de l'un de ses père et mère l'a fait tomber en tutelle, soit qu'il y ait eu lieu ou non alors à nomination d'un tuteur par le conseil de famille?

Doit-on au contraire considérer comme ouvrant une tutelle nouvelle tout événement qui donne lieu à changement de tuteur?

Dans ce système ne faudrait-il pas considérer comme lieu de l'ouverture de la tutelle le domicile actuel du mineur, établi par la loi chez l'ancien tuteur (art. 108)?

Ne faut-il pas au moins le décider ainsi quand l'ancien tuteur est le père ou la mère?

403 *bis*. Les règles prescrites pour la composition du conseil de famille le sont-elles à peine de nullité de la délibération et de tout ce qui s'en est suivi?

La nullité n'est-elle pas autorisée par la loi, mais abandonnée à la sagesse et à la prudence du juge?

404. Après avoir déterminé la composition du conseil de famille, le législateur règle en détail son organisation; ce qui comprend : 1° le mode de convocation; 2° l'obligation des membres appelés; 3° enfin la constitution de l'assemblée, sous le rapport du temps, du lieu, du nombre nécessaire de votans, du mode de délibération, et des pouvoirs conférés au magistrat préposé spécialement en cette matière à l'exécution de la loi (art. 411-416).

La réunion est indiquée à jour fixe par le juge de paix ; les membres doivent, comme de juste, être avertis un certain temps d'avance. Le mode d'avertissement *légal* (qu'il convient pourtant de ne pas employer sans de bonnes raisons) est une citation. Le délai pour comparaître est de trois jours, sauf augmentation à raison des distances. Il suffit au surplus pour donner lieu pour tous à cette augmentation, fixée à un jour par trois myriamètres, que quelqu'un des membres convoqués demeure hors la distance de deux myriamètres. V. art. 411.

Le délai n'est-il prescrit que dans l'intérêt des appelés? La réunion instantanée du conseil de famille constituerait-elle une irrégularité, si tous les membres étaient présens à la délibération? Cette irrégularité pourrait-elle être une cause de nullité?

Le membre légalement convoqué ne peut se soustraire

au devoir que la loi impose. Toutefois il n'est pas obligé de comparaître en personne; il peut se faire représenter, mais par un mandataire spécial. Du reste pour que cette faculté ne devienne pas destructive des élémens nécessaires d'une délibération, le même fondé de pouvoir ne peut représenter plusieurs personnes. V. art. 412.

Le défaillant, à moins d'excuse légitime, encourt une amende dont le *maximum* est fixé à cinquante francs. Cette amende est prononcée sans appel par le juge de paix. V. art. 413.

Quid si l'excuse légitime n'est connue du juge de paix qu'après la condamnation prononcée?

L'absence d'un membre suffisamment excusé donne lieu d'examiner, suivant la nature de l'excuse, s'il convient de l'attendre ou de le remplacer (1). A l'une ou l'autre fin il faudrait ajourner ou proroger l'assemblée. Ce cas au surplus n'est pas le seul où l'une de ces mesures pourrait être utile. La loi dans tous les cas donne au juge de paix le pouvoir de les prendre, si l'intérêt du mineur lui semble l'exiger. V. art. 414.

La prérogative du magistrat place nécessairement chez lui la tenue de la séance; lui seul pourrait désigner un autre local. L'assemblée ne peut délibérer sans la présence des trois quarts de ses membres *convoqués*. V. art. 415.

La présidence appartient naturellement au juge de paix

---

(1) Sans préjudice du droit de passer outre en son absence, la loi n'exigeant pas pour la régularité des délibérations que tous les membres soient présens (v. art. 415).

membre nécessaire, qui comme tel doit avoir dans tous les cas voix délibérative. Bien plus, en cas de partage, sa voix est prépondérante. V. art. 416.

Les délibérations ne doivent-elles pas en général se prendre à la majorité absolue? *Quid* s'il se forme plus de deux opinions? V. C. pr., art. 116, 117. *Quid*, dans ce cas, si les opinions divergentes sont toutes égales en nombre?

405. Les délibérations du conseil de famille sont quelquefois sujettes à homologation. Par qui et comment se poursuit cette homologation. V. C. pr., art. 885, 886, 887.

Les membres dissidens peuvent s'y opposer. V. C. pr., art. 888.

Dans le cas même où l'homologation n'est pas prescrite par la loi, les délibérations prises à la majorité peuvent être attaquées par les membres de la minorité. V. C. pr., art. 883, 884.

Tout jugement rendu sur délibération du conseil de famille est sujet à l'appel. V. C. pr., art. 889.

406. Le conseil de famille composé comme on vient de le voir, et délibérant suivant les règles ci-dessus établies, nomme le tuteur au mineur qui n'en est pas d'ailleurs pourvu; il le prend soit dans son sein, soit hors de son sein. Il est au surplus manifeste que le législateur entend qu'il n'en soit nommé qu'un, sauf à celui-ci la faculté de se faire aider, s'il y a lieu, par des agens dont il répond (art. 454, *in fin*).

Il n'est pas même dérogé à cette règle pour le cas où le mineur domicilié en France posséderait des biens dans les colonies, ou réciproquement. Seulement la difficulté de soumettre alors la personne et la totalité des biens à un administrateur unique, a fait autoriser la nomination d'un *protuteur* indépendant. V. art. 417.

Cette nomination n'est-elle pas jusqu'à un certain point facultative?

Peut-elle avoir lieu quand la tutelle est légitime?

Le protuteur peut-il être nommé par le survivant des père et mère.

Est-ce au domicile du mineur que doit être nommé le protuteur?

La gestion du protuteur est-elle tellement indépendante qu'il ne soit pas comme autrefois obligé à fournir des états de situation? N'est-il pas obligé à faire passer des fonds au tuteur?

407. Le tuteur nommé ne peut sans excuse légitime se dispenser d'accepter. Son administration et sa responsabilité commencent donc du jour où sa notification lui est dûment connue, par conséquent du jour même de cette nomination si elle est faite en sa présence, sinon du jour de la notification prescrite par la loi. V. art. 418, et C. pr., art. 882.

Faut-il une notification par exploit?

De quel jour commence la responsabilité du tuteur légitime ou testamentaire?

408. La tutelle est une espèce de mandat légal qui doit nécessairement finir par la mort du mandataire ; mais la fin du mandat ne peut dispenser la succession des obligations contractées pendant sa durée. Bien plus, la nécessité de ne pas laisser le pupille sans défense a fait

imposer aux héritiers, si toutefois ils sont *majeurs*, le devoir de continuer la gestion jusqu'à la nomination d'un nouveau tuteur. V. art. 419; voy. à ce sujet, art. 2010.

Quid si les héritiers majeurs sont interdits ou non présents?
Les héritiers du tuteur non remplacé sont-ils capables par *interim* de tous les actes que celui-ci aurait pu faire?

SECTION V.

Du subrogé tuteur.

409. L'étendue des pouvoirs confiés au tuteur a fait sentir le besoin de lui donner un surveillant spécial qui pût contrôler ses opérations, et provoquer au besoin sa destitution. Il était également nécessaire d'assurer un représentant au mineur lorsqu'un intérêt personnel empêcherait le tuteur de remplir cette fonction.

Le pouvoir de surveiller le tuteur, et celui de représenter le pupille à son défaut, sont compris dans l'obligation d'agir pour les intérêts du mineur, lorsqu'ils seront en opposition avec ceux du tuteur. C'est dans cette obligation que consistent en général les fonctions du subrogé tuteur. Au reste, c'est dans toute tutelle qu'il doit y avoir un subrogé tuteur; et dans toute, c'est au conseil de famille que la loi confie le soin de nommer ce surveillant. V. art. 420.

Cette règle s'appliquerait-elle à la tutelle officieuse?

410. Il importe que la nomination du surveillant précède toute immixtion du tuteur dans l'administration.

De là l'obligation imposée au tuteur légitime ou testamentaire de convoquer à cet effet le conseil de famille avant son entrée en fonctions. L'omission de ce devoir soumettrait, suivant les cas, le tuteur à indemnité envers le pupille. Si même l'omission provient de son dol, elle peut lui faire *retirer la tutelle*. A cet effet, et surtout pour qu'il soit pourvu à la nomination du subrogé tuteur, toute partie intéressée, parent, créancier ou autre, peut requérir la convocation du conseil de famille, qui pourrait même être convoqué par le juge de paix d'office. Voy. art. 421.

Lorsque la tutelle aura été retirée aux termes de l'article 421, le tuteur sera-t-il considéré comme *destitué?* Devrait-on lui appliquer l'article 445? V. art. 444.

Par la même raison, le conseil de famille, lorsque c'est lui qui défère la tutelle, doit procéder immédiatement à la nomination du subrogé tuteur. V. art. 422.

411. Il faut que le subrogé tuteur soit entièrement indépendant du tuteur, qu'il est chargé de surveiller; de là deux conséquences : 1° le tuteur ne vote pas pour la nomination du subrogé tuteur (v. aussi art. 426, al. dernier); 2° en supposant, comme cela est naturel, que le tuteur est parent et que le subrogé tuteur sera pris aussi parmi les parens (v. art. 432), ce dernier devra l'être dans la ligne à laquelle n'appartient pas le tuteur; toutefois il y a exception nécessaire à cette règle pour le cas de frères germains, mais la loi n'en indique pas d'autre. V. art. 423.

L'exception pour le cas de frères germains n'est-elle pas applicable toutes les fois que cette qualité appartiendra à l'un des deux fonctionnaires?

Ne comprend-elle pas les maris de sœurs germaines?

Pourrait-on l'étendre à tout autre cas où soit le tuteur, soit le subrogé tuteur serait parent ou allié dans les deux lignes?

Quid s'il n'y a de parens ou d'alliés que dans une ligne?

Hors le cas des art. 423 et 426, le tuteur a-t-il voix délibérative au conseil de famille, qu'il soit parent ou non?

Quid à l'égard du subrogé tuteur?

412. Le subrogé tuteur a tous les pouvoirs d'un tuteur *ad hoc* nommé à l'avance pour les cas d'opposition d'intérêts entre le pupille et son défenseur ordinaire; mais en cas de vacance il ne remplace pas de plein droit celui-ci, il doit seulement, sous peine de dommages-intérêts, faire pourvoir à son remplacement. Voy. art. 424.

413. Les fonctions du subrogé tuteur expirent naturellement avec la tutelle. V. art. 425.

La loi entend-elle qu'en cas de nomination d'un nouveau tuteur, il soit aussi nommé un nouveau subrogé tuteur?

414. Les causes d'excuse, incapacité ou destitution, établies pour la tutelle, sont applicables à la subrogée tutelle. Seulement le même principe qui fait refuser au tuteur le droit de voter pour la nomination, lui fait refuser également le droit de provoquer la destitution et de voter sur cet objet. V. art. 426.

SECTION VI.

Des causes qui dispensent de la tutelle.

415. Nous avons dit que le tuteur ne peut en général refuser la tutelle, l'intérêt des mineurs faisant considérer cette fonction comme une charge publique. La loi détermine dans cette section les causes qui en dispensent, soit perpétuellement, soit temporairement. Quelques-unes, suffisantes pour dispenser d'accepter, ne suffiraient pas pour en décharger. Toutes, au reste, reposant principalement sur l'intérêt du tuteur, sont entièrement volontaires de sa part. Il est donc maître d'y renoncer. De là il suit : 1° Que les causes même qui suffiraient pour décharger de la tutelle commencée, ne peuvent régulièrement produire cet effet si elles existaient antérieurement à l'acceptation ; 2° qu'elles doivent en général être proposées dans un certain délai, après lequel le tuteur est censé y avoir renoncé.

Les excuses sont proposées au conseil de famille et jugées par lui, sauf recours aux tribunaux. Ce conseil n'est lié par les dispositions de la loi qu'en ce sens qu'il doit admettre toutes les excuses qu'elle autorise ; mais il peut admettre, suivant les cas, celles même qui ne sont pas légales.

416. Les causes légales d'excuse sont :

1°. Les fonctions, services ou missions. V. art. 427,

428, L. 16 septembre 1807, art. 7 (1); Av. cons. d'ét., 20 nov. 1806 (2).

Comment justifie-t-on d'une mission contestée? Voy. art. 429.

La loi applique spécialement à cette classe d'excuses le principe général qui rend non recevable à proposer après l'acceptation de la tutelle celles dont les causes préexistaient. V. art. 430.

Elle attribue aux fonctions, services ou missions conférés depuis l'acceptation et gestion, l'effet de décharger de la tutelle, et fixe, dans ce cas, à un mois le délai pour proposer l'excuse. A leur expiration, elle permet au conseil de famille de rendre la tutelle à l'ancien tuteur, mais seulement sur la demande de celui-ci ou sur celle du nouveau tuteur. V. art. 431.

Lorsque les fonctions, services ou missions ont servi d'excuse *à suscipiendâ tutelâ*, la tutelle pourrait-elle également, à leur expiration, être attribuée au tuteur excusé?

417. 2°. Pour les tuteurs étrangers, l'existence de parens ou alliés, pourvu que ceux-ci ne demeurent pas à une trop grande distance, fixée ici à quatre myriamètres, et pourvu d'ailleurs qu'ils soient *en état* de gérer la tutelle. Cette cause au reste dispenserait d'accepter, mais il ne paraît pas qu'elle puisse servir à décharger de la tutelle commencée. V. art. 432.

418. 3°. L'âge. A soixante-cinq ans accomplis on est

---

(1) IV, B. 161, n° 2792.
(2) IV, B. 126, n° 2047.

dispensé d'accepter, mais il faut soixante-dix ans pour être déchargé d'une tutelle commencée, encore cette décharge ne paraît-elle pas applicable à celui qui aurait accepté après l'âge de soixante-cinq ans. Voy. art. 433.

Les soixante-dix ans doivent-ils être accomplis? Voy. article 2066.

419. 4°. **Les infirmités.** Il faut une infirmité grave et dûment justifiée; celui qui en est atteint a droit non-seulement à dispense, mais à décharge, pourvu que, dans ce dernier cas, l'infirmité soit survenue depuis la nomination. V. art. 434.

L'excuse de l'âge ou des infirmités, lorsqu'elle survient pendant la tutelle, doit-elle être proposée dans un certain délai?

420. 5°. **Le nombre des tutelles.** En général il en faut deux; mais les devoirs attachés aux titres de père et d'époux, et la faveur que méritent ces titres, réduisent l'obligation à une seule tutelle, sans pourtant qu'une tutelle antérieure puisse dispenser le père d'accepter celle de ses enfans. Du reste, il ne paraît point qu'une personne chargée de deux tutelles puisse se faire décharger d'une des deux en devenant époux ou père. V. art. 435.

Quid si une personne chargée de deux tutelles avant son mariage se trouve appelée pendant leur durée à la tutelle de ses enfans?

Le père naturel jouirait-il de la faveur accordée par l'article 435?

421. 6°. Le nombre d'enfans. Cette excuse, fondée sur les mêmes motifs que la faveur accordée à l'époux ou au père par l'article précédent, ne dispense pas non plus le père de la tutelle de ses enfans; elle ne s'applique d'ailleurs qu'à celui qui a cinq enfans légitimes vivans, sauf qu'on assimile à l'enfant vivant l'enfant mort au service de la patrie, ou celui dont les enfans survivans tiennent la place dans la famille. V. art. 436.

L'enfant conçu compte-t-il? V. *Modest.*, L. 2, § 6, ff. de *excus.*; Paul, L. 7, ff. *de stat. hom.*, L. 231, ff. *de verb. sign.*

Au reste, le nombre d'enfans dispense, mais ne décharge pas de la tutelle. V. art. 437.

422. Nous avons dit que l'acceptation de la tutelle emporte renonciation aux excuses. La loi applique ce principe au tuteur nommé par le conseil de famille, qui doit, suivant qu'il assiste ou non à la délibération, les faire valoir immédiatement, ou faire, dans un bref délai que la loi détermine (1), ses diligences pour les proposer; le tout à peine de déchéance. V. art. 438, 439.

Quid à l'égard du tuteur légitime ou testamentaire?

423. Il est naturel que le tuteur dont les excuses sont

---

(1) Le délai est de trois jours à partir de la notification. Il s'augmente d'un jour par trois myriamètres à raison des distances; la distance ici se compte, comme de raison, du domicile du tuteur au lieu de l'ouverture de la tutelle. Le tuteur doit, dans ce délai, faire ses diligences pour la convocation du conseil de famille. Art. 439.

rejetées par la famille puisse se pourvoir devant les tribunaux contre ceux qui les ont rejetées (v. C. pr., art. 883); mais l'intérêt du mineur ne permettant pas que l'administration soit abandonnée pendant le litige, le tuteur nommé ou maintenu par la famille doit s'en charger provisoirement. V. art. 440.

Les tribunaux pourraient-ils admettre une excuse rejetée par la famille et non écrite dans la loi?

424. Toute partie qui succombe est en général condamnée aux dépens (C. pr., art. 130); mais la loi permet ici de déroger à ce principe en faveur des parens qui, par zèle pour le mineur, auraient résisté à une excuse jugée depuis bien fondée. Ainsi, les parens qui avaient rejeté l'excuse admise par les tribunaux, peuvent bien sans doute être condamnés aux frais de l'instance, mais ils peuvent ne pas l'être; il en est autrement du tuteur qui succombe. V. art. 441.

Lorsque les parens qui ont rejeté l'excuse admise depuis par les tribunaux ne sont pas condamnés aux frais, n'est-ce pas le mineur qui doit en général les supporter?

SECTION VII.

De l'incapacité, des exclusions et destitutions de la tutelle.

425. La loi a rassemblé dans cette section toutes les causes indépendantes de la volonté du tuteur qui peuvent s'opposer à son admission ou à sa conservation. Elle y détermine aussi par occasion les causes qui doi-

vent faire écarter les parens ou alliés du conseil de famille.

L'incapacité provient d'une qualité existante dans la personne, ou d'une circonstance que sa faute n'a pas produite. Des faits personnels plus ou moins répréhensibles donnent lieu à l'exclusion du tuteur qui n'a point commencé à gérer, ou à la destitution du tuteur en exercice.

426. Les causes d'incapacité sont communes aux fonctions du tuteur, et à celles des membres du conseil de famille. Ce sont :

1°. La minorité. Le pupille ne serait pas efficacement protégé par ceux qui ont eux-mêmes besoin de protection. Néanmoins, la minorité n'empêche point d'admettre les père et mère, chez lesquels l'affection supplée à l'expérience. V. art. 442-1°.

L'exception s'applique-t-elle aux père et mère naturels?
Le père et la mère mineurs pourront-ils faire comme tuteurs les actes dont ils sont incapables en leur propre nom et pour eux-mêmes? *Puta* recevoir sans assistance un capital, plaider sans assistance en matière immobilière (v. art. 482)?

2°. L'interdiction. V. art. 442-2°, et à ce sujet C. civ., art. 489; C. pén., art. 29.

Attribuerait-on le même effet à la nomination d'un conseil judiciaire (art. 499, 513)?

3°. Le sexe. Les femmes sont en général inhabiles aux affaires; il serait donc imprudent de leur confier celles d'autrui. La raison d'affection fait excepter la mère que la loi elle-même appelle à la tutelle, et les ascendantes, que la loi n'y appelle pas, mais qu'elle permet d'y appeler, et qu'elle-même appelle au conseil de famille (art. 408). V. art. 442-3°.

L'ascendante mariée peut-elle être nommée tutrice, *puta*, si l'ascendant son mari est valablement excusé, ou si elle est mariée en secondes noces? V. art. 408, 396.

4°. L'opposition d'intérêt. Toutefois, cette opposition ne produit incapacité que lorsqu'il y a procès existant avec le pupille, et que ce procès compromet son état, sa fortune, ou au moins une partie notable de ses biens. Il n'importe, du reste, que ce soit le tuteur lui-même qui soit partie au procès, ou que ce soient ses père et mère; car ses intérêts sont intimement liés avec les leurs. Voy. art. 442-4°.

La même raison ne doit-elle pas amener la même décision toutes les fois que le tuteur est héritier présomptif de la personne qui a le procès?

Quid si c'est l'état ou la fortune du tuteur qui se trouvent compromis dans le procès?

Quid si c'est avec les père et mère du pupille que le procès existe?

427. L'exclusion ou la destitution de la tutelle a lieu de plein droit par l'effet d'une condamnation à une peine afflictive ou même simplement infamante. Observons toutefois qu'en rappelant cette exclusion parmi les effets de la dégradation civique attachée à toute peine de ce genre, la loi criminelle la modifie à l'égard des père et mère, qui sont bien alors déchus de la tutelle légitime, mais qui peuvent encore être nommés par

la famille. V. art. 443; C. pén., art. 6, 7 et 8, 28 et 34.

428. Indépendamment de toute condamnation, le tuteur que ses mœurs ou sa gestion antérieure rendent suspect peut aussi être exclu ou destitué, mais il faut que l'inconduite soit notoire, ou que la gestion atteste son incapacité ou son infidélité. V. art. 444.

Faut-il absolument que l'incapacité ou infidélité soit attestée par la gestion de la tutelle dont il s'agit? Faut-il même qu'elle le soit par la gestion d'une tutelle?

429. Le fait d'exclusion ou destitution d'une tutelle emporte exclusion de plein droit des conseils de famille. V. art. 445.

Les causes d'exclusion ou destitution de la tutelle, sont-elles par elles-mêmes suffisantes pour écarter des conseils de famille? Ne faut il pas distinguer, à cet égard, entre celles qui produisent exclusion ou destitution de plein droit, et celles qui donnent lieu à connaissance de cause?

La mère remariée qui perd la tutelle de plein droit aux termes de l'art. 395, doit-elle être écartée du conseil de famille?

Quid à l'égard du tuteur auquel la tutelle est retirée aux termes de l'article 421?

430. L'interdiction à temps de toute tutelle et curatelle et de toute participation aux conseils de famille doit aussi être prononcée accessoirement à une condamnation correctionnelle contre les personnes coupables d'avoir excité, favorisé ou facilité habituellement la prostitution ou la corruption des mineurs (C. pén., art. 335). Une interdiction du même genre peut encore être prononcée comme peine correctionnelle dans les cas déter-

minés par la loi (C. pén., art. 9, 42-5° et 6°, 43). Mais celle-ci peut ne porter que sur l'un des deux droits, de tutelle et de suffrage ; elle n'enlève d'ailleurs jamais aux pères et mères le droit d'être *nommés* tuteurs de leurs enfans.

431. C'est le conseil de famille qui statue sur l'exclusion ou destitution du tuteur. Il appartient naturellement au subrogé tuteur de faire à cet effet les diligences nécessaires. Tout parent ou allié, du degré de cousin germain, au moins, peut également requérir la convocation du conseil, que le juge de paix peut d'ailleurs toujours convoquer d'office, mais dont il ne peut refuser la convocation, lorsqu'il en est formellement requis par une personne de la qualité ci-dessus. V. art. 446.

432. La délibération du conseil de famille est une sorte de condamnation, qui comme telle doit être motivée, et qui ne doit point être portée contre le tuteur sans qu'il ait été mis à même de se défendre. Voy. art. 447.

433. Cette condamnation, du reste, n'est pas définitive, et peut donner lieu à recours devant les tribunaux. A cet égard, notre Code prévoit trois cas : 1° adhésion du tuteur; 2° réclamation de sa part sans recours direct devant les tribunaux; 3° attaque dirigée par lui. Au premier cas, tout débat semble terminé par la mention contenue au procès-verbal, et le nouveau tuteur, qui, selon nous, est toujours nommé par la délibération même, entre immédiatement en fonctions. Au second cas, l'homologation est poursuivie par le subrogé tuteur; au troisième, le tuteur demandeur assigne lui-

même le subrogé tuteur. Dans ces deux derniers cas, les parens ou alliés peuvent intervenir dans le débat qui s'engage entre le tuteur et le subrogé tuteur, mais notre Code borne cette faculté à ceux qui auraient requis la convocation. V. art. 448, 449.

La plupart de ces règles ne se trouvent-elles pas modifiées par le Code de procédure? V. C. pr., art. 883, 887, 888, 889.

De quelque manière, au surplus, que les tribunaux soient saisis, entre quelque personne que le débat ait lieu, l'affaire doit s'instruire et se juger comme affaire urgente (art. 449, et C. pr., 884); elle est, de sa nature, susceptible de deux degrés de juridiction (art. 448, et C. pr., 889).

Qui doit administrer pendant le litige? V. *Just.*, Inst., § 7, *de susp. tut.*

SECTION VIII.

De l'administration du tuteur.

434. Prendre soin de la personne du mineur, et le représenter, administrer ses biens en bon père de famille, là se réduisent les pouvoirs du tuteur, là se bornent ses obligations. V. art. 450, al. 1 et 2.

435. Le soin que le tuteur doit prendre de la personne s'applique à l'éducation physique et morale; il doit donc nourrir, entretenir, élever le pupille, le tout aux dépens de ce dernier, eu égard à son rang et à sa fortune.

Le tuteur est-il seul arbitre de l'éducation qu'il convient de donner au mineur? Peut-on lui prescrire des règles à cet égard? La garde de l'enfant peut-elle lui être enlevée, lors même qu'il n'y a ni père ni mère?

Il doit aussi veiller sur sa conduite; il participe même jusqu'à un certain point au droit de correction attribué par la puissance paternelle (art. 468).

436. Le tuteur étant le représentant légal de son pupille, il s'en suit qu'il peut, en général, contracter ou plaider pour lui. Nous en concluons même qu'à la réserve des dispositions à titre gratuit, qui lui sont interdites par la nature même de ses fonctions, il peut, sans formalité ni restriction, faire valablement tous les actes qu'une loi expresse n'a pas prohibés ou assujettis à certaines conditions.

437. L'obligation d'administrer les biens en bon père de famille le rend responsable, tant de la mauvaise gestion que du défaut de gestion. Dans l'un ou l'autre cas, le tuteur serait tenu de dommages-intérêts.

438. L'administration du tuteur doit avoir pour base et pour fondement unique l'intérêt du mineur. Il faut donc éviter avec grand soin tout ce pourrait mettre en opposition les intérêts de l'administrateur et ceux de l'administré. De là la prohibition d'acheter ou de prendre à ferme les biens du pupille; la dernière toutefois moins absolue que la première; car le conseil de famille peut autoriser à passer bail au tuteur au nom du pupille, qui naturellement alors sera représenté par le subrogé tuteur. De là encore la défense d'accepter la cession d'aucun droit ou créance, défense qui repose en outre sur la crainte d'une fraude trop facile au tuteur. V. art. 450, al. dern.

Le tuteur ne pourrait-il pas, en payant un créancier de son pupille, être subrogé aux droits de celui-ci, conformément aux art. 1249, 1250, 1251?

Le tuteur cessionnaire peut-il se faire restituer le prix de la cession, soit par le cédant, soit par le pupille? Ce dernier n'est-il pas libéré envers son créancier par l'effet de la cession faite au tuteur? Doit-il s'enrichir ainsi aux dépens d'autrui? V. *Just.* nov. 72, ch. 5.

439. Le Code dans cette section détaille quelques-unes des obligations du tuteur (art. 451-456); il trace ensuite la limite de ses pouvoirs dans divers cas particuliers (art. 457-468).

§ I.

Obligation du tuteur.

440. Avant tout, le tuteur doit faire constater les forces du patrimoine qu'il est chargé d'administrer, et dont il sera comptable. La conservation de ce patrimoine a pu ou non être assurée par une apposition de scellé (v. à ce sujet, C. civ., art. 819, et C. pr., 907-915). Si cette apposition a eu lieu, il doit être procédé à la levée (C. pr., art. 928-940), et dans tous les cas à l'inventaire (C. pr., art. 941-944), dans un délai de dix jours (voy. pourtant art. 795, et C. pr., 174). On conçoit, au reste, que la loi doive exiger ici la présence du subrogé tuteur. V. art. 451, al. 1.

Tout inventaire doit contenir, avec la description exacte du mobilier corporel, la déclaration des titres actifs et passifs (C. pr., art. 943), sans préjudice, bien entendu, du droit des créanciers qui se feraient connaître plus tard; mais pour prévenir les fraudes, la loi exige du tuteur créancier une déclaration dans l'inventaire, à peine de déchéance ; et pour que l'ignorance de cette disposition rigoureuse ne l'expose pas à perdre ses droits, elle veut qu'il soit formellement interpellé à ce sujet par l'officier public. V. art. 451, al. dern.

Quid si l'officier public avait manqué à faire la réquisition prescrite?

Peines particulières auxquelles donnerait lieu le défaut d'inventaire de la communauté, par le survivant des père et mère. V. art. 1442.

Cet inventaire doit-il être commencé dans les dix jours?
Quid si le tuteur, hors le cas de l'art. 1442, ne fait point l'inventaire prescrit par l'art. 451?
Le tuteur peut-il être dispensé de faire inventaire par celui qui transmet les biens?

441. L'inventaire fait, il importe ordinairement au mineur que l'on convertisse en capitaux productifs, des biens qui par leur nature sont stériles et sujets à dépérissement. Cette règle s'applique, en général, à *tous les meubles;* mais le conseil de famille, juge à cet égard de l'intérêt du pupille, peut autoriser la conservation en nature. La vente, si elle a lieu, doit être faite dans la forme la plus propre à assurer un prix avantageux et à prévenir toute fraude. Elle se fait donc par le ministère d'un officier public, en présence du subrogé tuteur; elle doit au préalable être annoncée par des affiches ou publications; l'accomplissement de cette formalité est assuré par la mention que l'officier public doit en faire

dans le procès-verbal de vente. V. art. 452; v. à ce sujet C. pr., art. 945-952, 617-625.

La vente ne doit-elle pas comprendre tout le mobilier corporel, (nonobstant art. 533)? Doit-elle comprendre le mobilier incorporel?

442. Quel que soit l'intérêt des mineurs, les père et mère usufruitiers ne peuvent être privés du droit attaché à ce titre (v. art. 589); ils ne sont donc pas tenus de faire vendre les meubles. Seulement il est nécessaire d'en constater la valeur actuelle, soit en vue de la restitution en nature, pour qu'on puisse apprécier alors les détériorations provenant de la faute de l'usufruitier; soit surtout en vue du cas où la représentation en nature ne *pourrait* avoir lieu, car alors il faudrait payer en argent, et c'est cette valeur qui devrait être payée. A cet effet les père et mère doivent faire faire une estimation *à juste valeur;* cette estimation est à leurs frais, car elle est une condition de leur jouissance; il y est procédé par un expert, nommé par le subrogé tuteur, et qui prête serment devant le juge de paix. V. art. 453.

Si les meubles conservés en nature périssaient par cas fortuit ou force majeure, le parent usufruitier devrait-il en payer la valeur?

A quoi s'exposerait le tuteur étranger qui ne ferait pas vendre les meubles?

443. L'inventaire et la vente du mobilier ne sont pas les seules opérations préliminaires auxquelles donne lieu l'établissement de la tutelle. Il convient de régler la dé-

pense annuelle qui sera permise au tuteur, et d'assurer l'emploi de l'excédant des revenus.

C'est au conseil de famille qu'est attribué le droit de fixer approximativement la dépense tant pour la personne du mineur que pour l'administration de ses biens. Ce réglement comprenant toutes les dépenses de ce genre, c'est à lui de spécifier si le tuteur sera autorisé à se faire aider par un ou plusieurs administrateurs salariés aux dépens du pupille. Ces administrateurs du reste géreraient sous la responsabilité du tuteur ; il va sans dire dès-lors qu'il les choisirait lui-même.

Le réglement, on le sent bien, doit avoir lieu dès l'entrée en exercice ; il est prescrit en général dans toute tutelle. Toutefois il y a exception pour la tutelle des père et mère ; ce qui est sans difficulté quand ils sont usufruitiers, puisque toute la dépense alors est à leur charge (art. 385). V. art. 454.

L'exception s'appliquerait-elle aux père et mère privés de l'usufruit?

Quid si le tuteur autre que le père ou la mère n'a pas fait fixer la dépense par le conseil de famille?

444. C'est aussi le conseil de famille qui détermine la somme à laquelle commence l'obligation de faire emploi. L'emploi, du reste, doit avoir lieu, soit que le tuteur ait fait ou non déterminer la somme. Dans les deux cas, le tuteur a pour cela un délai de six mois, qui courent, soit du jour où la somme fixée est complète, soit du jour où une somme quelconque est entrée dans ses mains. Les six mois passés, le tuteur doit les intérêts de

plein droit. V. art. 455, 456, et remarquez que la loi ne pose ici de règle que pour l'emploi des revenus. Du reste il est évident que le tuteur doit surtout employer les capitaux s'il y en a, et qu'à leur égard il n'y a pas lieu à détermination de somme.

Les deniers comptans trouvés à l'ouverture de la tutelle et le prix du mobilier vendu ne doivent-ils pas être employés dans les six mois de la clôture de l'inventaire? V. art. 1065.

L'emploi d'un capital reçu pendant la tutelle ne doit-il pas se faire dans les six mois du remboursement? V. art. 455, 456; v. pourtant art. 1066.

Comment l'emploi doit-il être fait? Le tuteur est-il garant de son utilité?

L'emploi n'étant pas fait dans les six mois, de quel jour le tuteur doit-il les intérêts?

Si le tuteur emploie les capitaux du pupille à son profit personnel, n'en doit-il pas toujours l'intérêt?

Ne devrait-il pas aussi l'intérêt de ce qu'il aurait manqué d'exiger des débiteurs de son pupille? *Quid* s'il était lui-même débiteur?

Les art. 455 et 456 peuvent-ils s'appliquer aux père et mère tuteurs?

§ II.

Actes qui excèdent les pouvoirs ordinaires du tuteur.

445. Chargé d'administrer, le tuteur doit conserver le patrimoine et l'améliorer, mais non le grever ni en changer la nature. S'il arrivait pourtant que l'intérêt du pupille commandât un emprunt, une hypothèque ou une aliénation d'immeubles, on recourrait au conseil de famille qui donnerait, en connaissance de cause, une au-

torisation spéciale indicative du bien à vendre (ajoutons ou à hypothéquer), et des conditions à suivre. L'autorisation est nécessaire même aux père et mère; elle ne doit jamais s'accorder que pour cause de nécessité absolue ou pour avantage évident. Du reste la nécessité absolue ne pouvant exister s'il n'y a insuffisance des deniers, effets mobiliers et revenus, le tuteur n'est reçu à l'alléguer qu'en justifiant de cette insuffisance par un compte sommaire. V. art. 457.

La délibération est sujette à homologation. Dans ce cas, comme dans toutes les causes des mineurs (C. pr., art. 83, 2° et 6°), il y a lieu à communication au ministère public. Mais, pour éviter une publicité nuisible, la loi ici veut que le tribunal statue en la chambre du conseil. V. art. 458; voy. d'ailleurs, C. pr., art. 885 et suivans.

De ces articles combinés avec l'art. 111 du même Code ne résulte-t-il pas dérogation à l'article 458 qui prescrit de statuer dans la chambre du conseil?

La vente doit être faite dans les formes les plus propres à prévenir les fraudes, et à attirer le plus grand nombre possible d'acheteurs. A cet effet notre Code prescrit la publicité, la présence du subrogé tuteur, la réception des enchères par un magistrat ou par un notaire commis par justice, enfin l'apposition d'affiches dont la loi fixe le nombre, les jours et lieux d'apposition ainsi que la forme à suivre pour constater l'apposition. V. art. 459, et C. pr., art. 955 et suiv.

446. Les conditions prescrites pour constater l'utilité de

l'aliénation deviennent superflues quand la vente est forcée; ce qui arrive lorsqu'un copropriétaire du mineur veut sortir d'indivision. Dans ce cas, la seule question à examiner est de savoir si le bien peut se partager commodément; et s'il ne le peut pas, le tribunal ordonne la vente par licitation. V. art. 460, 1686 ; C. pr., 954.

Du reste, la minorité d'un des copropriétaires nécessite pour la licitation l'emploi des formes ci-dessus ; elle oblige notamment d'admettre les étrangers à enchérir ; cette admission est un moyen efficace de prévenir le concert frauduleux qui pourrait s'établir entre les copropriétaires du mineur. V. art. 460, 827, 1687; C. pr., art. 970, 972, 973.

447. Un autre cas de vente forcée, qui ne peut non plus donner lieu à autorisation, est celui d'expropriation poursuivie à la requête d'un créancier. La seule protection particulière qui soit alors accordée au mineur, consiste dans la discussion préalable du mobilier, qui n'est pas même toujours exigée (v. art. 2206, 2207).

448. Comme nous l'avons vu, l'aliénation des meubles n'est pas soumise aux mêmes conditions que celle des immeubles. C'est pour les conserver en nature que le tuteur aurait besoin d'autorisation. Mais il ne peut de même les vendre que dans certaines formes (art. 452).

Remarquez que ces formes ne sont pas nécessaires pour la vente des rentes sur l'état, dont le cours est constaté jour par jour. Mais si l'inscription excède 50 fr. de rente, elle ne peut être transférée sans autorisation du conseil de famille. V. L. 24 mars 1806, art. 1 et 3 (1).

Quid s'il s'agit de rentes sur particuliers?

449. Au nombre des actes d'administration compris dans les pouvoirs généraux du tuteur, et qu'il peut faire dès-lors sans autorisation et sans l'emploi de formes spéciales, il faut évidemment comprendre la confection et le renouvellement des baux à ferme ou à loyer. Toutefois le pouvoir de louer ou d'affermer doit pour toute personne qui n'a pas la libre disposition des biens, être renfermé dans certaines limites, assez larges pour assurer la bonne administration, assez étroites pour prévenir les abus. La loi a tracé ces limites en ce qui concerne les biens des femmes mariées, dont l'administration appartient au mari (art. 1429, 1430). Les mêmes règles sont par elles déclarées applicables aux baux des biens de mineurs (art. 1718). De là il résulte incontestablement pour le tuteur le pouvoir de faire les baux de neuf ans et au-dessous, et celui de renouveler trois ans ou deux ans avant leur expiration les baux à ferme ou les baux à loyer. Mais à l'égard des baux faits ou renouvelés par lui hors de ces limites, l'application des articles 1429 et 1430 est loin d'être évidente, et il serait même difficile de justifier cette application.

Le tuteur ne pourrait-il pas lui-même, pendant la durée de la tutelle, s'opposer à l'exécution des baux ainsi consentis?

Quid s'il a laissé commencer sans opposition soit une nouvelle période de neuf ans, soit un bail renouvelé trop long-temps à l'avance?

---

(1) IV, B. 85, n° 1440.

450. L'acceptation d'une succession désavantageuse, et la répudiation d'une succession opulente, seraient également préjudiciables aux mineurs. Une acceptation pure et simple les exposerait, dans tous les cas, à des dangers dont la loi a dû les garantir. De là l'autorisation nécessaire pour accepter ou répudier, et l'obligation de n'accepter que sous bénéfice d'inventaire. V. art. 461.

Au reste, la répudiation ne devant avoir lieu que pour garantir le mineur d'un préjudice, rien n'empêche, si l'on s'aperçoit qu'elle est elle-même préjudiciable, de revenir contre, en respectant toutefois les droits acquis à des tiers.

Ainsi le mineur lui-même, s'il est devenu majeur, autrement son tuteur en vertu d'une nouvelle autorisation, peuvent reprendre la succession, en observant toutefois qu'il y a droit acquis pour les héritiers qui ont accepté et pour les acheteurs ou autres intéressés qui s'appuient sur des actes légalement faits pendant la vacance. La succession dès lors ne peut être enlevée aux uns ni reprise au préjudice des autres. Voy. art. 462; voy. aussi art. 790, qui rend commune aux majeurs la faculté accordée ici aux mineurs.

451. La loi exige aussi l'autorisation du conseil de famille pour l'acceptation d'une donation, sujette ou non à des charges. V. art. 463, al. 1; voy. pourtant art. 935, d'où il faut nécessairement conclure que le tuteur ascendant n'a pas besoin d'être autorisé, puisque l'ascendant peut accepter sans autorisation, lors même qu'il n'est pas tuteur. Au surplus, l'acceptation du tuteur faite

avec autorisation a tout l'effet qu'aurait celle du donataire majeur. V. art. 463, al. 2.

452. Le principe qui défend au tuteur d'aliéner à sa volonté les immeubles du mineur, exige qu'il soit autorisé pour intenter une action immobilière, car sa seule volonté ne doit pas suffire pour mettre en péril les droits immobiliers. A plus forte raison ne peut-elle suffire pour les abandonner. Aussi l'autorisation est-elle également nécessaire pour acquiescer. V. art. 464, et remarquez :

1° Que des deux dispositions combinées il résulte que le tuteur peut non-seulement défendre sans autorisation, mais qu'il doit même le faire à moins d'être autorisé à l'acquiescement ;

2° Qu'en s'expliquant uniquement sur les actions immobilières la loi par là même laisse dans les pouvoirs généraux du tuteur le droit d'intenter les actions mobilières et même d'y acquiescer.

Comment concilier le pouvoir d'acquiescer avec l'incapacité de transiger (art. 467)?

Si l'action immobilière a été intentée par le tuteur sans autorisation, la partie adverse peut-elle dans un temps quelconque se prévaloir du défaut d'autorisation? V. art. 1125.

453. La même raison qui fait exiger l'autorisation pour intenter l'action immobilière la rend également nécessaire pour demander un partage. Mais nul n'étant tenu de rester dans l'indivision, les co-propriétaires du mineur peuvent toujours provoquer le partage contre le tuteur, qui dès-lors n'a besoin d'aucune autorisation pour répondre à cette action. V. art. 465.

Quoi qu'il en soit, il est clair que s'il y a lieu à partage, c'est toujours par son tuteur que le pupille doit y être représenté (art. 450). Il en résulte la nécessité de pourvoir d'un tuteur spécial chacun des mineurs qui ayant le même tuteur auraient dans le partage des intérêts opposés (art. 838, *in fin.*).

Dans tous les cas la minorité d'un des copartageans soumet le partage à l'emploi de certaines formes protectrices (art. 838). La loi prescrit de le faire en justice, c'est-à-dire que la justice doit intervenir dans les opérations préliminaires pour les ordonner et les surveiller, que leur résultat doit être soumis à son approbation, et qu'elle préside à l'exécution. A cet effet la loi exige ici une estimation par experts à ce commis par justice, et dûment assermentés; la composition des lots par les mêmes experts; et (bien entendu, après l'entérinement du rapport. C. pr., art. 975), le tirage des lots au sort en présence d'un délégué de justice; enfin la délivrance par ce délégué. V. art. 466; v. pourtant art. 838 qui prescrit l'emploi de formes différentes; v. au surplus C. pr., art. 966 et suivans; v. spécialement art. 975, qui lève la contradiction apparente que présentent entre eux les art. 466 et 838.

Le partage fait dans les formes requises obtient à l'égard du mineur tout l'effet qu'il aurait entre majeurs, art. 466, 840, 1314. En l'absence de ces formes il ne sera considéré que comme provisionnel, art. 466, 840; v. à ce sujet art. 1125, 1305.

Le partage dans lequel les règles prescrites n'ont pas été observées vaut-il pour toutes les parties comme provisionnel?

Le mineur ne peut-il pas toujours le faire valoir comme définitif? V. art. 1125.

454. Le tuteur ne peut non plus, sans autorisation, transiger pour le mineur; car toute transaction suppose un droit douteux et des sacrifices réciproques, dont l'appréciation ne doit point être laissée aux lumières du seul tuteur. La loi ne se contente même pas ici de l'examen des parens, elle veut qu'on prenne l'avis de personnes versées dans l'étude des lois, trois jurisconsultes désignés par le procureur du roi, et que la transaction soit homologuée sur les conclusions du ministère public. V. art. 467.

Les règles prescrites pour le partage et pour la transaction devraient-elles s'appliquer en matière mobilière comme en matière immobilière?

Quant au compromis, il ne peut aucunement avoir lieu dans les affaires qui intéressent les mineurs. Combinez C. pr., art. 1004 et 83.

455. Ce n'est aussi qu'avec l'autorisation du conseil de famille que le tuteur peut employer, contre le mineur, le moyen de correction attribué par la loi aux père et mère (art. 375-383). Il ne peut d'ailleurs jamais agir que par voie de réquisition. V. art. 468.

SECTION IX.

Des comptes de tutelle.

456. Tout administrateur des biens d'autrui est comptable. Ainsi, le tuteur, quelle que soit sa qualité, doit rendre compte de sa gestion quand elle finit. V. art. 469.

Le tuteur pourrait-il être dispensé de rendre compte par l'acte de sa nomination? V. *Ulp.*, L. 5, § 7, ff. *de adm. vel. per. tut.*

457. Ce compte général suffit pour éclairer sur les fautes commises, à l'effet d'en obtenir la réparation. Mais, en outre, la loi a dû donner à la famille un moyen de faire surveiller la gestion pendant sa durée. On atteint ce but en exigeant du tuteur à certaines époques la remise au subrogé tuteur d'états de situation. Mais observons :

1° Qu'il est laissé à la prudence du conseil de famille d'astreindre ou non le tuteur, à les fournir, et que la loi n'autorise même pas à imposer cette obligation aux père et mère.

2° Que le nombre et la forme de ces états sont réglés de manière à ce qu'un moyen de surveillance ne dégénère pas en vexation pour le tuteur, et n'augmente pas, pour le pupille, la masse de frais, déjà bien multipliés, qu'entraîne l'accomplissement des diverses formalités auxquelles est assujettie l'administration de ses biens. De là la défense d'en exiger plus d'un par an; de là aussi la dispense de toute formalité de justice et même de l'emploi du papier timbré. V. art. 470.

Les père et mère pourraient-ils, dans certains cas, être astreints à fournir des états de situation ?

458. Quant au compte définitif, qui se rend à la majorité ou à l'émancipation, il donne lieu nécessairement à des frais ; ces frais se faisant dans l'intérêt du pupille, il est juste qu'ils soient supportés par lui, mais l'avance doit naturellement en être faite par le *rendant*, qui a les fonds entre les mains. V. art. 471, al. 1 ; voy. cependant C. pr., art. 130, 532.

Dans les divers cas où la gestion du tuteur finit avant la majorité ou l'émancipation du pupille, le compte est-il rendu aux dépens de celui-ci ?

459. Le compte doit présenter à l'*oyant* le tableau fidèle des recettes et des dépenses, et indiquer les recouvremens à faire. Il est évident que le *rendant* ne doit omettre aucune recette, et qu'il faudra même ajouter aux recettes effectives celles qu'il aurait manqué de faire par sa faute, comme en général le montant de toutes les indemnités qu'il peut devoir. Quant aux dépenses, la loi accorde au tuteur l'allocation de celles qu'il a faites, mais sous deux conditions, qu'elles soient suffisamment justifiées, et que leur objet soit utile. V. art. 471, al. dernier.

Les dépenses doivent-elles être nécessairement justifiées par pièces ?

460. Si la tutelle finit par la majorité, le compte est rendu au majeur seul.

En cas d'émancipation, il est rendu au mineur assisté d'un curateur (art. 480).

Quand la tutelle finit, *ex parte tutoris*, il est clair que le compte est rendu au nouveau tuteur.

Celui-ci ne doit-il pas être assisté du subrogé tuteur?

461. La reddition de compte a lieu, soit judiciairement, soit à l'amiable. La forme à suivre dans le premier cas est réglée par le Code de procédure (art. 527-542).

Cette forme est-elle indispensable toutes les fois que l'oyant est mineur?

462. Le compte amiable n'est assujetti à aucune formalité; cependant, il doit dans tous les cas être détaillé et accompagné de pièces justificatives. L'arrêté de compte, ou toute espèce de traité qui interviendrait, même avec le majeur, sans qu'il eût été à même d'examiner, serait nul.

A cet égard, l'oyant n'est pas réputé avoir eu le temps d'examiner, s'il n'a eu le compte et les pièces en sa possession pendant dix jours; la remise du compte et des pièces ne se constate que par un récépissé de l'oyant. V. art. 472; voy. aussi art. 907.

Faut-il que le récépissé ait une date certaine, antérieure de dix jours à l'arrêté de compte? Ne suffirait-il pas que l'oyant reconnût dans cet arrêté que le compte et les pièces lui ont été remis dix jours auparavant?

Le récépissé doit-il détailler les pièces?

463. Le compte, dans le cas même où il est présenté volontairement par le tuteur, peut donner lieu à des

contestations, qui doivent, comme toute autre affaire, être jugées par les tribunaux. V. art. 473.

Quant à la compétence du tribunal, v. C. pr., art. 527.

464. La recette et la dépense une fois fixées, on les balance, et l'excédant forme le reliquat, dont l'une des parties est débitrice envers l'autre. Mais la position du pupille créancier de son tuteur, est plus favorable que celle du tuteur dans le cas inverse.

Ainsi le pupille est créancier hypothécaire (v. art. 2121, 2135).

Les intérêts courent de plein droit à son profit. Voy. art. 474, al. 1; voy. pourtant C. pr., art. 542.

Enfin le tuteur peut être condamné par corps, et n'est pas admis au bénéfice de cession (C. pr., art. 126 2°, et 905).

Au contraire, le tuteur est considéré comme un créancier ordinaire. Seulement il n'a besoin que d'une sommation pour faire courir les intérêts. V. art. 474, *in fin.*, nonobstant art. 1153, *in fin.*

465. Quelle que soit la faveur de l'action de tutelle, la loi, par des considérations faciles à saisir, l'assujettit à une prescription plus courte que celle qui a lieu pour les actions ordinaires. Cette prescription est de dix ans, à compter de la majorité. C'est là au surplus une règle générale qui comprend toute action du mineur contre son tuteur, relativement aux faits de la tutelle. Voy. art. 475.

Cela comprendrait-il l'action en paiement du reliquat? *Quid* à l'égard des demandes qui pourraient être formées pour erreurs, omissions, faux ou doubles emplois (C. pr., art. 541)?

L'action en nullité des traités faits contre la disposition de l'art. 472 se prescrirait-elle par dix ans à partir de la majorité?

Par quel laps de temps se prescrirait l'action du tuteur contre son mineur?

CHAPITRE III.

DE L'ÉMANCIPATION.

466. Le mineur, parvenu à un certain âge, peut avoir acquis une maturité suffisante pour être en état de gouverner sa personne et d'administrer ses biens ; il convient alors, sans l'abandonner entièrement à lui-même, de le soustraire à l'autorité paternelle et de l'affranchir de la tutelle. Tel est le but de l'émancipation.

Nous devons examiner 1° quand et comment a lieu l'émancipation; 2° quels sont ses effets.

467. Il est dans nos mœurs que l'état de mariage soit accompagné d'une certaine indépendance de position ; d'un autre côté le mariage, qui n'est permis au mineur qu'après un certain âge, est encore subordonné au consentement des parens; or, ceux-ci ne l'autoriseront pas à se marier s'ils le jugent incapable de gouverner sa personne et d'administrer ses biens. C'est donc un principe dans notre droit français, que le mariage émancipe de plein droit. V. art. 476.

468. Hors ce cas, l'émancipation peut être conférée, en connaissance de cause, au mineur qui a atteint l'âge fixé par la loi; cet âge et la forme de l'émancipation dif-

fèrent suivant que le mineur est ou non en puissance paternelle.

469. Le mineur en puissance paternelle peut être émancipé dès l'âge de quinze ans, s'il en est jugé digne par le parent qui exerce cette autorité. C'est la seule volonté du père ou de la mère qui opère alors l'émancipation. Toutefois, l'intervention du magistrat est nécessaire, mais seulement pour constater cette volonté. A cet effet, la déclaration est reçue par le juge de paix assisté de son greffier. Voy. art. 477.

Le même droit appartient-il aux père et mère naturels?
Le père excusé de la tutelle, la mère qui ne l'a pas acceptée, peuvent-ils émanciper?
Quid si les père ou mère sont exclus ou destitués? *Quid* à l'égard de la mère remariée, soit qu'elle ait perdu la tutelle faute de convocation du conseil de famille, soit qu'elle n'y ait pas été maintenue?
Le père, qui pendant le mariage exerce l'autorité paternelle, pourrait-il être privé du droit d'émanciper?

470. Si le mineur n'a ni père ni mère, son émancipation ne peut avoir lieu avant l'âge de dix-huit ans, et c'est au conseil de famille qu'appartient le droit de la conférer. Le juge de paix n'intervient que comme président de l'assemblée, pour concourir en cette qualité à la délibération, et en proclamer le résultat. V. art. 478.

471. C'est au tuteur qu'il appartient naturellement de provoquer la délibération de la famille. Toutefois, la mauvaise volonté de celui-ci ne doit point priver le mineur d'un bénéfice dont ses plus proches parens le jugeraient digne. De là, le droit accordé à tout parent ou

allié du degré de cousin germain, de forcer la convocation du conseil. V. art. 479.

Quid si le mineur n'a pas de parent au degré de cousin germain?

Dans ce cas, ou dans tout autre, le mineur pourrait-il requérir lui-même son émancipation?

Le juge de paix ne pourrait-il pas toujours convoquer d'office?

472. Par l'émancipation le mineur acquiert le droit de se gouverner lui-même, sans cesser pour cela d'être l'objet d'une protection particulière.

473. Il sort de tutelle et de puissance paternelle. Voy. art. 372, 384, 390, 405, 471.

Il peut se choisir un domicile (v. art. 108), mais non disposer librement de sa personne, soit en se mariant (v. art. 148, 149, 150, 160), soit en se donnant en adoption (v. art. 346).

474. Il prend la direction de ses affaires, et se fait rendre en conséquence le compte de tutelle. Seulement la loi veut qu'ici, comme dans plusieurs autres actes importans, sa faiblesse soit soutenue par l'expérience d'un curateur. Le curateur, au reste, n'est point, comme le tuteur, le représentant du mineur. Le mineur émancipé traite et agit en son propre nom; le curateur ne fait que l'assister dans les cas que la loi détermine. Le curateur est nommé par le conseil de famille. V. art. 480.

Le curateur dont il s'agit ici est-il celui dont le ministère s'étend à toute la durée de la minorité? L'ancien tuteur, qui ne peut assister *l'oyant* dans le compte qu'il rend lui-même, sera-t-il donc nécessairement exclus des fonctions de curateur à l'émancipation?

Le mari n'est-il pas curateur légitime de sa femme mineure? V. art. 2208.

475. Au surplus, la capacité du mineur émancipé est loin d'être la même pour tous les actes : il en est qu'il peut faire seul, sans assistance ni autorisation, et pour lesquels il est réputé majeur. Ce sont :

1° Pour tout mineur émancipé, les actes de pure administration, ce qui comprend la confection des baux de neuf ans et au-dessous, et la perception des revenus, dont le mineur peut conséquemment donner décharge. V. art. 481.

2° Pour le mineur qui fait un commerce, les actes relatifs à ce commerce. V. art. 487, 1308; voy. à ce sujet C. com., art. 2 et 3; voy. pourtant C. com., art. 6.

Les engagemens contractés sans énonciation de cause par le mineur commerçant sont-ils ou non présumés relatifs à son commerce? V. C. com., art. 638, *in fin.*

476. Tous autres actes excèdent, sous certains rapports, la capacité du mineur émancipé : il en est qu'il ne peut faire sans l'assistance de son curateur; pour quelques-uns la loi exige l'accomplissement de certaines formes; d'autres lui sont absolument interdits; enfin, il en est qu'il peut faire seul, sauf restitution, ou sauf réduction de ses engagemens.

477. Le mineur doit être assisté d'un curateur :

1° Pour entendre et arrêter le compte de tutelle (art. 480).

2° Pour plaider en matière immobilière, recevoir un capital mobilier et en donner décharge. V. art. 482.

3° Pour partager une succession (art. 840).

L'assistance est-elle requise pour partager une succession purement mobilière?

4° Pour accepter une donation (art. 935).

5° Pour transférer une inscription sur le grand livre, (L. 24 mars 1806 (1), art. 2).

478. Il paraît résulter de l'art. 482 que le curateur est garant de l'emploi des capitaux; car il doit surveiller cet emploi. Nous pensons, au reste, que dans tous les cas où son assistance est requise, il est responsable du tort causé au mineur, soit en refusant de l'assister, soit au contraire en l'assistant mal à propos, soit en l'assistant avec négligence.

479. Les pouvoirs du mineur émancipé, lors même qu'il est assisté de son curateur, n'excèdent pas en général ceux qui sont accordés au tuteur, comme représentant le mineur non émancipé. Ainsi les actes que le tuteur ne peut faire sans autorisation, ou autrement que dans certaines formes, par exemple, les emprunts et les aliénations, ne peuvent être faits par l'émancipé qu'avec les mêmes autorisations et dans les mêmes formes. V. art. 483, 484; voy. aussi L. 24 mars 1806, art. 3.

Cette règle ne reçoit-elle pas exception quant au droit d'intenter une action immobilière (v. art. 482); de demander un

---

(1) IV, B. 85, n° 1440.

partage (v. art. 840) ; d'accepter une donation (v. art. 935)?

Le mineur ne pourrait-il pas seul emprunter jusqu'à concurrence de ses revenus?

Consentir hypothèque pour sûreté des obligations qui n'excèdent pas sa capacité?

Transiger relativement à ses revenus, en faire remise?

Peut-il, avec la seule assistance de son curateur, faire remise de ses capitaux?

480. Le mineur ne peut en général donner. Les exceptions que souffre cette règle ne sont nullement fondées sur l'émancipation (v. art. 903, 904, et à ce sujet art. 1095, 1309, 1398).

481. Tout acte, qui, sans être de pure administration, n'est pourtant compris dans aucune des précédentes catégories, peut être valablement fait par le mineur seul, sauf la restitution qui lui serait accordée pour lésion (v. art. 1118, 1305 et 1306.

Toutefois la loi semble placer encore dans une catégorie particulière, les engagemens qu'il contracte *par voie d'achats ou autrement* ; elle en autorise non la rescision entière, mais la réduction en cas d'excès ; cette réduction même n'est point subordonnée à la *simple lésion*, puisque, outre la fortune du mineur et l'utilité ou l'inutilité des dépenses, les tribunaux doivent encore prendre en considération la bonne ou mauvaise foi des personnes qui ont contracté avec lui. V. art. 484, al. dernier, dont la disposition, selon nous, comprend seulement les achats d'objets mobiliers, et autres simples actes relatifs à l'administration, par lesquels le mineur se constitue débiteur de somme d'argent.

482. La réduction des engagemens du mineur ne peut être prononcée que pour des causes qui accusent d'imprudence ou de légèreté celui qui les a souscrits. Cette réduction peut donc, suivant les cas, donner lieu à le priver du bénéfice de l'émancipation. Il est naturel, d'ailleurs, de s'en rapporter, pour la révocation de l'émancipation, au jugement de ceux qui ont eu pouvoir de la conférer; on doit conséquemment suivre les mêmes formes. V. art. 485.

L'émancipation ne peut-elle jamais être retirée au mineur, qu'autant que ses engagemens auront été réduits?

Le mineur émancipé par son père peut-il, après le décès de celui-ci, être privé de l'émancipation par sa mère ou par le conseil de famille?

L'article 485 peut-il s'appliquer au mineur émancipé par mariage?

483. Le mineur, privé du bénéfice de l'émancipation, rentre en tutelle, et dans la crainte de l'exposer à de nouveaux dangers, la loi veut qu'il y reste jusqu'à sa majorité. V. art. 486.

L'ancien tuteur reprend-il de plein droit ses fonctions? L'usufruit légal recommence-t-il?

Le mariage du mineur ne pourrait-il pas encore le faire sortir de tutelle?

TITRE ONZIÈME.

DE LA MAJORITÉ, DE L'INTERDICTION ET DU CONSEIL JUDICIAIRE.

484. L'état de majorité place les personnes dans le droit commun, et semble dès-lors ne devoir être l'objet d'aucune disposition spéciale. Il suffit d'en fixer le commencement, et de poser le principe de la capacité du majeur; c'est l'objet du chapitre 1er. Mais, le majeur même peut, à raison de la faiblesse ou du dérangement de ses facultés morales, être hors d'état de se gouverner lui-même; un malheureux penchant à la dissipation pourrait, dans certains cas, l'entraîner à sa propre ruine et à celle de sa famille. La loi vient alors à son secours, en permettant, soit de l'interdire, soit de lui nommer un conseil (chapitres II et III).

CHAPITRE I.

DE LA MAJORITÉ.

485. Le Code consacrant ici le changement apporté par le législateur de 1792, fixe à vingt-un ans la majorité des Français. Qui dit majeur, dit capable en général de

tous les actes de la vie civile. Toutefois, la loi elle-même rappelle la restriction portée à ce principe pour le mariage (art. 148-150, 158), restriction qui existe également pour l'adoption (art. 346). V. art. 488.

CHAPITRE II.

DE L'INTERDICTION.

486. On entend en général par interdiction, l'acte par lequel un citoyen est entièrement dépouillé de l'exercice de ses droits civils, privé conséquemment du gouvernement de sa personne et de l'administration de ses biens. Un état aussi fâcheux, lorsqu'il n'est pas la punition d'un crime, ne peut être infligé à un membre de la société qu'en cas d'absolue nécessité.

Ainsi, hors le cas de l'interdiction légale, qui est la suite de certaines peines (v. C. pén., art. 29; voy. aussi C. civ., art. 28.), l'interdiction doit être prononcée par la justice, après un mûr examen; elle ne peut l'être que pour les causes déterminées par la loi, et à la requête des personnes spécialement désignées.

487. Les causes d'interdiction sont, l'imbécillité, la démence ou la fureur; il n'est pas nécessaire que ces affections agissent continuellement sur la personne, mais il faut qu'elles constituent un état habituel. V. art. 489, et remarquez que la loi ne comprend dans ses termes que les majeurs.

Le mineur ne peut-il pas être interdit?

488. L'interdiction de l'imbécille ou du dément n'est autorisée que dans son intérêt et dans celui de sa famille; celle du furieux intéresse la société tout entière. La loi, d'après ces vues, accorde diversement, suivant les cas, le droit de la provoquer, aux parens, au conjoint ou au ministère public.

Ainsi les parens, quel que soit leur degré, et le conjoint, peuvent toujours agir. V. art. 490.

Quant au ministère public, dans le cas de fureur, il suffit que les parens et le conjoint n'agissent pas pour qu'il doive agir. Dans les autres cas il ne le peut qu'à leur défaut, c'est-à-dire quand il n'y en a pas de connus. V. art. 491.

Peut-on requérir soi-même son interdiction?

489. C'est naturellement aux tribunaux civils qu'il appartient de statuer sur l'interdiction. V. art. 492.

490. Celui qui provoque l'interdiction prend sur lui la tâche d'établir par des faits l'état d'infirmité qui sert de base à sa demande. Ces faits ne sont susceptibles d'être prouvés qu'autant qu'ils sont articulés; ils doivent l'être par écrit. La preuve pouvant ensuite s'en faire par témoins ou par pièces, le demandeur doit dès l'origine indiquer les témoins qu'il se propose de faire entendre, et produire les pièces qu'il peut avoir en sa possession. V. art. 493; C. pr. art. 890.

491. La demande ainsi formée, l'instruction devra consister dans l'appréciation des pièces, et principalement dans l'interrogatoire de la personne elle-même; enfin, s'il y a lieu, dans une enquête. Mais avant de procéder à

aucune voie d'instruction, avant même d'informer le principal intéressé, il convient de consulter les juges les plus naturels, de l'état de la personne, ses parens réunis en conseil de famille. V. art. 494; C. pr., art. 891, 892.

Le tribunal ne pourrait-il pas, sans consulter la famille, rejeter la demande, soit comme non recevable, soit même comme évidemment mal fondée? V. C. pr., art. 891? 892.

La composition du conseil de famille appelé à donner son avis sur l'état de la personne, est en général la même qu'en cas de minorité (art. 494, C. pr., art. 892); mais la loi en exclut avec raison, comme suspecte de partialité, la personne qui a provoqué l'interdiction. Et, néanmoins, le conjoint et les enfans qui, vivant habituellement avec la personne, sont, mieux que tout autre, à même de connaître son état, n'ont pas dû en être absolument exclus. Il suffit de leur refuser voix délibérative. V. art. 495.

Les enfans et le conjoint, lorsqu'ils n'ont pas provoqué l'interdiction, font-ils partie du conseil de famille avec voix délibérative?

492. Il paraît incontestable que le tribunal pourrait, sur l'avis de la famille, rejeter purement et simplement la demande; mais s'il juge à propos d'y donner suite, il doit s'assurer lui-même de l'état de la personne par un ou plusieurs interrogatoires; bien entendu au reste qu'avant qu'on y procède, le défendeur doit être informé de la demande et de l'avis de parens par une signification. L'interrogatoire doit en général avoir lieu dans la chambre

du conseil devant le tribunal entier. En cas d'impossibilité, il y est procédé en la demeure du défendeur par un juge commissaire assisté du greffier. Dans tous les cas, le procureur du roi doit être présent. V. art. 496; C. pr., art. 893, al. 1.

En cas d'insuffisance de l'interrogatoire et des pièces, les juges pour s'éclairer peuvent encore recourir à une enquête. V. C. pr., art. 893, al. 2 et 3.

493. La lenteur des formes nécessaires pour éclairer la justice pourrait compromettre l'intérêt du défendeur, s'il devait rester abandonné à lui-même jusqu'au jugement définitif. Il serait à craindre même qu'en apprenant les poursuites dirigées contre lui, il n'en fût d'autant plus disposé à abuser de sa liberté. De là le droit accordé au tribunal de confier à un administrateur provisoire le soin de la personne et des biens. Quoi qu'il en soit, cette mesure n'est permise qu'après le premier interrogatoire. V. art. 497.

Les pouvoirs de cet administrateur sont-ils égaux à ceux d'un tuteur?

494. L'instruction terminée, le jugement est rendu dans les formes ordinaires, par conséquent en audience publique, les parties entendues ou appelées. V. art. 498.

495. Le jugement peut, non-seulement admettre ou rejeter purement et simplement l'interdiction; il peut aussi prendre un terme moyen, en soumettant le défendeur, pour certains actes que la loi détermine, à l'assistance d'un conseil qu'il lui nomme immédiatement. Cette mesure, autorisée plus loin pour le cas de prodi-

galité, comprend ici comme là les actes dans lesquels l'imprudence ou l'incapacité de la personne pourrait le plus compromettre ses intérêts. Ces actes sont énumérés ici précisément dans les mêmes termes qu'ils le sont pour les prodigues par l'article 513 (1). Il paraît du reste que la mesure est applicable pour toute infirmité de corps ou d'esprit qui la ferait juger nécessaire, puisque le tribunal peut l'ordonner, *si les circonstances l'exigent.* V. art. 499.

Dans le cas de notre article les parens qui ont requis l'interdiction peuvent-ils être condamnés aux dépens?

La nomination d'un conseil, pour toute autre cause que la prodigalité, peut-elle faire l'objet principal de la demande?

496. Le jugement, quel qu'il soit, est susceptible d'appel.

Par qui et contre qui cet appel est-il dirigé. V. C. pr., art. 894.

La loi donne expressément à la cour le droit d'interroger elle-même ou de faire interroger de nouveau le défendeur. V. art. 500.

Ne pourrait-elle pas de même ordonner toute autre voie d'instruction?

497. L'interdiction et la nomination d'un conseil produisant leurs effets du jour du jugement (art. 502), la loi veut que l'arrêt ou le jugement qui la prononce soit signifié à la partie dans un bref délai (dix jours); elle exige aussi qu'il reçoive dans le même délai et par le

---

(1) V. ci-dessous, n° 509.

moyen qu'elle indique (1) une publicité propre à garantir les tiers de toute surprise. Les diligences à cette double fin doivent être faites par les demandeurs. Voy. art. 501 ; C. pr. 897.

L'affiche du jugement devrait-elle avoir lieu, quoiqu'il fût déjà attaqué par la voie de l'appel?

498. La sentence du juge frappant l'interdit d'une incapacité absolue, la conséquence de cette incapacité est la nullité de tous actes passés par lui postérieurement. Il en est de même de celui auquel on a nommé un conseil judiciaire, mais, bien entendu, à l'égard seulement des actes pour lesquels l'assistance du conseil était requise, et n'a pas eu lieu. V. art. 502.

Quid s'il y a appel du jugement, soit que l'acte passé par l'interdit soit antérieur ou postérieur à l'appel interjeté, et soit que la Cour confirme, infirme ou modifie le jugement de première instance ?

Cette nullité est de droit (art. 502), en ce sens que les juges doivent la prononcer sans avoir égard aux circonstances, mais elle n'est pas absolue (art. 1125). Elle peut se couvrir (art. 1304 et 1338).

Les actes passés par l'interdit sont-ils nuls lorsque l'affiche du jugement n'a pas eu lieu dans le délai prescrit?

---

(1) Le jugement doit être *inscrit*, c'est-à-dire affiché par extrait, dans les tableaux placés à cet effet tant dans l'auditoire du tribunal que dans les études des notaires de l'arrondissement (art. 501 ; v. à ce sujet L. 25 vent. an XI (16 mars 1803) III, B. 258, n° 2440), art. 18; tarif, art. 175.

Ne suffit-il pas alors d'accorder aux tiers un recours contre les demandeurs, ou contre les officiers publics auxquels l'omission est imputable?

Quid si l'inscription ayant eu lieu dans le délai, l'acte passé avec *l'interdit* est antérieur à cette inscription?

499. Quiconque est interdit est, par cela même, déclaré dans un état habituel d'imbécillité, de démence ou de fureur. Cet état doit nécessairement avoir précédé le jugement. Or, ces maladies d'esprit étant de leur nature exclusives de toute volonté dans l'individu qui en est atteint, il s'en suit que les actes, même antérieurs à l'interdiction, sont, non pas nuls de plein droit, mais susceptibles d'être annulés, pourvu toutefois que l'interdictioin ait été prononcée ou au moins provoquée du vivant de l'auteur des actes, et que la cause de l'interdiction fût notoire au moment où ils ont été passés. V. art. 503; et ne confondez pas absolument la nullité ici autorisée avec celle qui, de droit commun, devrait résulter d'une absence de consentement prouvée.

500. Mais après la mort d'une personne, ses héritiers, qui ont négligé de poursuivre son interdiction, ne sont pas recevables à prétendre qu'il en existât notoirement une cause. Toutefois la loi ne leur refuse pas entièrement le droit de critiquer pour absence de consentement produite par la démence, les actes de leur auteur. Mais ils devront prouver positivement que l'acte a été passé sous l'empire actuel de la démence. Bien plus, ce n'est que de l'acte même qu'ils pourront tirer cette preuve. Voy. art. 504.

L'article 504 s'applique-t-il aux donations et testamens, nonobstant art. 901?

Une personne dont l'interdiction n'a point été prononcée ne pourrait-elle pas attaquer elle-même ses actes pour cause de démence? Qu'aurait-elle alors à prouver, et d'où pourrait-elle tirer la preuve?

501. L'interdit étant, comme nous l'avons vu, frappé d'une incapacité absolue, doit conséquemment être pourvu d'un représentant légal chargé de prendre soin de sa personne et d'administrer ses biens. Ce représentant est à juste titre qualifié *tuteur* par le Code civil. Dans cette tutelle, comme dans toute autre, il doit y avoir un subrogé tuteur. Le tuteur et le subrogé tuteur doivent en général être nommés par le conseil de famille. Au reste, cette nomination étant l'exécution du jugement ou arrêt qui prononce l'interdiction, on ne peut naturellement y procéder en vertu du jugement de première instance qu'autant qu'il n'est pas attaqué. Autrement, il faut attendre sa confirmation (v. pourtant C. pr., art. 135). Jusques-là il est évident que l'administrateur provisoire doit continuer ses fonctions (1). Il les cesse au contraire nécessairement après l'établissement de la tutelle, et doit alors rendre compte au tuteur. Que s'il est lui-même tuteur, le compte de l'administration provisoire semble ne devoir être rendu qu'avec celui de la tutelle. V. art. 505; C. pr., art. 895.

---

(1) *Quid* s'il n'avait pas été nommé d'administrateur provisoire par les juges de première instance? Il est clair que la Cour saisie de l'appel pourrait toujours remplir cette lacune.

Ne peut-il pas toujours être procédé à l'établissement de la tutelle en vertu du jugement susceptible d'appel, tant qu'il n'est pas attaqué?

Quid si l'appel survient après la nomination?

502. Quoique en général les lois sur la tutelle des mineurs s'appliquent à celle des interdits (v. art. 505 et 509), il nous paraît résulter des articles 505, C. civ., et 895, C. pr., qu'il n'y a lieu ici ni à la tutelle légitime, telle qu'elle est réglée pour les mineurs, ni à la tutelle testamentaire.

Mais la puissance maritale devait nécessairement attribuer la tutelle de la femme interdite au mari, son protecteur naturel. V. art. 506.

503. Quant à la femme, son devoir et son affection la portant également à assister son mari dans ses infirmités, elle peut être nommée. Mais son sexe, qui dans les cas ordinaires est une cause d'incapacité (art. 442), et d'autre part, ses droits et devoirs, en qualité d'épouse, peuvent être pris en considération pour augmenter ou restreindre en elle les pouvoirs d'un tuteur ordinaire. De là l'obligation imposée au conseil de famille, de régler la forme et les conditions de l'administration; sauf le droit qu'elle a de recourir devant les tribunaux. Voy. art. 507.

La famille et les tribunaux pourraient-ils conférer à la femme le droit de faire, comme tutrice, et sans autorisation, toute espèce d'acte?

La femme, lorsqu'elle n'est point tutrice, peut-elle prétendre à l'administration de la communauté ou de ses biens personnels? Cette administration n'appartient-elle pas exclusivement au tuteur du mari?

Quid à l'égard de l'administration de la personne et des biens des enfans mineurs?

La dépense personnelle de la femme ne doit-elle pas, dans tous les cas, être réglée par le conseil de famille, sauf son recours?

504. La tutelle de l'interdit pouvant se prolonger indéfiniment, la loi a dû limiter, en faveur de l'étranger ou du parent collatéral, la durée de cette charge. Après dix ans, le tuteur doit, s'il le demande, obtenir son remplacement. Mais cette faveur est refusée avec raison au conjoint, à l'ascendant ou au descendant, à cause des devoirs particuliers que leur impose leur titre. Voy. art. 508.

505. Quant aux pouvoirs du tuteur et aux règles de son administration, il suffit de dire que l'interdit est assimilé au mineur, quant à sa personne et à ses biens; ce qui amène en général l'application des lois sur la tutelle des mineurs. V. art. 509.

506. Cependant l'administration ne doit pas être absolument dirigée dans les mêmes vues d'économie qu'en cas de minorité. Au lieu de restreindre la dépense pour capitaliser, il faut se servir des revenus pour adoucir le sort ou accélérer la guérison du propriétaire. A cet égard, la nature de la maladie et l'état de la fortune doivent faire décider si l'interdit sera traité dans son domicile, ou s'il sera placé soit dans une maison de santé, soit même dans un hospice. C'est au conseil de famille, qui fixe la dépense, à prendre sur ce point un arrêté. V. art. 510.

507. La loi a dû régler par une disposition spéciale un

cas qui ne pouvait se présenter pendant la tutelle du mineur, c'est celui où il s'agirait de fournir à l'enfant de l'interdit un établissement par mariage. La famille doit alors déterminer les sacrifices que l'établissement de l'enfant peut exiger, et les conditions auxquelles ces sacrifices peuvent être consentis. C'est en ce sens que le conseil de famille de l'interdit règle non seulement l'avancement d'hoirie, mais aussi les *autres* conventions matrimoniales (1). Sa délibération, du reste, doit être homologuée, et bien entendu sur les conclusions du ministère public. V. art. 511.

L'art. 511 ne peut-il recevoir d'application qu'à l'établissement par mariage?

508. L'effet cesse avec sa cause. Ainsi la guérison de l'interdit doit amener la levée de son interdiction. Mais l'incapacité légale étant l'effet de la sentence, ne peut cesser que par une nouvelle sentence qui s'obtiendra dans les mêmes formes que celle d'interdiction. V. art. 512; C. pr., art. 896.

CHAPITRE III.

DU CONSEIL JUDICIAIRE.

509. Notre législateur n'a pas pensé que la prodigalité, qui n'est que l'abus du droit de propriété, dût, comme

---

(1) Sans préjudice évidemment de l'assistance dont l'enfant aura besoin, s'il est mineur, pour consentir valablement ces conventions (v. art. 1398).

autrefois donner lieu à une interdiction absolue. Mais l'intérêt du prodigue et celui de sa famille, réclamaient un moyen pour prévenir l'entière dissipation de son patrimoine. On atteint ce but en lui retirant la capacité de faire sans assistance d'un *conseil* nommé par justice les actes qui le conduiraient le plus facilement à sa ruine.

Cette demi-interdiction, que nous avons déjà vue applicable à d'autres cas (art. 499), est d'ailleurs toujours restreinte aux actes que la loi spécifie : ce sont, les procès, les transactions, les emprunts, les remboursemens à recevoir de capitaux mobiliers, les aliénations et les hypothèques. V. art. 513.

Le prodigue pouvant incontestablement se marier sans assistance, la loi donnerait-elle alors à sa femme une hypothèque sur ses biens?

La communauté légale produirait-elle ses effets ordinaires? Les capitaux ne devraient-ils pas être réservés propres (nonobstant art. 1393, 1400, 1401)?

Le prodigue peut-il être nommé tuteur?

Peut-il tester?

La nomination d'un conseil peut-elle être un motif pour annuler les actes antérieurs à la nomination?

Le conseil judiciaire est-il responsable?

510. La mesure dont il s'agit portant une atteinte directe au droit de propriété d'un majeur, le législateur l'a sagement assujettie, pour son obtention et sa levée, aux règles prescrites pour l'interdiction, et notamment à l'intervention nécessaire du ministère public. Voy. art. 514 et 515; C. pr., 897.

LIVRE II.

DES BIENS ET DES DIFFÉRENTES MODIFICATIONS DE LA PROPRIÉTÉ.

511. Le législateur, dans ce livre, traite spécialement des *choses*, qui, considérées comme deuxième objet du droit, prennent le nom de *biens*. Il détermine d'abord les diverses espèces de biens, et règle ensuite la nature et l'étendue des droits qui peuvent compéter aux personnes sur ces biens.

TITRE PREMIER.

DE LA DISTINCTION DES BIENS.

512. Tout ce qui est susceptible de produire pour les personnes une utilité, un avantage exclusif, est compris sous le nom de *biens*. Là se rangent, non-seulement les objets qui tombent sous les sens, comme un fonds de terre, un animal, un vêtement, mais aussi certains êtres de raison qui ne consistent que dans le droit, tels qu'un usufruit, une créance.

513. Le Code a envisagé les biens sous deux points de vue différens : 1° en eux-mêmes, d'après la nature qui

leur est propre ou que la loi leur attribue (chap. 1 et 11);
2° dans leur rapport avec ceux qui les possèdent
(chap. 111).

514. Les biens considérés en eux-mêmes sont meubles
ou immeubles. Cette division est générale; les termes
comme la pensée du législateur l'appliquent à *tous* les
biens, par conséquent, même aux incorporels. Voy.
art. 516.

La distinction est d'une grande importance dans notre
droit, qui contient une foule de dispositions différentes
pour les meubles et pour les immeubles. La plupart
de ces différences paraissent au surplus se rattacher à
un principe commun : savoir, que la propriété des immeubles, plus stable, et, sous ce rapport, plus avantageuse que celle des meubles, doit être plus spécialement protégée.

CHAPITRE I.

DES IMMEUBLES.

515. La loi reconnaît trois classes d'immeubles. Voy.
art. 517.

Il importe de ne pas confondre ces trois classes; car
la diverse nature des biens qui les composent entraîne
souvent pour chacune d'elles l'application de principes
entièrement différens. La confusion est impossible entre
les biens incorporels qui forment la troisième classe, et
les biens corporels qui composent les deux autres. Mais
elle serait facile entre certains immeubles par leur na-

ture, et les immeubles par destination, si la loi ne les avait pas soigneusement distingués.

516. Les immeubles par leur nature sont en général les biens qui ne peuvent se transporter d'un lieu à un autre; ce qui s'applique naturellement au sol lui-même, bien plus, à la superficie qui tient au sol, lorsqu'elle n'est pas simplement destinée à y rester attachée, mais qu'elle n'en peut être détachée sans altération de substance (art. 518-521). On sent bien qu'alors la nature immobilière sera toujours la même, quelles que soient les circonstances qui accompagnent l'établissement de la superficie, tandis que le bien meuble par sa nature ne pourra jamais, comme nous le verrons par la suite, devenir immeuble par destination, si ce n'est pas le propriétaire qui l'a placé sur le sol.

517. Il n'y avait aucune difficulté à ranger dans la première classe les fonds de terre et les bâtimens. Voy. art. 518. Le Code, dérogeant à cet égard aux anciens principes (1), y place aussi les moulins *fixes sur piliers et faisant partie du bâtiment*. Nous pensons, au reste, qu'il suffit d'une des deux circonstances (v. art. 531); dans l'une comme dans l'autre on peut dire que le moulin lui-même est un bâtiment. V. art. 519.

518. C'est pareillement parmi les immeubles par leur nature qu'il faut ranger les récoltes, les fruits, les bois, tant qu'ils tiennent au sol qui les alimente. Une fois détachés, leur substance est changée, et ils deviennent

---

(1) V. Pothier, Communauté, n° 37.

meubles. Mais ce changement, qui suit toujours immédiatement la séparation, ne la précède jamais. Cette règle s'applique même aux coupes *ordinaires* des bois-taillis ou de futaies mises en coupe réglée. V. art. 520, 521.

Remarquez cependant que l'on considère avec raison comme mobilière la saisie des fruits pendans par branches ou par racines (v. C. pr., art. 626-635), et que par le même ordre d'idées on tient généralement pour mobilier le droit d'un acheteur de fruits ou bois sur pied.

Faut-il admettre alors que les fruits ou bois sur pied deviennent meubles par la vente? n'est-il pas plus exact de dire qu'ils restent immeubles jusqu'à la coupe, mais que jusques-là l'acheteur n'en devient point propriétaire?

En cas de saisie de l'immeuble produisant les fruits vendus, les créanciers saisissans peuvent-ils, malgré la vente antérieure à la dénonciation de la saisie, faire faire à leur profit la coupe et la vente des fruits encore pendans lors de cette dénonciation (C. pr., art. 688)?

Cette vente au contraire ne doit-elle pas être assimilée à un bail? Et si les créanciers ne peuvent ou ne veulent la faire annuler, n'ont-ils pas le droit d'en saisir-arrêter le prix encore dû et de se le distribuer par ordre d'hypothèque (C. pr., art. 689, 691)?

519. Les immeubles par destination sont des objets mobiliers qui, sans tenir réellement au fonds, sont destinés à y rester perpétuellement attachés pour son service, son exploitation, son utilité ou son ornement. Mais comme une libéralité ne se présume pas, un meuble n'est réputé attaché au fonds à perpétuelle demeure, qu'autant qu'il y est placé par celui qui avait droit de

jouir du fonds à perpétuité, c'est-à-dire par le propriétaire. Quant à la volonté de celui-ci, elle peut être expresse, ou s'induire des circonstances (art. 522-525).

520. La volonté est expresse, et l'application de la règle est évidente, à l'égard des animaux que le propriétaire livre pour la culture à son fermier ou métayer, sans lui en transporter la propriété; à ce sujet on remarque en passant que l'estimation qui en serait faite, n'aurait pas pour effet d'opérer cette translation. La règle, au contraire, est manifestement sans application à l'égard des animaux donnés à cheptel à tout autre qu'au fermier ou métayer. V. art. 522.

521. La volonté est présumée par la loi à l'égard de tous les objets que le propriétaire a placés pour le service ou l'exploitation du fonds.

Nous n'hésitons pas à ranger dans cette catégorie les tuyaux servant à la conduite des eaux. V. art. 523. Elle comprend d'ailleurs tous les animaux et ustensiles formant la garniture d'un domaine rural ou d'un établissement d'industrie. Voyez en l'énumération dans l'article 524, qui pose au surplus la règle générale.

Quid à l'égard des échalas, des oignons et des plantes de serre ou d'orangerie?

522. Enfin la loi, ne pouvant compléter l'énumération des immeubles par destination, établit plusieurs présomptions, à l'aide desquelles on distinguera si les objets attachés au fonds ou placés sur le fonds par le propriétaire, le sont à perpétuelle demeure. Ces présomptions, dont le besoin se fait surtout sentir pour les ornemens

ou autres objets non destinés au service ou à l'exploitation d'un bien rural ou d'un établissement d'industrie, se tirent de la difficulté d'enlever. Cette difficulté se jugera soit par la solidité du scellement, soit par les fractures ou détériorations qu'entraînerait l'enlèvement, soit enfin par le vide que laisseraient les objets enlevés, eu égard à la disposition des lieux. Ce dernier point de vue sert à expliquer les distinctions faites par la loi relativement aux glaces, tableaux ou autres ornemens du même genre, et relativement aux statues. Voy. art. 525.

Les statues ne sont-elles immeubles qu'autant qu'elles sont placées dans une niche? *Quid* si elles sont placées sur un piédestal scellé en plâtre, ou à chaux et à ciment?

523. Remarquez, au surplus, que les immeubles de cette classe reprennent leur nature mobilière dès qu'ils sont détachés du fonds, et que, s'ils avaient été hypothéqués avec ce fonds, ils ne pourraient être suivis entre les mains des tiers (art. 2119).

524. La troisième classe d'immeubles se compose de biens incorporels qui, de leur nature, ne peuvent être ni meubles ni immeubles; ce sont des droits qui reposent sur des immeubles ou qui doivent en produire à celui auquel ils compètent. V. art. 526.

525. A ce sujet nous remarquerons, 1° que parmi les droits qui reposent sur un immeuble, les seuls qui participent à sa nature sont ceux qui sont démembrés de la propriété; ce qui comprend l'usufruit et les servitudes, mais ne s'applique pas à l'hypothèque; 2° qu'on ne doit

pas même considérer comme reposant sur un immeuble, le droit du fermier et du locataire.

526. A l'égard des droits qui doivent produire des immeubles, nous remarquerons encore que la loi parle selement des *actions* (1) *tendant à revendiquer*, ce qui exclurait les actions personnelles, et les créances ou obligations qui donnent naissance à ces actions. Il n'est cependant pas douteux que tout droit qui tend à obtenir

---

(1) On définit ordinairement l'action, *le droit de poursuivre en justice ce qui nous est dû.* Cette définition, calquée sur celle de Justinien (pp., Inst., *de act.*), qui l'avait lui-même empruntée à un ancien jurisconsulte, était très-juste dans l'ancien droit romain, lorsqu'il fallait obtenir du magistrat la faculté de poursuivre devant le juge, *in judicio*. L'action alors était en effet un droit nouveau créé par le magistrat qui la donnait; mais aujourd'hui que l'on peut, sans permission préalable, poursuivre son adversaire devant les tribunaux, l'action serait mieux définie, *la réclamation en justice d'un droit prétendu*. L'action est *réelle*, quand le demandeur prétend qu'il est propriétaire, ou qu'il a sur la chose d'autrui un droit *réel*, usufruit, servitude, hypothèque; elle est *personnelle*, lorsqu'il prétend que son adversaire est obligé envers lui.

Au reste, les actions sont mises par le Code au nombre des biens, parce que la réclamation forme pour le plaideur un véritable droit, celui d'obtenir justice des tribunaux auxquels elle est soumise. Avant la demande formée, on ne conçoit pas l'action comme un droit distinct de celui qui la produit; ce qui est dans les biens, c'est ou une chose corporelle, ou un usufruit, une servitude, une créance. Mais la réclamation forme l'action, qui entre alors dans les biens, et se classe parmi les meubles ou parmi les immeubles.

soit la propriété d'un immeuble, soit un démembrement de cette propriété, est également immobilier, sans distinguer si ce droit est ou non mis en action par une demande en justice. Cette proposition, au surplus, se démontre par argument *à contrario* de l'art. 529 combiné avec l'art. 516

CHAPITRE II

DES MEUBLES.

527. Il n'y a que deux classes de biens meubles : les meubles corporels, ou meubles par leur nature ; et les meubles incorporels, qui sont tels, mais seulement par la détermination de la loi. V. art. 527.

528. Tout corps qui peut se mouvoir ou être transporté, est meuble par sa nature, et reste tel aux yeux de la loi. V. art. 528. A moins toutefois qu'elle n'en ait autrement disposé. (v à ce sujet art. 522-525).

529. La loi indique elle même les biens qui sont meubles par sa détermination (v. art. 529, 530); au reste de ses dispositions combinées il resulte que cette classe, qui ne comprend que des biens incorporels, comprend tous ceux de cette nature qui ne s'appliquent pas directement à un immeuble.

530. L'application du principe est évidente pour les créances et pour les actions considérées comme moyen de poursuivre son droit, lorsqu'elles ont pour objet des effets mobiliers ou des sommes *exigibles*, c'est-à-dire ici, des sommes qui, à la différence du capital d'une rente,

peuvent être exigées immédiatement ou après un certain temps. Seulement il faut bien comprendre que par *objet* de la créance ou de l'action, on n'entend ni la chose dont la créance est le *prix*, ni dans tous les cas, celle que la créance ou l'action produit par événement. L'objet, c'est la chose que le créancier est en droit de demander. V. art. 529, al. 1, part. 1.

Quid si un meuble et un immeuble sont dus sous l'alternative?

531. La difficulté était plus sérieuse pour la classification de certains droits dont l'objet n'est pas bien clairement déterminé, et qui peuvent, suivant les divers points de vue sous lesquels on les envisage, être réputés s'appliquer à des meubles ou s'appliquer à des immeubles. Tels sont les *actions* ou *intérêts* dans les compagnies de finance, de commerce ou d'industrie (1), qui en réalité ne sont autre chose que la part attribuée à chaque associé dans le fonds social, et par suite dans les bénéfices de la société. Si cette société possède des immeubles, il semblerait que chaque intéressé ou actionnaire en fût propriétaire pour sa part. Mais, considérant que la société forme un être moral distinct et séparé de la personne de chaque associé, que c'est cet être moral qui, jusqu'à la dissolution, est censé propriétaire du fonds social, et

---

(1) Par exception à ce principe, les actions de certaines compagnies, notamment celles de la Banque de France, peuvent être immobilisées. Voy. Décr. 16 janv. 1808, art. 7 (IV, B. 176, n° 2953).

que les intéressés ou actionnaires n'ont, pendant le même temps, qu'un droit contre la société, à l'effet de recueillir un dividende mobilier, la loi a déclaré meubles les intérêts et actions. Il est clair, au reste, qu'après la dissolution de l'être moral, chaque associé est vraiment copropriétaire du fonds, et a contre les autres une action en partage, dont la nature se détermine par les règles ordinaires. Il est clair encore que les immeubles possédés par la société ne changent pas de nature pendant sa durée, et que l'être moral doit être considéré comme tout autre propriétaire d'immeubles, notamment quant à l'hypothèque et à l'expropriation forcée. C'est ce qu'on exprime en disant que ces actions ou intérêts sont réputés meubles à *l'égard de chaque associé seulement* et qu'ils ne sont réputés tels que *tant que dure la société.* V. art. 529, al. 1 *in fin.*

532. C'est aussi dans la classe des meubles que notre article range les rentes constituées en perpétuel ou en viager, soit sur l'état (1), soit sur particuliers. V. art. 529, al. dernier, et à ce sujet art. 1909, 1910, 1968, 1969, 1973. Il n'y a même à cet égard aucune distinction à faire entre les rentes constituées à titre gratuit ou à prix d'argent, et celles qui sont constituées pour prix d'aliénation d'un immeuble. La rente, en effet, qu'elle soit établie pour le prix de la vente, fixé d'abord à un capital, ou qu'elle le soit primitivement, comme condition de la cession, n'est nullement assimilée aux anciennes rentes

---

(1) Toutefois, les rentes sur l'état peuvent être immobilisées pour la formation d'un majorat. Décr. 1er mars 1802, art. 2 (IV, B. 186, n° 3207).

foncières; le vendeur ne conserve donc aucun droit dans la propriété de l'immeuble vendu ; la dette dès-lors n'étant plus celle de l'immeuble, mais celle de la personne, il s'en suit que l'acheteur ne peut plus se libérer en déguerpissant ; mais il peut aujourd'hui, comme tout autre débiteur de rente perpétuelle, se libérer de la prestation des arrérages en remboursant le capital, sauf le droit accordé aux créanciers de régler les clauses et conditions du rachat, et même de stipuler la suspension du remboursement pour un temps qui ne peut excéder trente ans. V. art. 530; voy. aussi art. 1911.

533. Au reste, pour déterminer le prix du rachat, si le le capital n'a pas été exprimé au contrat, appliquez la loi du 18-29 décembre 1790, tit. 3.

534. Après avoir ainsi distingué les deux classes de meubles, et posé en passant le principe du rachat des rentes, principe au surplus qui n'a pas été sans influence sur la détermination de la loi à leur égard, il restait au législateur à s'expliquer, 1° sur le classement de certains meubles, qui à raison de leur importance ou de leur destination, auraient pu être considérés comme immeubles (art. 531, 532); 2° à fixer le sens légal de certaines expressions qui ne doivent pas toujours se traduire ou s'expliquer d'après les règles générales sur la distinction des biens (art. 533-536).

535. Toute construction, tout bâtiment qui n'adhère point au sol, est meuble de sa nature, quel que soit d'ailleurs son volume et sa valeur : la loi proclame ce principe à l'égard des bâtiments de mer ou de rivière, et généralement de toutes usines non fixées par des piliers et ne faisant pas

partie de la maison. V. art. 531, 1ʳᵉ partie, et art. 519. Seulement l'importance de quelques-uns de ces objets leur fait appliquer quelques règles particulières, notamment en ce qui concerne la forme de la saisie. V. art. 531, *in fin.*, et à ce sujet C. pr. art. 620; Code com., art. 197-215; voy. aussi *ibid*, art. 190-196.

La saisie des rentes sur particuliers est également assujettie à des formes spéciales (C. pr., art. 636-655).

536. Quoique la destination du propriétaire puisse, comme nous l'avons vu, faire réputer immeubles des biens meubles par leur nature, la loi ne s'arrête pas à cette idée à l'égard des matériaux provenant de démolition, ou assemblés pour une construction. Les uns et les autres demeurent donc meubles jusqu'à l'emploi dans dans une construction. V. art. 532.

Quid s'il s'agit de matériaux désassemblés pour être employés sur les lieux dans une reconstruction ou réparation?

537. En déterminant quels biens sont meubles ou réputés tels, le législateur n'a pas voulu enlever aux termes employés dans les dispositions de la loi ou de l'homme, leur signification ordinaire, telle qu'elle se trouvait consacrée par l'usage; c'est au contraire à cet usage qu'il a entendu se référer en fixant le sens des mots *meuble* employé seul (art. 533), et celui des expressions *meubles meublans*, (art. 534), *biens meubles, mobilier, effets mobiliers* (art. 535. al. 1), *maison meublée* (art. 535 al. dernier), *maison avec tout ce qui s'y trouve* (art. 536).

En ce qui concerne le mot *meuble*, la loi énumère les divers biens mobiliers, corporels ou incorporels, qui n'y sont pas compris. Ces exclusions semblent réduire la signification du mot *meuble* employé seul à celle de *meuble meublant*. La loi, du reste, a grand soin d'avertir que cette signification restreinte ne doit être appliquée qu'à défaut d'addition ou désignation propre à manifester la pensée. V. art. 533, et remarquez que la pensée devant toujours prévaloir sur la lettre, la modification formellement exprimée ici dans la définition du mot *meuble* doit par la force des principes se sous-entendre dans toutes les définitions suivantes.

De quelque manière que soit indiqué le sens du mot dans l'intention de celui qui l'emploie, ce sens ne doit-il pas prévaloir sur la définition légale? V. entre autres art. 452.

Les mots *meubles meublans* n'expriment que ce qui sert à l'usage et à l'ornement des appartemens. D'après cette distinction ils comprennent ou non les tableaux les statues, les porcelaines. V. art. 534.

Quant aux mots *biens meubles, mobilier, effets mobiliers*, la loi leur attribue la signification la plus étendue. Ils comprennent tout ce qui n'est pas immeuble. V. art. 535-al. 1.

Mais le sens du mot *maison meublée* doit évidement être déterminé par le sens connu du verbe *meubler*. Ainsi la vente ou le don, disons mieux tout contrat, toute disposition ayant pour objet *une maison meublée* ne comprend d'autres meubles que les meubles meublans. V. art. 535-al. 2.

Quant à l'expression *maison avec tout ce qui s'y trouve*, elle a comme de raison une signification plus étendue.

Elle comprend ordinairement tout le mobilier susceptible d'occuper une place, qui se trouve renfermé dans la maison. Toutefois la loi en excepte l'argent comptant, qu'elle ne considère pas en lui-même comme un bien, mais comme signe d'une valeur qui ne réside nulle part. A plus forte raison n'applique-t-elle pas la règle au mobilier incorporel dont les titres se trouveraient dans la maison; mais il n'y a pas d'autre exception. V. art. 536.

CHAPITRE III.

DES BIENS DANS LEUR RAPPORT AVEC CEUX QUI LES POSSÈDENT.

538. Les biens, dans leur rapport avec ceux qui les possèdent et qui par là-même sont réputés propriétaires, se partagent en deux classes distinctes, suivant qu'ils appartiennent ou non à des particuliers.

Cette division, qu'il ne faut pas confondre avec celle qui envisage diversement les biens selon qu'ils sont ou non susceptibles de propriété privée, a pour objet de les soumettre à des règles différentes quant à leur administration et à la faculté d'en disposer, eu égard au seul fait de la possession actuelle.

539. En général, et sauf disposition contraire de la loi, les particuliers, seuls arbitres de leurs intérêts, disposent et administrent librement; mais la même latitude ne pouvait être accordée aux fonctionnaires chargés des intérêts d'une communauté ou personne morale. De là les règles

particulières auxquelles sont soumises l'administration et l'aliénation des biens qui n'appartiennent pas à des particuliers. V. art. 537. Ces règles, au reste, qui sont du ressort du droit public, doivent, par la nature des choses, présenter une grande analogie avec celles que le droit civil établit dans l'intérêt des mineurs ou autres incapables.

540. La loi n'indique ici, comme n'appartenant pas à des particuliers, que les biens du domaine public ou biens de l'état (art. 538-541), et les biens communaux (article 542).

Mais le Code lui-même reconnaît ailleurs comme distincts des biens de l'état et de ceux des communes, les biens des établissemens publics (v. notamment art. 1712, 2227); ce qui forme conséquemment une troisième classe, comprenant les biens des hospices (v. L. 16 vend. an v (1), et 16 messidor an vii (2)); ceux de l'université (v. Décret 17 mars 1808 (3)); et ceux des établissemens ecclésiastiques (v. L. 18 germinal an x (4), et 2 janvier 1817 (5)).

Une quatrième classe se compose des biens affectés à la dotation de la couronne (v. L. 2 mars 1832 (6)). On

---

(1) II, B. 81, n° 753.
(2) II, B. 293, n° 3112.
(3) IV, B. 185, n° 3179.
(4) III, B. 172, n° 1344.
(5) VII, B. 128, n 1454.
(6) IX, Part. 1, B. 65, n° 146.

peut même en voir une cinquième dans les biens composant les majorats (v. Décret 1ᵉʳ mars 1808 (1)).

541. Tout bien qui, ne pouvant avoir ou n'ayant pas actuellement de maître, fait partie du territoire français, ou se trouve sur ce territoire, doit naturellement appartenir à l'état. Ainsi 1° toute chose qui, par sa nature ou sa destination, est affectée à un service public incompatible avec le droit exclusif résultant d'une propriété privée, est déclarée par la loi dépendance du domaine public. Cette règle s'applique notamment :

Aux chemins de diverses espèces, suivant que les lois de la matière les mettent ou non à la charge de l'état.

Aux cours d'eaux, suivant qu'ils sont ou non navigables ou flottables ;

Aux rivages, lais et relais de la mer ;

Aux ports, hâvres et rades. V. art. 538.

N'existe-t-il pas des biens non susceptibles de propriété privée, qui pourtant ne font point partie du domaine public ?

2° Les biens vacans, et par conséquent les successions en *deshérence*, appartiennent au domaine public. Voy. art. 539, 713, 723, 768, 33.

542. La première catégorie comprend évidemment les fortifications des places de guerre ou forteresses. Voy. art. 540. Que si la place cessait d'être place de guerre, l'état conserverait naturellemment la propriété qui lui appartenait. Mais les terrains ou constructions devenant

---

(1) IV, B. 186, n° 3207.

alors susceptibles de propriété privée, seraient sujets à aliénation ou prescription. V. art. 541 ; voy. aussi article 560.

A ce sujet on doit observer que tous les biens de l'état ne sont pas de même nature : les uns sont dans le commerce, susceptibles conséquemment d'être aliénés, sauf l'observation des formes requises (art. 537), et sujets à prescription (art. 2227) ; les autres sont hors du commerce, inaliénables conséquemment et imprescriptibles (art. 2226), tant qu'ils en demeurent exclus. Tout bien de l'état qui n'est point affecté à un service public est par cela même dans le commerce.

543. La loi désigne sous le nom de biens communaux non-seulement ceux dont les communes sont propriétaires, mais ceux au produit desquels leurs habitans ont un droit acquis. V. art. 542.

N'existe-t-il pas parmi les biens communaux des biens dans le commerce, et des biens hors du commerce?

544. A l'égard des biens des établissemens publics, et autres qui n'appartiennent pas à des particuliers, ils sont tous, aussi bien que ceux de l'état et des communes, soumis à la règle générale de l'art. 537. Mais il en est parmi eux que les lois qui les concernent déclarent inaliénables, et d'autres qui sont déclarés tout à la fois inaliénables et imprescriptibles.

545. Les biens ainsi distingués, il faut se rappeler qu'on n'a à s'en occuper que sous le rapport des droits des personnes ; il y a donc lieu de régler immédiatement la nature et l'étendue des droits que les personnes

peuvent avoir sur les biens. Le code les réduit ici à trois, *propriété, jouissance, services fonciers*; ces deux derniers droits ne sont que des modifications de la propriété. V. art. 543. Mais remarquez 1° que par droits sur les biens, on n'entend que les droits *réels*, c'est-à-dire ceux qui affectent la chose même, et dont on peut réclamer l'exercice contre un tiers, indépendamment de toute obligation de la part de celui-ci.

Remarquez, 2° qu'on peut encore avoir sur les biens un droit d'hypothèque dont le législateur ne parle point ici, parce que ce droit, quoique *réel* (art. 2114), n'est pas, à proprement parler, une modification de la propriété.

TITRE DEUXIÈME.

DE LA PROPRIÉTÉ.

546. User de sa chose, en tirer tous les produits dont elle est susceptible, la dénaturer, la perdre même ou la faire passer à un autre, tels sont en général les droits du propriétaire; ils sont tous compris dans ces expressions de la loi *jouir et disposer de la manière la plus absolue*. Mais quelque inviolable que soit le droit de propriété, les citoyens qui ne l'exercent que sous la protection des lois, doivent se soumettre aux restrictions qu'elles impo-

sent, et observer les prohibitions portées, soit par les lois elles-mêmes, soit par les réglemens faits pour leur exécution. Voy. art. 544.

547. Une conséquence du droit que chacun a de disposer de sa chose, c'est qu'il ne peut en être dépouillé sans un acte de sa volonté ; cependant l'intérêt privé doit encore ici fléchir devant l'intérêt général ; et l'état peut exiger le sacrifice d'une propriété. Mais il faut pour cela, 1° qu'il y ait une cause d'intérêt public légalement constaté ; 2° que le propriétaire soit justement et préalablement indemnisé. V. C. civ., art. 545 ; Ch. const., art. 9 ; voy. aussi à ce sujet L. 7 juillet 1833 (1); et remarquez qu'en attribuant comme de raison au pouvoir législatif ou exécutif et à l'administration locale le droit de constater et de déclarer dans certaines formes l'utilité de l'expropriation, c'est aux tribunaux seuls que la loi confère le droit de prononcer cette expropriation après vérification de l'accomplissement des formes. V. d. L. art. 1, 2 et 3.

C'est aussi au pouvoir judiciaire qu'appartient le réglement de l'indemnité, si elle ne peut être fixée à l'amiable ; mais la loi remet ici la décision à un jury spécial.

Quant au paiement de l'indemnité, il doit, suivant le principe posé par le Code civil et consacré par la charte, être *préalable*, mais en ce sens seulement que le paiement ou la consignation doit précéder la prise de de possesion (d. L. art. 53). Du reste l'expropriation se prononce avant même la fixation de l'indemnité (d. L. art. 14).

---

(1) IX, Part. 1, B. 107, n° 241.

548. Les effets de la propriété ne se bornent pas à la chose même qui en est l'objet ; le droit du propriétaire s'étend encore sur ce qui est produit par la chose et sur ce qui s'y unit accessoirement ; l'union peut être naturelle ou artificielle. L'acquisition des produits et celle des choses accessoirement unies sont comprises par le législateur sous le nom de *droit d'accession*. V. art. 546.

CHAPITRE I.

DU DROIT D'ACCESSION SUR CE QUI EST PRODUIT PAR LA CHOSE.

549. La loi considère comme produit de la chose, appartenant comme tel au propriétaire, non-seulement ce qui en naît spontanément ou par la culture, après en avoir fait partie intégrante, comme les fruits naturels ou industriels et le croît des animaux, mais encore les fruits civils, c'est-à-dire les revenus qui se perçoivent à son occasion. V. art 547.

550. Au reste, quoiqu'on ne doive comprendre sous le nom de fruits que les produits ordinaires, il est certain que le droit du propriétaire s'applique également aux produits extraordinaires.

551. Le principe qui attribue les fruits au propriétaire ne reçoit pas d'exception, au cas même où le fonds aurait été cultivé ou ensemencé par un tiers et à ses frais ; sauf dans ce cas l'indemnité fondée sur l'équité,

qui ne permet pas de s'enrichir aux dépens d'autrui. V. art. 548; voy pourtant art. 585.

552. Il suit de ce principe, que celui qui possède le fonds d'autrui doit en général en restituter au propriétaire tous les produits; mais on a dû prendre en considération le grave préjudice qu'éprouverait, sans avoir pu s'en garantir, le possesseur de bonne foi, si après plusieurs années de jouissance paisible, on l'obligeait à tenir compte des fruits que son erreur l'autorisait à dépenser à mesure. C'est pour cela qu'il fait les fruits siens. V. art. 549.

Au surplus, bien que notre motif semble s'appliquer uniquement aux fruits qui sont effectivement consommés, c'est un principe en droit français, que la seule perception suffit pour faire gagner les fruits au possesseur de bonne foi (v. art. 138).

553. La bonne foi n'est point parfaite, et ne mérite aucune faveur, si elle ne repose sur un titre, c'est-à-dire si la cause de la possession n'est pas telle, qu'en l'absence d'un vice ignoré elle eût dû rendre le possesseur propriétaire. Il est évident que la connaissance du vice fait cesser la bonne foi, dès que cette connaissance survient. Mais la loi veut dire quelque chose de plus; elle entend certainement que l'acquisition des fruits, dont la bonne foi est le principe, cesse en même temps qu'elle. V. art. 550, et remarquez, 1° que le titre fait supposer la bonne foi jusqu'à preuve du contraire (voy. art. 2268); 2° que la bonne foi ne peut plus être alléguée après la réclamation fondée sur le vice du titre, mais qu'elle est en général censée durer jusqu'à cette réclamation.

L'héritier du possesseur de mauvaise foi peut-il gagner les fruits, s'il est lui-même de bonne foi?

554. Le principe qui attribue les fruits au propriétaire reçoit encore exception à l'égard de l'usufruitier, du fermier, ou du preneur à antichrèse. Mais, dans tous les cas, les fruits faisant partie intégrante du sol tant qu'ils pendent par branches ou par racines, ils continuent à appartenir au propriétaire jusqu'à la perception.

CHAPITRE II.

DU DROIT D'ACCESSION SUR CE QUI S'UNIT ET S'INCORPORE A LA CHOSE.

555. L'accession considérée sous ce rapport est naturelle ou artificielle (art. 546).

Le principe de la matière, c'est que l'accessoire suit la nature du principal. V. art. 551. Ce principe, combiné avec ceux de l'équité naturelle, a dicté les règles établies par le Code, soit relativement aux immeubles, soit relativement aux meubles.

SECTION I.

Du droit d'accession relativement aux choses immobilières.

556. Les règles contenues dans cette section se rapportent :

1° Aux plantations et constructions qui peuvent être faites sur le sol (art. 552-555);

2° Aux accroissemens résultant du voisinage d'un fleuve ou d'une rivière (art. 556-563);

3° Enfin à la propriété des animaux farouches qui, en s'habituant sur un fonds, en deviennent les accessoires (art. 564).

557. A l'égard des constructions et plantations, le principe général est que la propriété du sol emporte la propriété du dessus et du dessous. De là plusieurs conséquences, dont les unes sont formellement exprimées par la loi, les autres ressortent clairement de ses dispositions.

Premièrement. Le propriétaire peut en général faire au-dessus ou au-dessous de son sol tout ce qu'il juge à propos. Toutefois la loi elle-même annonce les restrictions apportées à la faculté de planter et de construire au-dessus, par l'effet des servitudes (v. art. 671, 674, 678, 679, 686). Ces restrictions s'appliquent également à la faculté de construire et de fouiller au-dessous (v. art. 674, 686). Cette dernière est surtout fortement modifiée par la législation relative aux mines (v. L. 21 avril 1810 (1)); elle l'est encore par les lois ou règlemens de police. V. art. 552.

Secondement. Tout autre que le propriétaire ne peut, sans son consentement, bâtir, planter ni fouiller le sol (voyez pourtant art. 686 et L. du 21 avril 1810).

Troisièmement. Toutes constructions, plantations et ouvrages sur un terrain ou dans l'intérieur, appartiennent

---

(1) IV, B. 285, n° 5401.

au propriétaire du sol par droit d'accession, sauf l'indemnité qui peut être due au planteur ou constructeur, ou au propriétaire des matériaux, et sauf aussi l'aliénation que le propriétaire du sol pourrait en faire, ou qui pourrait résulter de la prescription.

Quatrièmement. La superficie ou les ouvrages intérieurs sont présumés, jusqu'à preuve contraire, établis par le propriétaire du sol, à ses frais, et lui appartenir V. art. 553.

558. Le principe d'accession qui attribue au propriétaire du sol les constructions, plantations et ouvrages, quels que soient le planteur ou constructeur et le maître des matériaux employés, reçoit diversement son application à deux cas principaux :

1° Le maître du sol a construit ou planté avec les matériaux d'autrui (art. 554);

2° Un tiers a construit ou planté avec ses matériaux sur le sol d'autrui (art. 555).

559. Au premier cas, il s'agit uniquement d'indemniser le propriétaire des matériaux, arbres ou plantes, qui ne les a certainement point aliénés sans aucun fait de sa part, et qui cependant ne peut ni les revendiquer, puisqu'en réalité ils n'existent plus, ni faire détruire, pour les retrouver, les édifices ou plantations. L'indemnité consiste dans la valeur estimative, et, s'il y a lieu, dans de plus amples dommages-intérêts. V. art. 554, et remarquez que la loi n'ôte pas pour cela au maître des matériaux le droit de les revendiquer, s'ils étaient effectivement détachés avant qu'il en eût reçu le prix ; mais elle ne donne pas non plus au constructeur le droit de

lui offrir cette séparation pour se dispenser de l'indemniser.

560. Au second cas, le propriétaire, dont le fonds a été augmenté sans sa participation, ne doit, en principe, ni s'enrichir aux dépens d'autrui, ni être forcé à une dépense qu'il n'a pas consentie. Il peut donc à son choix retenir l'augmentation en la payant, ou faire remettre les choses dans leur premier état, aux frais du constructeur ou planteur, qui enlève alors ses matériaux, et qui, loin d'avoir droit à indemnité pour le préjudice qu'il éprouve par son fait, peut au contraire être tenu lui-même d'indemniser le propriétaire du fonds.

Le droit qu'a le propriétaire de faire enlever lui offrant un moyen de se décharger de toute indemnité, il est juste, s'il préfère conserver, qu'il paie non la plus-value resultant des travaux, mais le montant effectif de la dépense, qu'il s'approprie alors par un acte de sa volonté.

Mais l'obligation d'enlever a paru trop rigoureuse à l'égard du possesseur de bonne foi qui, par ses travaux, aurait augmenté le fonds dont il se trouve par la suite évincé. La même faveur qui, dans ce cas, fait accorder au possesseur les fruits perçus (art. 549, 550), lui donne droit à indemnité pour ses dépenses.

Quant au montant de l'indemnité, il se règle alors uniquement par le principe qui défend au propriétaire de s'enrichir aux dépens d'autrui : ce qui donne à celui-ci le choix entre le paiement de la dépense et celui de la plus-value. V. art. 555.

La règle différente établie par la loi suivant la bonne ou mauvaise foi du constructeur, ne présente-t-elle pas un résultat inique, en ce sens que le propriétaire, si en fait il veut conserver, sera tenu plus rigoureusement envers le constructeur de mauvaise foi qu'envers le possesseur de bonne foi?

Le droit du possesseur de bonne foi à la plus-value résultant de ses travaux, ne doit-il pas se compenser avec les fruits qu'il a perçus? V. *Papin.*, L. 48, ff. *de rei vind.*

Quid si le propriétaire n'a pas le moyen de payer la plus-value?

Quid si les travaux faits par le possesseur de mauvaise foi ne sont pas susceptibles d'être utilement enlevés?

Voir sur ces deux questions *Cels.*, L. 38, ff., *de rei vind.*

Dans tous les cas où il est dû indemnité au possesseur, celui-ci peut-il retenir le bien revendiqué jusqu'à remboursement? Voy. à ce sujet, art. 867, 1673, 1948.

561. L'art. 555 s'appliquerait-il aux constructions, plantations et ouvrages faits par un usufruitier, nonobstant art. 599?

Quid s'ils sont faits par un fermier?

Si le constructeur de bonne ou mauvaise foi a employé les matériaux d'autrui, quels seront alors les droits et obligations, soit du propriétaire du sol, soit du constructeur, soit du maître des matériaux?

562. Le voisinage d'un fleuve ou d'une rivière expose continuellement les riverains à la perte ou à la dégradation de leur propriété. Ce dommage doit être compensé par des avantages. De là l'acquisition par alluvion, qui embrasse également les *atterrissemens* et les *relais,* pourvu que l'accroissement qui en résulte soit successif et insensible. Dans l'un ni dans l'autre cas, il n'y a lieu à distinguer si le lit du fleuve ou de la rivière est ou non dépendance du domaine public (v. art. 538), car le même motif est tou-

venir, ou de demeurer en un certain lieu, les fait considérer comme accessoires de ce lieu, seulement tant que dure cette habitude. On conçoit dès lors comment le propriétaire d'un colombier, d'une garenne ou d'un étang, acquiert par accession les pigeons, lapins ou poissons qui viennent librement s'y habituer : mais évidemment il en serait autrement s'ils étaient attirés par fraude et artifice. V. art. 564.

SECTION II.

Du droit d'accession relativement aux choses mobilières.

568. La multiplicité des hypothèses qui peuvent offrir l'union ou incorporation de deux choses mobilières appartenant à différens maîtres, rend ici la matière peu susceptible de principes absolus. Aussi le législateur s'en réfère-t-il entièrement à l'équité naturelle, en se bornant à poser quelques règles pour servir d'exemple dans les cas non prévus. V. art. 565.

Le juge, même dans les cas prévus, pourrait-il, à raison des circonstances, préférer à la décision écrite dans la loi celle que l'équité lui suggérerait?

569. Les règles ici posées sont relatives à trois cas :

1° Union en un seul tout de deux choses séparables et constituant chacune un individu à part, ou *adjonction* (art. 566-569);

2° Emploi d'une ou plusieurs matières à la formation d'une nouvelle espèce, ou *spécification* (art. 570-572);

3° Mélange de plusieurs matières (art. 573, 574).

La loi contient en outre quelques règles communes à tous ou à plusieurs de ces trois cas (art. 575-577).

570. Au premier cas il faut chercher dans le tout quelle est la partie principale, c'est au maître de la chose qui la forme que le tout appartient. Il est naturel en effet que l'autre maître ne puisse revendiquer actuellement sa chose, qui a cessé d'exister en devenant accessoire; mais le Code ne lui permet pas même, en principe, d'arriver à cette revendication par le moyen d'une séparation (1). Il peut seulement se faire payer la valeur. V. art 566.

571. Ce n'est point en général par le prix de chaque chose que l'on reconnaît l'accessoire et le principal : il faut voir laquelle des deux choses a été unie à l'autre pour l'orner, la compléter ou servir à son usage. La partie principale est la chose à laquelle l'autre a été ainsi unie. V. art. 567.

572. Toutefois le prix de l'accessoire, lorsqu'il est considérable, peut autoriser le maître de la chose unie à son insu, à la faire séparer. V. art. 568.

573. Le prix peut même servir à déterminer la partie principale lorsque la distinction ci-dessus est impossible. A défaut de cette indication on aurait encore égard au volume. V. art. 569.

Quid s'il est absolument impossible de distinguer l'accessoire du principal? Ne faudrait-il pas appliquer alors l'article 573?

---

(1) Voyez, au contraire, *Paul*, L. 6, et *Ulp.*, L. 7, § 1 et 2 ff. *ad exhib.*

574. Il n'est peut-être pas très-exact de réduire à une question d'accession le cas de formation d'une nouvelle espèce avec la matière d'autrui. La véritable question consisterait plutôt à savoir si la nouvelle devrait appartenir à l'ouvrier comme créateur, ou si au contraire la propriété du maître de la matière devrait se continuer sur la chose considérée comme la même, malgré le changement de forme. C'est cette question, controversée entre les deux sectes de jurisconsultes romains, qui avait été tranchée par une distinction tirée de la nature des choses : la matière était réputée durer ou non après la spécification, suivant que la chose pouvait ou ne pouvait pas reprendre sa première forme (v. *Just.*, Inst., § 25, *de. rer. div. et acq. ear. dom.*).

Quoi qu'il en soit, le Code semble considérer la matière et l'industrie comme deux parties de la chose, dont l'une est principale : c'est ordinairement la matière ; c'est au contraire l'industrie, quand le prix de la main-d'œuvre surpasse de beaucoup la valeur de la matière. Voyez art. 570, 571.

575. En vertu du principe qui règle la propriété de la nouvelle espèce par celle de la matière, la loi déclare la chose commune lorsque l'ouvrier a employé en partie sa matière et en partie celle d'autrui. Seulement dans ce cas, elle veut que l'indemnité due à l'ouvrier pour sa main-d'œuvre consiste dans une part de propriété, qui augmente celle qui lui reviendrait à raison de sa portion de matière. La communauté au reste aurait lieu dans le cas même où ni l'une ni l'autre des matières ne serait

entièrement détruite : il suffit qu'elles ne puissent se séparer sans inconvénient.

Quid si à raison de son peu d'importance l'une pouvait être considérée comme l'accessoire de l'autre? Combinez à ce sujet l'article 572 avec les articles 567, 569, 573, 574.

Quid si les deux matières pouvaient se séparer sans inconvénient?

576. Le cas de mélange diffère de l'adjonction en ce qu'au lieu d'individus unis, ce sont ces matières qui sont confondues ; il paraît différer toujours de la spécification en ce point que la formation de la chose provenue du mélange ne suppose aucune industrie. Du reste la loi semble reconnaître applicables à ce cas, comme à celui d'adjonction, et le principe qui attribue la propriété du tout au maître du principal, et les règles qui servent à distinguer le principal et l'accessoire. C'est uniquement quand on ne peut faire cette distinction qu'il y a lieu soit à séparation, si elle est possible et si celui qui la demande n'a pas consenti au mélange, soit à communauté de la masse. V. art. 573, 574.

577. dans les divers cas où la chose reste commune (art. 572 573), il y a lieu à licitation ; là s'applique le principe : nul n'est tenu de demeurer dans l'indivision. V. art. 575, 815, 1686.

578. Une autre règle, commune au cas de spécification et à celui de mélange, donne à celui que la loi rend propriétaire d'une chose nouvelle, sans le concours de sa volonté (art. 570, 574), la faculté d'abandonner cette propriété qui lui imposerait des sacrifices, ou qui, en

tout cas, peut ne pas lui convenir, et de réclamer à la place l'équivalent de sa matière. V. art. 576.

Pareillement, en cas d'adjonction, le maître de la chose principale ne pourrait-il pas se dispenser de payer l'accessoire, soit en séparant, soit en abandonnant le tout et se faisant payer sa chose?

579. Enfin une règle applicable aux trois cas ci-dessus, et fondée sur le principe énoncé en l'art. 1832, soumet aux dommages-intérêts celui qui emploie la matière (ajoutons ou la chose) d'autrui à l'insu du propriétaire. Il est évident qu'il peut même, suivant les cas, être poursuivi correctionnellement ou criminellement. Voyez art. 577.

Celui qui a agi de mauvaise foi ne pourrait-il pas aussi être privé de la propriété que la loi lui attribue?

580. Au reste nous ne terminerons pas cette section sans faire remarquer que les règles qu'elle contient pour la solution de la question de propriété resteront souvent sans application, par suite du principe de notre droit français qui n'admet la revendication des meubles contre un tiers de bonne foi que dans les seuls cas de perte et de vol (v. art. 2279).

TITRE TROISIÈME.

DE L'USUFRUIT, DE L'USAGE ET DE L'HABITATION.

581. On a vu dans l'art. 543 qu'on pouvait avoir sur les biens un *simple droit de jouissance*. Sous cette dénomination le Code a voulu comprendre non-seulement la jouissance proprement dite, qui consiste dans la perception des fruits, mais aussi le simple usage d'une chose, qui consiste principalement dans la faculté de s'en servir. Ce droit, toujours contenu dans la jouissance, peut aussi être constitué séparément.

582. On ne s'occupe pas ici du droit d'user et de jouir d'une chose appartenant au maître comme conséquence de la propriété parfaite, on le considère au contraire démembré temporairement de la propriété et appartenant à un autre.

Tout droit sur la chose d'autrui qui attribue une partie des avantages de la propriété en diminuant d'autant les droits du propriétaire, peut à juste titre être désigné sous le nom de *servitude*. Si ce droit est conféré à une personne déterminée, c'est alors une servitude personnelle qui ne peut durer au de là de la vie de cette personne : dans cette classe on a toujours rangé l'usufruit, l'usage et l'habitation. Si au contraire le droit n'appartient à une personne qu'en tant qu'elle est propriétaire d'un bien, en vue duquel ce droit a été établi, c'est alors une servitude *réelle*, dont il sera question au titre suivant.

583. Les droits d'usufruit, d'usage et d'habitation étant de véritables servitudes personnelles, quoique la loi leur refuse cette dénomination, ils ne doivent pas être confondus avec la faculté de jouir ou d'habiter conférée par le contrat de louage, ni avec celle d'user de la chose prêtée ou de percevoir les fruits de la chose baillée à antichrèse. Ils en diffèrent principalement : 1° en ce qu'ils affectent la chose, et participent ainsi à sa nature mobilière ou immobilière; 2° en ce qu'ils sont exclusivement attachés à la personne, et ne peuvent passer à ses héritiers.

584. Tels sont les principes généraux du droit réel de jouissance, qui comprend, comme on l'a dit, l'usufruit, l'usage et l'habitation. Les principes particuliers à l'usufruit sont établis au chapitre Ier; l'usage et l'habitation, qui ne diffèrent guère entre eux qu'eu égard à la chose sur laquelle ils reposent, font ensemble l'objet du chapitre II.

CHAPITRE I.

DE L'USUFRUIT.

585. L'usufruit est le droit de jouir dans sa signification la plus étendue, en d'autres termes, le droit d'user de la chose et d'en percevoir les fruits. Ce droit, établi sur la chose d'autrui, est le même pour l'usufruitier que pour le propriétaire; mais le propriétaire, en vertu du

droit qu'il a de disposer, peut changer la chose, la dénaturer, et se procurer ainsi un nouveau mode de jouissance ; l'usufruitier, au contraire, est tenu de conserver la substance. V. art. 578.

586. L'usufruit ne peut être séparé de la propriété que par une disposition de la loi ou par la volonté du propriétaire. V. art. 579.

Il l'est par la loi dans les cas de l'article 384 et de l'article 754 (v. aussi art. 1401 2°, 1530 et 1533, 1549 et 1562).

Il peut être constitué volontairement par tous les moyens propres à transmettre la propriété.

Peut-il l'être, comme à Rome, par la sentence du juge? V. *Gaius*, L. 6, § 1, ff. *de usufr.*
Peut-il l'être par prescription?

587. Le droit de concéder l'usufruit n'étant qu'une conséquence du droit d'aliéner, qui appartient au propriétaire, il est clair que celui-ci peut les constituer en général sous telles modifications qu'il le juge à propos. La constitution peut donc être faite à terme ou sous condition, comme elle peut être faite purement. V. art. 580.

588. L'usufruit peut être établi sur toute espèce de biens, sans en excepter même ceux qui se consomment par le premier usage ; car ces choses étant en général fongibles, c'est-à-dire susceptibles de se remplacer les unes par les autres, la charge de rendre l'équivalent peut à leur égard tenir lieu de celle de conserver la substance. v. art. 581.

SECTION I.

Des Droits de l'usufruitier.

589. Le titre même de l'usufruitier, *fructuarius*, indique suffisamment qu'il a droit à tous les les fruits. Voyez art. 582, et remarquez quil n'en *jouit* pas seulement, comme dit la loi, mais qu'il en acquiert la propriété. On entend par *fruits* non-seulement les produits périodiques de la de la terre et des plantes, mais généralement tout ce qu'une chose est destinée à produire et reproduire, et tous les revenus qu'on peut périodiquement recueillir à son sujet.

590. Les fruits que la seule nature fait produire à une chose sont dits *naturels*; ceux qu'elle ne produit que par l'industrie de l'homme et par conséquent par la culture sont appélés *industriels*. Du reste quoique cette distinction, toujours assez difficile à faire, n'ait dans la matière qui nous occupe aucune importance, la loi prend soin d'expliquer que le produit et le croît des animaux font, tout aussi bien que les produits spontanés de la terre, partie des fruits naturels. V. art. 583, et remarquez que les fruits industriels, comme les autres peuvent toujours être appelés *naturels*, par opposition aux fruits civils.

Les fruits civils sont des revenus que la chose ne produit pas à proprement parler, mais que celui qui a droit sur elle se procure en raison de ce droit. C'est évidemment à cette classe qu'appartiennent les prestations en argent qu'on retire d'une chose qui ne produit point de fruits naturels ; tels sont les loyers des maisons, les intérêts des sommes exigibles et les arrérages des rentes. Mais les prix même des baux à ferme quoiqu'ils ne soient que l'équivalent des fruits produits par la chose, sont aussi rangés dans cette classse. V. art. 584.

591. Les fruits naturels ou industriels faisant partie de la chose tant qu'ils y sont attachés, l'usufruitier ne peut en devenir propriétaire qu'après qu'il en sont séparés : en d'autres termes il ne les acquiert que par la perception. Mais ayant le droit de jouir du fonds, il doit acquérir ainsi tous ceux qui se présenteront à percevoir pendant la durée de son droit.

Par conséquent les fruits pendans à l'ouverture de l'usufruit *appartiennent* à l'usufruitier, en ce sens qu'il pourra les acquérir en les percevant s'il y a lieu. A l'égard des fruits pendans à la fin de l'usufruit, l'usufruitier ne les ayant point encore acquis, et ne pouvant ni conserver ni transmettre la faculté de les percevoir en vertu d'un droit qui ne subsiste plus, ces fruits appartiendront au propriétaire. De là il peut résulter que soit l'usufruitier, soit le propriétaire acquière des fruits dus au travail et aux avances de l'autre. L'égalité des chances fait déroger ici au principe de l'indemnité posé par l'article 548. Mais le droit de s'emparer des fruits sans indemnité ne va pas jusqu'à dépouiller le colon partiaire de la portion qui lui est acquise. Cela devait au reste souffrir d'autant moins de difficulté que, dans les principes du Code civil, l'usufruitier et le propriétaire sont en général tenus à l'exécution des baux existans au commencement ou à la fin de l'usufuit (art. 595, 1743). V. art. 585, et remarquez qu'en consacrant ici le principe d'acquisition des fruits par la perception, notre Code n'exige pas, comme le droit romain, que l'usufruitier les ait perçus lui-même.

Si l'usufruitier a vendu les fruits sur pied et meurt ensuite avant la récolte, l'acheteur a-t-il droit de les percevoir?

En cas d'affirmative, le propriétaire peut-il en réclamer le prix, dans le cas même où l'usufruitier aurait survécu à la maturité des fruits?

592. Quant aux fruits civils, la même raison ne s'appliquant pas, on a trouvé plus juste de les faire acquérir jour par jour, à chacun en proportion de son temps de jouissance. La loi applique cette règle, même au prix des baux à ferme, quoiqu'il ne soit que l'équivalent des fruits qui s'acquièrent par la perception. V. art. 586.

593. Les fruits ainsi définis et distingués, il suffit, pour faire connaître plus en détail les droits de l'usufruitier, de faire l'application des principes posés, aux diverses sortes de biens sur lesquels l'usufruit peut être établi.

594. Si ce sont des choses qui se consomment par le premier usage, l'usufruitier a nécessairement le droit d'en disposer, puisqu'il n'a pas d'autre moyen d'en user; il en est donc vraiment propriétaire; mais il en doit rendre l'équivalent à la fin de l'usufruit. Cet équivalent du reste, peut consister, ou dans des objets de même quantité, qualité et *valeur*, ou dans l'estimation en argent. V. art. 587.

L'estimation dont parle la loi n'est-elle pas celle qu'on suppose avoir été faite au commencement de l'usufruit? L'usufruitier a-t-il le choix entre la restitution de choses du même genre ou le paiement de cette estimation? Au contraire, si les objets ont été estimés au commencement de l'usufruit, n'est-ce point, en général, de cette estimation qu'il sera tenu? V. *Just.*, Inst., § 2, *de usufr.; Gaius*, L. 7, ff. *de usufruct. ear. rer. quæ us. cons.*; v. à ce sujet C. civ., art. 1902 et 1903.

Le quasi-usufruit dont il s'agit ici ne peut-il s'appliquer qu'aux choses qui se consomment par le premier usage?

L'usufruitier d'un fonds de commerce devient-il propriétaire du fonds lui-même, comme des marchandises qui le composent, en tel sens qu'il puisse valablement disposer de ce fonds, et et que ses créanciers puissent le faire saisir et vendre au préjudice du propriétaire?

L'usufruitier a-t-il droit de recevoir le remboursement d'une rente? *Quid* s'il s'agit d'une créance à terme?

595. L'obligation imposée à l'usufruitier de rendre les sommes d'argent par lui reçues ne peut évidemment s'étendre aux arrérages de rentes ou aux intérêts des capitaux, puisque ce sont des fruits civils dont la perception n'altère pas la substance du droit qui les produit. La loi applique ce principe, même à la rente viagère, qu'elle considère comme un être moral produisant temporairement des fruits. V. art. 588. Le même principe devrait s'appliquer à un droit d'usufruit qui serait lui-même l'objet d'un usufruit (v. art. 1568).

596. Il ne faut pas confondre, avec les choses qui se consomment entièrement, les choses mobilières qui se détériorent simplement par l'usage. L'usufruitier a le droit de s'en servir suivant leur destination, et n'est obligé qu'à les représenter en nature, dans l'état où elles se trouveront par suite de l'usage qu'il en aura fait en bon père de famille. Mais il répond évidemment de son dol ou de sa faute. V. art. 589.

Quid si l'usufruitier ne les représentait pas en nature? Voy. art. 453 et 950.

L'usufruitier pourrait-il louer les meubles dont il s'agit? Combinez articles 589, 595, 631 ; voy. aussi *Ulp.*, L. 15, § 4 et 5, ff. *de usufr.*

597. L'usufruit des bois est réglé par les art. 590-594.

Les arbres dont un fonds est planté, sont, suivant leur destination naturelle ou suivant la destination des propriétaires, tantôt considérés comme des fruits du fonds, tantôt comme des parties du fonds produisant elles-mêmes des fruits.

598. On doit considérer comme fruits :

1° Les bois taillis, en ce sens que l'usufruitier peut se les approprier, mais seulement par la perception en temps utile. Ainsi l'usufruitier, tenu de jouir en bon père de famille, doit se conformer à l'aménagement établi ou à celui qui résulte tacitement de l'usage : conséquemment il devrait indemnité pour toute contravention à cet aménagement, s'il y avait préjudice pour le propriétaire. Mais lui-même n'a droit à aucune indemnité pour les coupes qu'il aurait manqué de faire. V. art. 590, al.-1ᵉʳ.

Sont aussi considérés comme fruits :

2° Les arbres des pépinières, en ce sens que l'usufruitier peut en disposer, mais à la charge du remplacement nécessaire pour conserver la substance de la pépinière. V. art. 590, *in fin.;*

3° Les coupes même des bois de haute futaie, si toutefois ces bois ont été mis en coupes réglées. Bien entendu qu'à cet égard comme pour les taillis, l'usufruitier doit se conformer aux époques et à l'usage qu'il trouve établis. V. art. 591.

599. A l'égard des bois de haute futaie non mis en coupe réglée, ils font partie du fonds; l'usufruitier ne peut donc les couper ni même s'approprier ceux qui sont abattus par accident (ajoutez ni ceux qui meurent). Mais comme il a droit de jouir du fonds en bon père de famille, il peut se servir des arbres abattus, pour les réparations dont il est tenu; il peut même en faire abattre pour cet objet, en en faisant constater la nécessité avec le propriétaire. V. art. 592.

Par suite du même principe, il peut y prendre des échalas pour les vignes; il est clair, du reste, qu'il a droit aux produits annuels ou périodiques qu'on est dans l'usage d'en retirer. V. art. 593.

600. Quant aux arbres fruitiers, sa jouissance consiste dans les fruits qu'ils produisent; mais, quoiqu'il n'ait pas droit de les détruire, la loi lui attribue ceux qui meurent ou qui sont arrachés ou brisés par accident, à la charge de les remplacer. V. art. 594.

601. Quelle que soit, au reste, la nature du bien soumis à usufruit, il ne faut pas perdre de vue que l'usufruitier a droit de jouir comme le propriétaire lui-même, qu'il peut donc retirer de la chose toute l'utilité dont elle est susceptible, sous la seule condition de ne pas la dénaturer.

Ainsi, 1° il peut, au lieu de jouir par lui-même, faire jouir un autre à sa place, soit en donnant les biens à ferme, soit en vendant ou cédant gratuitement son droit, c'est-à-dire l'exercice de son droit. En principe, du reste, le droit des ayant-cause de l'usufruitier doit se renfermer dans les mêmes limites que le sien propre, et finir conséquemment avec lui. Toutefois il est certain que notre législateur, pour faciliter la jouissance de l'usufruitier, a entendu lui conférer le pouvoir de faire ou renouveler les baux, de manière à lier le propriétaire lui-même après l'extinction de l'usufruit. Mais pour cela il faut nécessairement que l'usufruitier se conforme à certaines règles quant aux époques de renouvellement et à la durée des baux. Ces règles sont les mêmes que pour le mari à l'égard des biens de la femme. V. art. 595, et à ce sujet art. 1428, 1429.

Le pouvoir de *donner à ferme* ne comprend-il pas ici celui de *donner à loyer* (nonobstant art. 1711)?

602. 2° Il jouit de l'alluvion, qui est une partie du fonds, et n'en peut être distinguée. V. art. 596.

603. 3° Il jouit des servitudes, qui sont une qualité du fonds. A ce sujet la loi ajoute qu'il jouit du droit de passage et *généralement de tous les droits dont le propriétaire peut jouir*. Bien entendu que les droits dont il s'agit sont uniquement ceux qui présentent quelque analogie avec les servitudes. V. art. 597.

604. Il profite même du produit des mines et carrières (1), qui ne sont pas, à proprement parler, des fruits, mais que la loi considère comme tels, pourvu que

---

(1) Dites-en autant des tourbières, v. art. 598, al.-dernier.

le commencement de l'exploitation ait précédé l'ouverture de l'usufruit; sauf, au surplus, l'application à faire à l'usufruitier, comme au propriétaire lui-même, de la législation particulière aux mines, minières et carrières. V. art. 598, al. 1; voy. à ce sujet L. 21 avril 1810 (1), et remarquez que la disposition de cette loi qui déclare disponible et transmissible comme tout autre bien la propriété d'une mine une fois concédée, semble dispenser l'usufruitier de cette mine d'obtenir la permission du roi, que le Code civil exigeait d'après la législation précédente.

605. A l'égard des mines, carrières et tourbières qui ne sont pas encore en exploitation, l'usufruitier n'y a aucun droit (2).

Quant au trésor trouvé dans le fonds, il n'en est ni une partie, ni un fruit; l'usufruitier ne peut donc y prétendre, soit quant à la propriété, soit quant à la jouissance, sauf le droit qu'il peut avoir comme inventeur (art. 716). V. art. 598, al. dernier.

606. Le motif qui fait refuser à l'usufruitier la jouissance du trésor, ne permet pas davantage d'étendre à tous les cas d'accession la disposition qui le fait jouir de

---

(1) IV, B. 285, n° 5401.

(2) Ainsi il ne pourrait, à ce titre, ni en commencer l'exploitation à son profit, ni en réclamer les produits, si l'exploitation s'en faisait pendant la durée de son usufruit; sauf le droit qu'il a de s'opposer à cette exploitation (art. 599, al.-1), et dans tous les cas, l'indemnité qu'il pourrait obtenir pour le préjudice qu'elle lui causerait.

l'alluvion. Toutes les fois que la chose qui s'acquiert ainsi a une existence distincte du bien auquel elle accède, l'usufruitier ne paraît devoir en profiter qu'autant que ce serait un fruit. Il ne jouirait donc point de l'île (v. *Ulp.*, L. 9, § 4, ff. *de usufr.*), ni, par la même raison, de la partie reconnaissable d'un fonds riverain acquise en vertu de l'article 559.

Quid à l'égard de toute autre espèce d'accession, soit relativement aux immeubles, soit relativement aux meubles?

607. Pour compléter la théorie des droits de l'usufruitier, il reste à indiquer les obligations du nu-propriétaire. Ces obligations, qui dérivent de la servitude dont est grevée sa propriété, ne se bornent pas à celle de s'abstenir de toute jouissance; elles le forcent à s'abstenir du droit de disposer, en tant qu'il pourrait préjudicier au droit de l'usufruitier. Mais une servitude ne devant pas en général consister *in faciendo*, il s'ensuit que non-seulement le propriétaire n'est pas tenu d'améliorer le fonds (V. art. 600 et 607); mais qu'il ne peut même être aucunement contraint à tenir compte des améliorations que l'usufruitier aurait jugé à propos de faire. Sauf à celui-ci le droit d'enlever les ornemens qu'il aurait placés, en rétablissant, comme de raison, les lieux dans leur premier état. V. art. 599.

Si l'usufruitier avait fait sur le fonds des constructions, plantations et ouvrages, ne lui appliquerait-on pas l'art. 555?

SECTION II.

Des obligations de l'usufruitier.

608. Jouir en bon père de famille, et, à moins de cas fortuit ou de force majeure, restituer à la fin de l'usufruit les choses dans l'état où il les a reçues, telles sont les principales obligations de l'usufruitier : c'est à leur accomplissement que tendent ou aboutissent toutes les autres.

609. Il faut remarquer d'abord que, l'usufruit n'étant que le droit de jouir, et non le droit de forcer un autre à faire jouir, l'usufruitier, quel que soit son titre, ne peut, lors de son entrée en jouissance, obliger le nu-propriétaire à lui mettre les choses en bon état. Il les prend dans l'état où elles sont. Mais il importe, pour déterminer l'étendue de ses obligations à la fin de l'usufruit, que l'état et la consistance des biens soient constatés contradictoirement entre lui et le propriétaire. A cet effet la loi exige un inventaire des meubles et un état des immeubles. C'est l'usufruitier qui doit faire procéder à ces opérations en y appelant le propriétaire. Il ne peut jusques-là entrer en jouissance. V. art. 600.

L'usufruitier peut-il être dispensé de faire inventaire par le titre constitutif de son droit?

Cette dispense n'aurait-elle pas pour effet unique d'affranchir l'usufruitier des frais ; sauf le droit qu'aurait le propriétaire de faire procéder lui-même à l'inventaire, avant l'entrée en jouissance?

Le propriétaire pourrait-il être privé de ce droit, même par la volonté du donateur ou testateur?

Quid à l'égard de l'état des immeubles ?

Quid si l'usufruitier, dispensé ou non, a joui effectivement sans état ni inventaire ?

610. Pour assurer l'exécution de ses obligations, toutes virtuellement comprises dans celle de jouir en bon père de famille, la loi assujettit l'usufruitier à donner caution de jouir ainsi (v. à ce sujet art. 2011, 2040, 2041). Et toutefois, l'existence de cette sûreté n'étant pas absolument essentielle, on conçoit qu'il puisse en être dispensé, soit par la volonté des constituans, soit par la loi elle-même. La volonté des constituans résulterait des clauses de l'acte constitutif. Quant à la dispense de la loi, elle est accordée, eu égard à la qualité des personnes, en cas d'usufruit légal des père et mère sur les biens de leurs enfans ; elle l'est encore, eu égard à la volonté présumée des parties, en cas de vente ou de donation avec réserve d'usufruit. V. art. 601.

Le parent usufruitier légal dans le cas de l'art. 754, est-il dispensé de donner caution?

611. Cette caution ayant pour unique objet de garantir le propriétaire contre les abus de jouissance, l'impossibilité de la fournir ne doit point priver entièrement l'usufruitier de son droit ; il convient seulement dans ce cas de lui en ôter le libre exercice, en lui réservant l'émolument.

On arrive à ce résultat, quant aux immeubles, en les affermant ou les séquestrant ; quant aux sommes d'argent en les plaçant ; quant aux denrées en les vendant pour en placer le prix. Dans ces divers cas, on réserve à l'usufruitier les prix des fermes, ajoutons ou les fruits des biens séquestrés, et les intérêts des capitaux placés. V. art. 602.

Il y avait plus de difficulté à l'égard des meubles susceptibles de dépérissement, le droit de l'usufruitier à leur égard consistant principalement à en *user*. Cependant la loi leur applique en général la même règle qu'aux denrées. Mais lorsqu'il s'agit de certains meubles nécessaires dont la jouissance en nature ne peut être remplacée par aucun équivalent, elle permet aux juges, suivant les circonstances, de laisser cette jouissance à l'usufruitier sous sa simple caution juratoire. V. art. 603.

612. Toujours par suite des mêmes principes, le retard de donner caution ne doit point différer la jouissance effective de l'usufruitier dont le droit est ouvert. Il peut donc, lorsqu'il fournit caution, réclamer les fruits dont la perception lui a été jusque-là interdite. V. art. 604.

Doit-on conclure des termes de notre article que le légataire d'un usufruit aurait droit aux fruits échus antérieurement à sa demande en délivrance, nonobstant art. 1014?

613. L'obligation de jouir en bon père de famille comprend celle d'entretenir, et généralement d'acquitter toutes les charges de fruits (art. 605-613).

614. L'obligation d'entretenir s'applique aux réparations. Il est clair que l'usufruitier doit faire toutes celles dont la nécessité provient de sa faute ou de sa négligence. Mais, hors ce cas, une distinction est nécessaire entre les grosses réparations, et les réparations dites

d'entretien. L'usufruitier est *tenu* des unes, les autres demeurent à la charge du propriétaire. V. art. 605.

La loi énumère limitativement les réparations qui doivent être réputées *grosses* (1). Toutes celles qui ne sont pas comprises dans l'énumération sont d'entretien. V. art. 606.

615. Il reste à expliquer comment et jusqu'à quel point l'usufruitier est tenu des réparations d'entretien, et à interpréter le principe qui laisse à la charge du propriétaire les grosses réparations.

L'usufruitier est-il tenu des réparations d'entretien qui étaient à faire lors de son entrée en jouissance? S'il les fait doit-il en être indemnisé?

L'usufruitier, pouvant toujours renoncer à son usufruit, peut-il ainsi se dispenser de faire les réparations qui surviennent à faire pendant sa jouissance?

Voyez *Paul*, L. 48; *Ulp.*, L. 64; *Pompon.*, L. 65, ff. *de usufr.*

La charge des grosses réparations ne peut évidemment obliger le propriétaire envers l'usufruitier à faire celles qui manquent au commencement de l'usufruit; car l'usufruitier prend les choses dans l'état où elles sont (art. 600).

L'usufruitier ne pourrait-il pas les faire, et réclamer une indemnité à la fin de l'usufruit, nonobstant art. 599?

---

(1) L'énumération comprend celles des gros murs et des voûtes, quand elles ne seraient que partielles. Elle comprend encore le rétablissement des poutres et des couvertures, celui des digues et des murs de soutenement et de clôture; mais seulement quand il y a lieu à rétablir *en entier* (art. 606).

Quant à celles dont la nécessité est survenue depuis, il paraîtrait encore conforme aux principes, en matière de servitude, de ne pas obliger le propriétaire à les faire, sans pour cela y obliger l'usufruitier. Ce qu'il y a de sûr, c'est que le propriétaire ne pourrait, pas plus que l'usufruitier, être contraint à *rebâtir* ce qui est tombé de vétusté ou détruit par cas fortuit. V. art. 607.

Mais la loi n'accorde-t-elle pas, pour la réparation de ce qui n'est pas entièrement détruit, le droit qu'elle refuse pour la reconstruction?

Ne pourrait-on pas considérer les grosses réparations comme une charge imposée à la propriété, et appliquer ici les articles 609 et 612? En s'attachant à cette idée, existerait-il effectivement une différence entre les grosses réparations à faire au commencement de l'usufruit, et celles dont la nécessité est survenue depuis? En existerait-il une entre les grosses réparations et les reconstructions?

616. L'usufruitier doit payer toutes les charges de fruits, et sous ce titre il faut comprendre toutes celles qu'un bon père de famille est dans l'usage d'acquitter sur ses revenus.

617. Ainsi, il paie seul les charges annuelles de l'héritage, telles que les contributions. V. art. 608.

618. A l'égard de celles qui pèsent sur la propriété entière, dont l'usufruit est un démembrement, il est naturel qu'elles diminuent tout à la fois et la propriété de l'un et la jouissance de l'autre. On arrive également à ce résultat, soit que l'usufruitier paie au propriétaire les intérêts du capital fourni par celui-ci pour l'acquittement des charges, soit qu'il fasse lui-même l'avance de ce capital,

sans intérêt. La loi prescrit en général le premier parti et indique le second comme facultatif. V. art. 609.

Observons, au reste, qu'on arriverait encore au même résultat par la vente d'une portion du bien soumis à l'usufruit. Nul doute que le propriétaire ne puisse ici, comme au cas de l'art. 612, forcer l'usufruitier à souffrir cette vente, qui pourrait d'ailleurs être provoquée contre tous deux par ceux au profit desquels la charge se trouverait établie. Cela explique l'intérêt qu'aurait l'usufruitier à faire, pour éviter cette vente, l'avance à laquelle il n'est pas obligé.

619. Les principes posés servent à régler les obligations du successeur en usufruit, quant aux charges créées ou transmises par l'auteur de son titre (art. 610-612). L'usufruitier doit évidemment supporter seul toutes celles qui n'affectent que la jouissance; il doit contribuer avec le propriétaire à celles qui affectent la pleine propriété. Mais préalablement il est nécessaire de distinguer si l'usufruitier est universel, à titre universel, ou à titre particulier; en d'autres termes, on distingue si l'usufruit est constitué sur l'universalité ou sur une quote-part des biens, ou s'il l'est sur un ou plusieurs biens déterminés (v. art. 871, 1009, 1012, 1013, et à ce sujet, art. 1003 et 1010).

620. L'acquittement des arrérages d'une rente ou pension est une charge de fruits: ce principe évident pour les rentes perpétuelles est déclaré par la loi commun aux rentes viagères et pensions alimentaires. L'application en est ici faite au légataire universel ou à titre universel en usufruit, qui doit dès-lors acquitter sans répéti-

tion, soit en totalité, soit pour une quote-part, le legs d'une rente ou pension de ce genre. V. art. 610.

621. Un successeur particulier n'est tenu d'aucune contribution aux dettes de son auteur (art. 871). Cette règle ne cesse pas même pour les dettes auxquelles le fonds légué serait hypothéqué. Toutefois, si le fonds n'a pas été dégagé avant sa délivrance (v. à ce sujet article 1020), le successeur particulier pourra, par l'effet de l'action hypothécaire, être forcé, pour ne pas subir l'expropriation, à payer ou à délaisser (art. 871, 2166-2169); sauf dans tous les cas son recours contre le débiteur (art. 874, 2178). Ces principes s'appliquent sans difficulté au successeur particulier en usufruit. Que la dette soit ou non une charge de fruits, on conçoit qu'il n'en est pas tenu, et qu'il peut cependant être forcé de la payer. Auquel cas la loi accorde un recours, non pas seulement contre le débiteur, mais aussi contre le propriétaire, qui, débiteur ou non, profite toujours de l'affranchissement de la propriété. V. art. 611, et remarquez que l'art. 1020, auquel celui-ci renvoie, ne déroge point à sa disposition, mais qu'il laisse au testateur une faculté qui la rendrait sans application.

622. A l'égard de l'usufruitier universel ou à titre universel, il doit évidemment contribuer avec le propriétaire au paiement des dettes; car ces dettes, qui diminuent l'universalité ou la quote-part de biens dont la jouissance lui appartient, affectent la pleine propriété. C'est donc le cas d'appliquer la règle établie par l'art. 609. Pour arriver à cette application, il faut d'abord déter-

miner la somme de dettes qui doit être supportée par *le fonds sujet à usufruit*, et, à cet effet, il sera quelquefois nécessaire de procéder à une estimation (v. art. 1010). La somme une fois connue, on prendra l'un des trois partis ci-dessus indiqués : avance volontaire par l'usufruitier sans intérêts; autrement, et au choix du propriétaire, paiement par celui-ci avec service des intérêts par l'usufruitier, ou vente d'une portion des biens soumis à 'usufruit. V. art. 612.

623. La distinction des charges de fruits et de celles qui sont imposées à la propriété, s'applique naturellement aux frais et autres condamnations qu'entraîneraient des procès relatifs aux biens sujets à l'usufruit. Il faut examiner si le procès a pour objet la jouissance, l'usufruitier alors est seul tenu. V. art. 613. S'il s'applique à la pleine propriété, nous décidons sans hésiter, qu'il faut suivre l'art. 609 ; mais l'usufruitier ne contribuerait pas s'il ne s'agissait que de la nue propriété.

624. L'obligation de jouir en bon père de famille rend l'usufruitier responsable des dégradations et détériorations provenant, non-seulement de son fait, mais même de sa négligence; d'un autre côté, l'usufruitier étant mieux que le propriétaire à même de connaître les usurpations ou autres attentats commis contre les droits de celui-ci, la loi lui impose l'obligation de les dénoncer. Il est tout simple, dès-lors, qu'il réponde du dommage résultant du défaut de dénonciation. V. art. 614, et à ce sujet, art. 1726, 1768. Remarquons au reste que le devoir imposé ici à l'usufruitier ne saurait faire obstacle

au droit qu'il a certainement d'agir en son propre nom pour le maintien de sa jouissance.

L'usufruitier peut-il par lui-même interrompre une prescription, soit par le recouvrement effectif de la possession, soit par l'effet d'une action en justice?

Les jugemens obtenus pour ou contre lui ont-ils quelque effet à l'égard du propriétaire, et réciproquement?

625. La responsabilité de l'usufruitier ne peut évidemment s'appliquer aux cas fortuits, et la perte de la chose le dispense de l'obligation de restituer. Il doit seulement rendre compte de ce qui reste de la chose détruite. La loi applique ces principes au cas d'usufruit établi sur des animaux, soit qu'il s'agisse de corps certains et déterminés (art. 615), soit qu'il s'agisse d'un troupeau (art. 616). Dans le premier cas, la loi se borne à dire que l'usufruitier n'est pas tenu de remplacer ni de payer la valeur; dans le second, elle réduit son obligation à celle de rendre compte des cuirs. En outre elle règle, pour le second seulement, les effets de la perte partielle dont la supposition, appliquée au premier, ne présente aucune difficulté. Cette perte ne détruisant pas le troupeau, qui de sa nature est susceptible d'accroissement ou de décroissement, et l'usufruitier devant continuer à en jouir en bon père de famille, il est obligé à remplacement jusqu'à concurrence du croît. V. art. 615 et 616.

L'usufruitier est-il tenu du remplacement sur le croît antérieur à l'accident? Voy. *Ulp.*, L. 70, § 4, ff. *de usufr.*

L'obligation de rendre compte du cuir des animaux morts ne s'applique-t-elle pas au cas de l'art. 615 comme à celui de l'art. 616?

SECTION III.

De l'extinction de l'usufruit.

626. La perpétuité de l'usufruit rendrait entièrement inutile le droit du propriétaire. Sa durée est donc essentiellement bornée. L'extinction de l'usufruit opère le retour de la jouissance à la propriété. La faveur de ce retour peut servir à justifier la subtilité de quelques principes purement arbitraires que la loi a consacrés en cette matière.

Quoi qu'il en soit, on peut ramener à neuf les cas où l'usufruit s'éteint.

627. 1° L'usufruit est un droit attaché à la personne, qui ne doit point se transmettre aux héritiers; il s'éteint donc également par la mort naturelle et par la mort civile de l'usufruitier. V. art. 617, al. 1.

L'extinction de l'usufruit par la mort civile s'appliquerait-elle au cas où l'usufruit aurait été expressément constitué pour toute la vie?

628. 2° Ce droit pouvant, comme nous l'avons vu, être constitué à certain jour ou à condition, il est clair qu'il peut cesser alors avant la mort de l'usufruitier, au temps et au cas prévus. V. art. 617, al. 2.

Lorsque l'usufruit a été constitué pour un certain temps, s'éteindrait-il par la mort de l'usufruitier arrivée avant l'expiration du temps?

629. 3° On ne peut avoir l'usufruit de sa propre chose; le droit d'en jouir n'est dans la personne du maître

qu'un des attributs de la propriété (art. 544). De quelque manière donc que les titres de propriétaire et d'usufruitier se trouvent réunis sur la même tête, l'usufruit s'éteint immédiatement. C'est ce qu'on appelle *consolidation*. V. art. 617, al. 3.

Si l'usufruitier n'acquiert qu'une propriété commutable qui vienne ensuite à cesser par résolution ou rescision du titre, l'usufruit renaîtra-t-il ? V. *Papin.*, L. 57, ff. *de usufr.*; et en sens contraire, *Julien*, L. 17, *quib. mod. us. fin.*; mais voyez C. civ., art. 2177.

630. 4° Celui qui, pendant un long espace de temps, n'use pas de son droit, peut être supposé y renoncer ou l'avoir perdu. Ce principe, qui sert de base à la prescription à l'effet de se libérer (art. 1234, *in fin.* 2219), n'a pas proprement d'application au droit de propriété; mais il est naturel de l'appliquer à l'usufruit. Chez nous du reste, le non-usage n'opère l'extinction de l'usufruit qu'autant qu'il se prolonge pendant le temps de la plus longue prescription, c'est-à-dire pendant trente ans. V. art. 617, al. 4, et 2262.

Le tiers acquéreur qui a joui du bien avec titre et bonne foi, pendant dix ou vingt ans, sans opposition de la part de l'usufruitier, n'a-t-il pas acquis la pleine propriété, et l'usufruitier, quoiqu'il n'ait pas été trente ans sans user, n'a-t-il pas alors perdu son droit ? V. art. 2265.

Quand l'usufruitier est-il réputé user ou ne pas user ? V. *Marcien*, L. 38; *Gaius*, L. 39; *Marcien*, L. 40 *de usufr.*, *Ulp.*, L. 29 ff. *quib. mod. us. fin.*

Cas auxquels ne pourrait s'appliquer l'extinction pour

non-usage. V. *Paul*, L. 26, ff. *quib. mod. us. fin.*; et L. 11, *de ann. leg.*

631. 5° L'usufruit, comme tout droit réel, ne peut subsister après la perte de la chose qui en est l'objet. Du reste il faut, pour opérer l'extinction, que la perte soit totale. V. art. 617, al. dernier; mais remarquez que la perte est réputée totale toutes les fois que la substance est changée, quoiqu'il reste des débris ou qu'il existe une nouvelle chose provenue de la transformation de l'ancienne. V. ci-dessous n° 639.

632. 6° L'usufruit n'étant jamais accordé qu'à condition de jouir en bon père de famille, le Code a consacré le principe de notre ancienne jurisprudence française, qui le faisait cesser par abus de jouissance; mais il est évident que l'extinction ne peut alors avoir lieu de plein droit. La loi d'abord admet l'intervention des créanciers intéressés à la conservation du droit de leur débiteur: la faute de celui-ci ne leur étant pas imputable, il est juste qu'ils puissent en éviter la conséquence en garantissant le propriétaire de tout préjudice passé et à venir.

Indépendamment même de cette intervention, il est toujours permis aux juges d'apprécier les circonstances, et de concilier autant que possible les intérêts du propriétaire et ceux de l'usufruitier. Toute latitude leur étant laissée à cet égard, il paraît évident qu'ils pourraient, non-seulement, comme le dit la loi, conserver à l'usufruitier ou à ses ayant-cause la jouissance d'une rente annuelle, mais qu'ils pourraient également adopter, en tout ou en partie, les mesures autorisées par les art. 602 et 603. V. art. 618.

633. 7° La mort de l'usufruitier étant le seul cas d'extinction qui doive nécessairement se réaliser, l'usufruit accordé à une personne morale dont l'existence n'est pas bornée dans sa durée, aurait pu se perpétuer indéfiniment si la loi elle-même n'y avait mis un terme. Ce terme est fixé par le Code à trente ans. V. art. 619. Bien entendu au reste, que ce mode particulier n'empêcherait pas d'appliquer à l'usufruit des communautés, ou autres personnes morales, les causes ordinaires d'extinction. Ainsi leur usufruit finirait notamment en cas de destruction ou suppression de la cité, commune ou établissement, cas qui se confond avec celui de mort. Voy. *Modest.*, L. 21, ff. *quib. mod. us. fin.*

634. 8° Le droit d'usufruit, comme tout autre, peut évidemment s'éteindre par la renonciation de celui auquel il compète.

635. Enfin une neuvième cause d'extinction, que la loi n'a pas rappelée ici, mais qu'on ne peut omettre, c'est la résolution du droit du constituant. Nul ne pouvant en général conférer à un autre plus de droit qu'il n'en a lui-même, il est manifeste que, si la propriété du constituant n'est pas incommutable, mais résoluble dans certain cas ou sujette à rescision, l'usufruit par lui constitué sera soumis en général aux mêmes conditions ou à la même rescision. Ce principe, formellement proclamé pour l'hypothèque (art. 2125), s'applique, par la force des choses, à tout autre droit; mais dans tous les cas il doit être appliqué avec précaution.

636. Nous avons vu que l'usufruit finissait par l'expiration du temps pour lequel il est constitué. Le Code, a ce sujet, résout une question d'interprétation de volonté, pour le cas d'usufruit accordé jusqu'à ce qu'un tiers ait atteint un âge fixe. La loi suppose qu'en prenant ce terme, les parties n'ont pas eu en vue la durée de la vie de cette personne, mais l'époque à laquelle elle doit atteindre cet âge, si elle vit. V. art 620.

Faut-il conclure de là que les père et mère, auxquels la loi accorde la jouissance des biens de leurs enfans jusqu'à l'âge de de dix-huit ans ou jusqu'à l'émancipation, conserveraient cette jouissance, après la mort des enfans, jusqu'à l'époque où ceux-ci devaient atteindre l'âge de dix-huit ans ?

637 Il ne faut pas confondre avec la résolution du droit du constituant, l'aliénation faite par le propriétaire postérieurement à la constitution de l'usufruit. Là s'applique le principe qui ne permet pas de transmettre à un autre plus de droit qu'on n'en a soi-même. L'usufruitier conserve donc son droit, à moins de renonciation de sa part. Mais on eût pu induire cette renonciation du consentement donné par l'usufruitier à la vente ; la loi exclut cette idée en exigeant une renonciation formelle. V. art. 621.

638. L'usufruitier, au reste, est bien le maître de renoncer au droit établi en sa faveur, mais il ne lui est pas permis d'être libéral aux dépens de ses créanciers. La loi donne en conséquence à ceux-ci le droit de faire annuler la renonciation *faite à leur préjudice*. V. art. 622, et à ce sujet art. 1167.

La renonciation qui porte préjudice aux créanciers pourrait-elle être annulée, si elle n'avait pas été faite dans l'intention de les frauder ?

639. Nous avons vu que la perte de la chose n'opère l'extinction de l'usufruit qu'autant qu'elle est totale. S'il n'en périt qu'une partie, l'usufruit est diminué mais non éteint, car la substance n'est point changée. Voyez art. 623. Du reste, les débris de la chose ne sont pas considérés comme en étant une partie; c'est une autre chose qui en a pris la place, et qui n'est point susceptible du même mode de jouissance. L'usufruitier ne peut donc en jouir qu'autant qu'il reste une partie de la chose, dont ces débris puissent être réputés l'accessoire. La loi nous paraît avoir consacré ce principe dans la distinction qu'elle fait entre l'usufruit établi sur un bâtiment, et l'usufruit établi sur un domaine dont le bâtiment faisait partie. Supposant en effet la destruction du bâtiment par accident ou par vétusté, elle refuse dans le premier cas, et accorde dans le second, la jouissance du sol et des matériaux. V. art. 624; voy. à ce sujet *Ulp.*, L. 5, § 2 et 3, L. 8; *Paul*, L. 9; *Ulp.*, L. 10; *Paul*, L. 11; *Pomp.*, L. 23; *Gaius*, L. 30; *Pomp.*, L. 31, ff. *quib. mod. ususfr. fin.*

Quid si la chose revient à son premier état? V. *Ulp.*, L. 10, § 1, *quib. mod. us. fin.*; voyez pourtant *Marcell.*, L. 71, ff. *de usufr. et quem.*; voyez aussi C. civ. art. 704.

CHAPITRE II.

DE L'USAGE ET DE L'HABITATION.

640. L'usage d'une chose ne consiste, à proprement parler, que dans l'emploi qu'on en fait pour son service, sans toucher à son produit. Mais, parce que ce simple usage, sans aucune participation aux fruits, n'offrirait souvent que peu d'utilité, on s'est habitué à comprendre sous le nom d'*usage* le droit de prendre, même sur les produits de la chose, ce qui est nécessaire aux besoins personnels de l'usager; puis, par une autre dérogation, la restriction à la mesure des besoins a été appliquée au droit proprement dit d'*user*, c'est-à-dire de tirer de la chose tous les avantages, autres que les produits ou fruits, dont elle est susceptible. Le droit d'usage appliqué à une maison prend le nom de *droit d'habitation*.

641. Les deux droits, tels que nous les comprenons, ne sont réellement qu'un usufruit plus ou moins restreint. Ils s'établissent donc et se perdent de la même manière. V. art. 625. Celui au profit duquel ils sont établis doit, comme l'usufruitier, jouir en bon père de famille, et fournir à cet égard les mêmes sûretés et garanties, par conséquent donner préalablement caution, et faire des états et inventaires. V. art. 626, 627.

642. Quant à leur étendue, c'est dans le titre constitutif, sainement interprété, qu'il faut en chercher la limite. V. art. 628. Le Code a seulement réglé, pour le cas de

silence du titre, en quoi doivent consister l'*usage des fruits d'un fonds*, et l'*habitation*. V. art. 629.

643. L'usage *des fruits d'un fonds*, et sous ce nom la loi paraît comprendre l'usage du fonds lui-même, donne droit à toute espèce de fruits naturels ou industriels, mais seulement dans la mesure des besoins de l'usager, besoins qui comprennent ceux de sa famille ; par sa famille, il faut évidemment entendre son conjoint, ses enfans et serviteurs, vivant avec lui. Au reste, l'étendue du droit varie nécessairement avec celle des besoins ; elle augmente donc ou diminue en raison de l'augmentation ou diminution de famille. La loi s'en explique formellement, pour le cas de survenance d'enfans. On n'hésite pas non plus à appliquer ici ce qui est dit dans l'art. 632, relatif à l'habitation, pour le cas de mariage postérieur à la concession du droit. V. art. 630.

644. Les fruits du fonds n'étant accordés à l'usager qu'autant qu'ils sont nécessaires à sa consommation, on conçoit qu'il ne puisse, par une cession ou location, donner à un autre le droit de les percevoir. Voy. art. 631.

645. L'habitation se réduit chez nous au droit d'occuper, avec sa famille, tout ou partie d'une maison. Ce droit s'applique à la famille de celui même qui n'était point marié à l'époque de la constitution. Son étendue se règle, comme celle de l'usage des fruits d'un fonds, par les besoins de la personne ; ce qui ne permet pas davantage la cession ou location. V. art. 632, 633, 634.

646. Les droits d'usage et d'habitation comprenant, comme on voit, une partie des avantages de l'usufruit, et pouvant même les absorber tous, le législateur a trouvé juste de les assujettir, dans la même proportion, aux charges usufructuaires. V. art. 635.

647. L'usage des bois et forêts est soumis à des principes tout particuliers, qui font l'objet d'une législation à part. V. art. 636, et Code forest., art. 61-85, 88, 89, 111, 112, 113, 118, 120, 121.

TITRE QUATRIÈME.

DES SERVITUDES OU SERVICES FONCIERS.

648. On a vu, dans le titre précédent, comment une chose peut être affectée, d'une manière plus ou moins étendue, au service ou à l'utilité d'une personne déterminée, autre que son propriétaire ; mais une propriété foncière peut aussi être assujettie envers une autre propriété foncière, en ce sens que le maître de cette dernière ait, à ce seul titre, l'exercice de certains droits sur l'autre. Les services qui sont dus ainsi à un fonds par un autre fonds sont, avec raison, désignés sous le nom de *services fonciers* (art· 543). Mais dans l'usage on se sert plutôt du mot *servitudes*, que notre Code a consacré ici et qu'il a approprié aux servitudes *réelles* ou *prédiales*.

649. Chacun étant en général maître de disposer de sa chose de la manière la plus absolue (art. 537 et 544), on conçoit facilement qu'un propriétaire puisse, en usant de son droit, nuire, jusqu'à un certain point, à un propriétaire voisin. Celui-ci, dès-lors, aurait grand intérêt à interdire à l'autre l'exercice de certains actes; comme aussi il pourrait trouver un grand avantage à partager avec lui l'exercice de certaines facultés, dont il se trouve privé par le droit d'exclusion, qui est un des caractères de la propriété. Telle a été l'origine des servitudes, que la loi définit avec une grande justesse: *charges imposées sur un héritage, pour l'usage et l'utilité d'un héritage appartenant à un autre propriétaire.* V. art. 637.

650. Les servitudes, à raison de l'avantage ou de l'incommodité qu'elles procurent, augmentent ou diminuent la valeur de l'héritage, dont elles deviennent en quelque sorte des qualités: (v. *Cels.* L. 86, ff. *de verb. signif*). Mais il est évident qu'elles ne peuvent attribuer à l'un à l'égard de l'autre, une supériorité, une prééminence, dont les *choses* ne paraissent pas susceptibles. Voy. art. 638, qui a été inséré dans le Code pour écarter toute idée de retour aux droits féodaux supprimés.

651. La qualification de *charge* donnée par la loi à la servitude montre assez qu'elle ne doit pas être confondue avec la propriété superficiaire ou souterraine qui, lorsqu'elle est établie conformément à l'art. 553, a tous les caractères et les effets d'une propriété ordinaire. Il ne faut pas non plus confondre la servitude avec la propriété indivise, soit que l'indivision puisse cesser par

l'effet d'un partage ou d'une licitation, que chacun des intéressés serait toujours maître de provoquer, soit que la nature des choses ou leur destination s'oppose à ce partage et rende l'indivision forcée. Dans ces divers cas, l'exercice de la propriété est toujours moins limité que celui d'une servitude, et le droit n'est pas assujetti aux mêmes règles pour son acquisition, sa conservation ou son extinction.'

652. La servitude ne peut être établie que pour l'usage et l'utilité d'un héritage, par conséquent pour le service ou l'agrément du fonds. Il est clair, dès-lors, qu'elle ne peut exister qu'entre héritages voisins, mais il n'est pas nécessaire qu'il y ait contiguité.

653. La nature des charges qui peuvent être imposées n'est pas déterminée par la définition, mais les principes nous apprennent, et la raison nous démontre, qu'un fonds ne peut être obligé à faire, et que la servitude ne peut en général consister qu'à souffrir ou à ne pas faire (v. *Pomp.* L. 15, § 1, ff. *de servit.*; C. civ., art. 686; voy. pourtant art. 698).

654. Il faut de plus, pour qu'il y ait servitude, que les deux héritages appartiennent à des maîtres différens; *nemini enim sua res servit* (art. 637 et 705).

655. Il résulte de ces développemens, que toute restriction à la libre faculté de jouir et de disposer de sa chose, ne constitue pas une servitude. Ainsi l'on n'en peut évidemment voir une dans l'obligation d'aliéner, au cas prévu par l'art. 545. Il n'est même pas possible de reconnaître le caractère de *servitudes* à certains droits, tels que celui de forcer le voisin au bornage, ou celui de

se clore, que le Code a consacrés dans ce titre. Plus généralement ce caractère semblerait devoir être refusé à tous les droits qui consistent dans une obligation de faire imposée à un voisin envers un autre à raison de leurs propriétés respectives. On pourrait encore aller plus loin, et exclure de cette classe toutes les charges légales de la propriété, parce que ces charges, une fois reconnues et établies par la loi, forment le droit commun, dont la servitude est précisément le contraire. Enfin, en admettant qu'une charge quelconque consacrée par le droit commun, pût constituer une espèce de servitudes distinctes des servitudes proprement dites, qui ne s'établissent que par la volonté des propriétaires, il est assez difficile de saisir pour les servitudes de cette première espèce plusieurs origines différentes, et de faire dériver les unes de la situation des lieux, et les autres de la constitution de la loi.

Quoi qu'il en soit, le Code comprenant dans cette matière toutes les charges et obligations dont les propriétaires voisins peuvent être, en cette qualité, légalement tenus les uns envers les autres, reconnaît trois classes de servitudes : celles qui dérivent de la situation des lieux; celles qui sont établies par la loi; et celles qui le sont par le fait de l'homme, ordinairement par convention. V. art. 639.

CHAPITRE I.

DES SERVITUDES QUI DÉRIVENT DE LA SITUATION DES LIEUX.

656. La loi considère comme servitudes de ce genre, l'assujettissement des fonds inférieurs à recevoir les eaux qui découlent du fonds supérieur, quelle que soit la cause de cet écoulement, pourvu qu'elle soit entièrement naturelle. La limite du droit de chacun des propriétaires étant ainsi fixée, ni l'un ni l'autre ne peut, par des travaux faits sur son fonds, entraver le droit de son voisin ou aggraver sa position. C'est même dans cette prohibition que paraît consister véritablement l'assujettissement. V. art. 640.

657. Celui qui est assujetti à recevoir les eaux n'a pas toujours, à l'inverse, le droit d'exiger que ces eaux lui soient envoyées. Il faut, à cet égard, poser quelques principes qui amènent des distinctions. Mais, préalablement, il convient de remarquer que ces principes sont sans application aux eaux qui dépendent du domaine public (v. art. 538). Cette proposition, qui résulte textuellement de l'art. 644 pour les cas qu'il prévoit, doit évidemment comprendre toute la matière.

658. Tant que l'eau se trouve renfermée dans le sein de la terre, elle appartient au propriétaire du sol, qui l'est également du dessus et du dessous (art. 552). Il peut donc s'en emparer à la sortie, ou, pour mieux

dire, il suffit qu'il ne s'en dessaisisse pas pour qu'elle continue à lui appartenir. Une fois, au contraire, que l'eau a pris son cours naturel, elle devient une chose commune (v. *Justin.*, Inst., § 1, *de rer. div.*), et les propriétaires du lit qu'elle couvre, n'ayant jamais la propriété de cette eau, peuvent bien l'employer à son passage pour les besoins de leurs fonds, mais de manière à ne point en priver les autres propriétés auxquelles une situation pareille doit assurer un avantage égal.

659. De là le droit exclusif du propriétaire de la source, droit qui ne peut en général être perdu ou modifié que par un acte de sa volonté ou par prescription. V. art. 641.

A l'égard de la prescription, elle repose sur une possession légale (art. 2229), que ne peuvent jamais fonder les actes de pure faculté ni ceux de simple tolérance (art. 2232). Ainsi la jouissance du propriétaire du fonds inférieur ne constituera pas la possession qui doit le conduire à la prescription, à moins que des ouvrages faits par lui ne manifestent son intention de posséder une servitude d'aqueduc. Les ouvrages doivent être apparens et destinés à faciliter la chute et le cours de l'eau. La possession doit durer trente ans sans interruption à partir des ouvrages terminés. V. art. 642.

Faut-il que les ouvrages soient faits par le propriétaire du fonds immédiatement inférieur?

Faut-il qu'ils soient établis sur le fonds superieur?

660. Au reste, l'utilité publique, qui est une cause suffisante pour forcer l'aliénation, peut à plus forte rai-

son fonder l'établissement d'une simple servitude. Ainsi le droit de changer le cours de l'eau ne peut être exercé par le propriétaire au préjudice d'une communauté d'habitans, lorsque cette eau leur est nécessaire. Mais ce sacrifice commandé par la loi ne l'est, comme de raison, qu'à la charge d'une juste indemnité. A moins donc que les habitans n'aient d'ailleurs acquis l'usage de l'eau, par titre ou par prescription, l'indemnité pourra être réclamée et se règlera par experts. V. art. 643.

La prescription dont parle cet article ne doit-elle pas être régie par l'art. 642.

661. Il est facile, d'après les principes exposés, de se rendre raison de la distinction faite par l'art. 644, entre le propriétaire d'un héritage bordé seulement par un cours d'eau, et le propriétaire de l'héritage traversé par cette eau courante. Les droits du premier, restreints à la fois dans l'intérêt du propriétaire de l'autre rive et dans celui des propriétaires inférieurs, ne consistent qu'à se servir de l'eau au passage, et seulement pour l'irrigation. L'autre au contraire, n'ayant à ménager que les droits des propriétaires inférieurs, peut user de l'eau sur son fonds comme bon lui semble, sous la seule condition de la rendre à la sortie. V. art. 644.

Quid si le cours d'eau ne pouvait suffire aux irrigations de tous les propriétaires ?

Le propriétaire dont l'eau traverse l'héritage peut-il s'en servir de manière à diminuer notablement le volume d'eau ?

L'art. 644 s'appliquerait-il aux riverains des canaux creusés de main d'homme appartenant à un propriétaire inférieur ?

662. L'exercice respectif des droits accordés à chacun des propriétaires relativement aux cours d'eau peut être quelquefois difficile à concilier. La loi, en cette matière, laisse donc une grande latitude aux tribunaux. La régle qu'elle leur prescrit, c'est de concilier l'intérêt de *l'agriculture* avec le respect dû à la propriété. Sur cette base, il ne paraît pas douteux qu'ils ne puissent faire, à la demande des parties ou de l'une d'elles, un réglement obligatoire pour elles et leurs ayant-cause. Mais s'il existe déjà des réglemens particuliers et locaux, ces réglemens doivent dans tous les cas être observés. V. art. 645.

L'intérêt de l'industrie ne pourrait-il pas, aussi bien que celui de l'agriculture, être pris en considération par les tribunaux?

663. La loi énonce ici, parmi les servitudes qui dérivent de la situation des lieux, l'obligation entre voisins, de borner à frais communs leurs propriétés contiguës. Le principe est que tout propriétaire peut réclamer ce bornage. V. art. 646.

L'action en bornage appartient-elle au seul propriétaire?
Devant quel tribunal doit se porter l'action en bornage?

664. En plaçant sous cette même rubrique le droit accordé à tout propriétaire de se clore, la loi apparemment a voulu indiquer que cette faculté naturelle ne pouvait être restreinte, à raison de l'incommodité que son exercice ferait éprouver aux voisins; sauf, dans tous les cas, l'obligation de livrer passage au propriétaire d'un fonds enclavé. V. art. 647.

665. Notre article, au surplus, confirme pleinement l'abrogation de certains usages prohibitifs qui avaient leur fondement dans le droit de *parcours* ou de *vaine pature* (1). Ces droits ne peuvent donc aujourd'hui faire obstacle à la faculté de se clore; mais il est juste que celui qui en affranchit, par la clôture, tout ou partie de son terrain, perde, dans la même proportion, la faculté de les réclamer sur le terrain des autres. V. art. 648, et, à ce sujet, L. 28 septembre—6 octobre 1791, tit. 1, sect. 4, art. 15 et 16.

Si le droit de *parcours* ou de *vaine pâture* était établi par un titre, pourrait-on s'y soustraire par la clôture? V. L. 28 septembre—6 octobre 1791, tit. 1, sect. 4, art. 7.

CHAPITRE II.

DES SERVITUDES ÉTABLIES PAR LA LOI.

666. Le législateur a pu, sans s'éloigner du respect dû à la propriété, imposer aux propriétaires des sacrifices ou des obligations commandés par l'intérêt public ou communal; il a pu même en imposer dans le simple intérêt privé, lorsque l'avantage qui doit en résulter pour les uns est notablement supérieur au préjudice que

---

(1) Cette abrogation résultait déjà de la loi du 28 septembre—6 octobre 1791. Voyez ladite loi, tit. 1, sect. 4, art. 4 et 11.

les autres pourront en éprouver. De là deux classes de servitudes légales. V. art. 649.

667. Les premières sont du ressort du droit public. Elles sont régies par des lois et réglemens particuliers; le Code se borne à indiquer les principales, qui ont pour objet le marchepied, ajoutons et le chemin de halage (v. à ce sujet art. 556, al. 2) (1); et la construction ou réparation d'ouvrages publics ou communaux, particulièrement des chemins (2). V. art. 650.

668. Celles de la seconde classe, établissant respectivement entre les particuliers des droits du même genre que ceux qui se forment journellement par conventions, ont dû trouver place dans le Code civil. V. art. 651. Il en faut pourtant excepter celles qui, tenant plutôt à la police rurale, doivent faire l'objet d'un code particulier (voy. L. 28 septembre—6 octobre 1791; voy. notamment tit. 1, sect. 4, et tit. 2). Mais il est question ici de la mitoyenneté des murs, à l'occasion de laquelle la loi traite de l'obligation de se clore en commun (art. 633), et de l'indivision forcée de certaines parties d'une maison dont chaque étage forme une propriété distincte (art. 664); de la mitoyenneté des fossés, et aussi de celle des haies, ce qui amène naturellement quelques règles

---

(1) V. ord. de 1669, tit. 28, art. 7; Décret 22 janv. 1808 (IV, B. 176, n° 2954).

(2) V. notamment ord. 15 février 1556; L. 28 septembre—6 octobre 1791, sect. 6, art. 1; Cod. for., art. 145; v. aussi L. 16 septembre 1807 (IV, B. 162, n° 2797), art. 55; v. encore L. 28 juillet 1824 (VII, B. 685, n° 17435).

sur les arbres qui avoisinent l'héritage d'autrui : c'est l'objet de la première section, dont l'intitulé n'est point complet. Les cas où il y a lieu à contre-mur, les vues sur la propriété du voisin, l'égout des toits, et le droit de passage, sont traités séparément dans les quatre sections suivantes. V. art. 652.

SECTION I.

Du mur et du fossé mitoyens, ou, plus exactement, de la mitoyenneté et des droits qui s'y rattachent.

669. Le mot *mitoyenneté*, formé des deux mots *moi* et *toi*, sert à désigner la communauté des clôtures entre héritages contigus, communauté qui n'est pas entièrement régie par les principes ordinaires de la copropriété; elle en diffère essentiellement, en ce qu'elle ne peut cesser, à la volonté d'une des parties, par la provocation d'un partage; elle est en outre soumise, quant à ses effets, à la manière de l'acquérir et de la prouver, aux règles particulières que l'intérêt commun et bien entendu des propriétaires a fait établir. Quelques-unes de ces règles constituent dans le sens du Code civil des servitudes légales.

§ I.

Mitoyenneté des murs.

670. Un mur ne doit en général être mitoyen que lorsqu'il a été bâti à frais communs sur la limite de deux héritages, ou lorsque la mitoyenneté en a été ac-

quise par celui qui n'avait pas contribué à la construction. Mais, d'une part, l'existence de deux bâtimens soutenus par un même mur suppose un droit égal sur ce mur dans chacun des deux propriétaires; et, d'autre part, l'intérêt des propriétaires qui veulent être clos doit les porter le plus souvent, lors même que la loi ne les y oblige pas, à construire en commun le mur qui les sépare. Ainsi, non-seulement dans les villes, où l'obligation de se clore (art. 663) donne plus de force à la présomption, mais même dans les campagnes, la loi présume en général la mitoyenneté entre bâtimens (1), et entre enclos, de quelque nature qu'ils soient, sauf, dans tous les cas, la preuve résultant d'un titre, ou la présomption résultant d'une marque du contraire. V. art. 653.

671. La marque de non-mitoyenneté se tire de l'état matériel du mur, qui indique par sa construction que l'un des voisins est obligé de recevoir seul l'égout des eaux (2), ou qu'il a seul le droit de bâtir contre le mur (3). Celui-là, en effet, doit être supposé seul propriétaire (4); et la loi consacre cette présomption. V. art. 654.

---

(1) Observons que le mur qui sépare deux propriétés bâties n'est vraiment entre bâtimens que jusqu'à la hauteur du bâtiment le moins élevé. Au-delà de cette hauteur la présomption de mitoyenneté doit cesser avec le motif qui l'a fait établir; c'est ce qu'expriment les mots *jusqu'à l'héberge*.

(2) C'est ce qu'indique le plan incliné d'un seul côté, le chaperon et les filets aussi d'un seul côté.

(3) C'est ce qu'indiquent les corbeaux.

(4) La marque de non-mitoyenneté tirée du chaperon, des

La preuve de non-mitoyenneté ne peut-elle résulter que d'un titre ou d'une des marques indiquées par la loi?

672. Toute communauté impose aux propriétaires la charge de contribuer aux dépenses nécessaires à la conservation de la chose. Cette règle s'applique naturellement à la mitoyenneté, et emporte obligation pour les copropriétaires de contribuer, chacun en proportion de son droit, à la réparation et à la reconstruction. V. art. 655.

Mais l'effet cessant avec la cause, et chacun étant maître de renoncer à son droit, il est juste que l'on puisse se soustraire aux obligations, en abandonnant sa part de propriété, pourvu qu'on ne se réserve aucun des avantages qui y sont attachés. De là la faculté de se dispenser de contribution en abandonnant la mitoyenneté, faculté proclamée ici en général pour tout copropriétaire de mur mitoyen, mais sous cette restriction que le mur ne soutienne pas un bâtiment qui lui appartienne. V. art. 656.

Quid si le voisin auquel la mitoyenneté a été abandonnée ne faisait pas rétablir le mur?

673. C'est encore une règle de la communauté, que tout copropriétaire puisse user de la chose, mais qu'il ne puisse, sans le consentement des autres, y faire au-

---

filets et des corbeaux se justifie encore par ce principe qu'aucune saillie ne peut être pratiquée au-dessus du terrain d'autrui. Du reste les corbeaux et les filets ne peuvent, comme de raison, constituer une marque de non mitoyenneté s'ils n'ont été mis en bâtissant le mur (art. 654).

cune innovation (v. *Papin.*, L. 28, ff. *comm. div*). Cette restriction n'est pas en tout point applicable à la mitoyenneté : le principe en cette matière c'est de permettre au copropriétaire de tirer de la chose commune, même par des innovations, tous les avantages qu'elle peut procurer, sans nuire aux droits des autres, qui au surplus sont maîtres d'en faire autant de leur côté.

Expliquez ainsi la faculté accordée à tout copropriétaire de faire bâtir contre le mur, et d'y faire placer des poutres et solives, même en dépassant la moitié d'épaisseur assise sur le terrain qu'il a dû fournir ou payer. Il suffit au voisin que ces ouvrages s'arrêtent à 54 millimètres (deux pouces) du parement extérieur, ce qui exclut tout transpercement; et, s'il avait besoin d'occuper au même lieu la moitié de l'épaisseur, qu'on lui réserve la faculté de faire réduire à l'ébauchoir, et par conséquent sans déplacement, les ouvrages de son voisin. V. art. 657.

Expliquez de la même manière la faculté accordée aussi à tout copropriétaire de faire exhausser le mur mitoyen. Bien entendu que ce co-propriétaire doit payer seul la dépense de l'exhaussement, et que la partie exhaussée ne devenant point mitoyenne, il demeure seul tenu de son entretien. Il est évident enfin qu'il doit indemniser son voisin pour la charge qu'il fait supporter à la partie qui reste mitoyenne. Cette indemnité se règle aux termes de la loi *en raison de l'exhaussement et suivant la valeur ;* c'est-à-dire qu'on la fixe à une quote-part de la valeur de la partie exhaussée (1). V. art. 658.

---

(1) V. coutume de Paris, art. 197.

La faculté d'exhausser a lieu quand même le mur ne serait pas en état de supporter l'exhaussement. Il serait permis alors de l'abattre pour le faire reconstruire. Mais quoique le nouveau mur doive rester mitoyen jusqu'à l'ancienne hauteur, il est naturel que la reconstruction soit faite entièrement aux frais du constructeur; et s'il est nécessaire de donner au mur un excédant d'épaisseur, cet excédant doit se prendre de son côté. V. art. 659.

674. Il est certain, qu'en cas d'exhaussement par un seul des propriétaires, la partie du mur qui forme cet exhaussement lui demeure propre. Mais les avantages que présente la mitoyenneté, et le défaut d'intérêt de celui qui refuserait de la concéder, ont paru au législateur un motif suffisant pour autoriser une exception à ce principe sacré, que *nul ne peut être contraint à céder sa propriété* (art. 545). Ainsi, non-seulement dans ce cas, où l'exhaussement repose sur la chose commune, mais toutes les fois qu'un mur joint immédiatement l'héritage d'autrui, le voisin peut acquérir la mitoyenneté en tout ou en partie, à la charge d'indemnité. On doit seulement remarquer que l'indemnité, qui comprend toujours la valeur de la moitié du terrain fourni pour l'épaisseur ou l'excédant d'épaisseur, et qui se borne d'ailleurs, dans les cas ordinaires, à la moitié de la valeur du mur, doit consister, au cas d'exhaussement, dans la moitié de la dépense qu'a coûté l'exhaussement. V. art. 660, 661.

Dans le cas de l'art. 660, doit-on payer la dépense qu'a coûté l'exhaussement, sans avoir égard à l'état de vétusté de la partie qu'on acquiert?

La valeur dont on doit tenir compte (art. 661), est-elle la

valeur réelle, ou la valeur que le mur devrait avoir relativement à sa destination? *Quid*, par exemple, si un mur de clôture avait été bâti en pierres de taille? *Quid* si l'épaisseur du mur excède l'épaisseur nécessaire?

675. En conférant à chaque propriétaire le droit de faire subir à la chose commune certaines innovations, il est bien évident que la loi dispense par là d'obtenir, à cet effet, le consentement du copropriétaire. Mais les raisons qui motivent cette dérogation, n'autorisent nullement à laisser chacun maître d'agir ainsi à l'insu de l'autre. C'est donc au contraire une règle générale, que pour tout enfoncement à pratiquer, pour tout ouvrage qu'on voudrait appliquer ou appuyer, le consentement du voisin doit être requis. Son refus, il est vrai, n'empêche point de passer outre; mais on doit alors faire régler par experts les moyens nécessaires pour ne pas lui nuire. V. art. 662.

676. La mitoyenneté impose, comme nous l'avons vu, à chaque propriétaire, l'obligation de contribuer à la réparation ou reconstruction; mais lorsqu'il n'existe pas encore de mur, l'intérêt que chacun peut avoir à se clore par un mur mitoyen, n'est pas en général un motif suffisant pour qu'un voisin puisse obliger l'autre à contribuer avec lui à la construction. Toutefois, dans les villes et faubourgs, l'intérêt de la sûreté publique a fait admettre cette dérogation au droit commun. Quant à la hauteur de la clôture, la loi s'en réfère aux réglemens et usages locaux; à défaut d'usages et de réglemens, elle la fixe elle-même diversement, eu égard à la population, à trente-deux décimètres (dix pieds chaperon compris),

dans les villes de cinquante mille ames, et à vingt-six décimètres (huit pieds) dans les autres. V. art. 663.

La clôture forcée ne s'applique-t-elle qu'aux villes proprement dites? Comment ce titre sera-t-il légalement déterminé? *Quid* dans tous les cas si l'usage en existait ailleurs?

Dans les lieux mêmes où la clôture est forcée, ne peut-on pas toujours se soustraire à l'obligation de contribuer aux constructions et réparations, en abandonnant la mitoyenneté et le terrain sur lequel le mur est ou doit être établi?

677. Les murs ne sont pas les seules constructions qui soient susceptibles de mitoyenneté; car on peut comprendre sous cette dénomination, la communauté de toute chose destinée à servir à l'usage, nécessairement indivis, de plusieurs héritages appartenant à différens maîtres. Nul doute que dans ce cas on ne puisse appliquer les articles 655 et 656.

678. Il faut ranger dans cette classe certaines parties d'une maison dont les différens étages appartiennent à divers propriétaires. La manière dont ces copropriétaires doivent contribuer entre eux aux réparations et reconstructions, est réglée par la loi, mais seulement dans le silence des titres.

A défaut donc de stipulations particulières, le principe à cet égard semblerait être de faire contribuer tous les propriétaires, chacun au prorata de son intérêt, aux dépenses qui sont dans l'intérêt de tous; et de mettre à la charge de chacun en particulier les dépenses à faire dans son intérêt unique, ou celles qui sont occasionées par son fait.

C'est en conformité de ce principe que les gros murs

et le toit, également nécessaires à tous les étages, sont à la charge de tous les propriétaires, chacun en proportion de la valeur de son étage.

On peut voir encore l'application du principe dans l'obligation imposée à chacun de faire le plancher sur lequel il marche.

Quant aux escaliers, il est naturel que celui des étages supérieurs ne soit point à la charge des propriétaires inférieurs ; mais quoique la réciproque ne paraisse pas équitable, la loi oblige chacun à faire exclusivement l'escalier qui conduit chez lui, et seulement à partir de l'étage immédiatement inférieur. V. art. 664.

N'y a-t-il que les gros murs et le toit qui soient faits à frais communs? *Quid* à l'égard des voûtes?

679. La mitoyenneté donnant, dans plusieurs cas, le droit de forcer son voisin à la reconstruction, le législateur a cru utile de proclamer ici, pour la reconstruction d'un mur mitoyen, ou d'une maison, la règle qui transporte, sans aggravation, au nouveau mur ou à la nouvelle maison, les servitudes actives ou passives qui existaient précédemment, pourvu toutefois que la reconstruction précède l'accomplissement de la prescription, qui les éteindrait. V. art. 665. Cette règle, au surplus, n'est que l'application du principe plus général qui, lorsqu'une servitude a cessé par suite de changemens survenus dans l'état des fonds, la fait revivre si les choses sont remises en temps utile dans l'état primitif (voy. art. 703 et 704).

La règle de l'art. 665 ne s'appliquerait-elle pas au mur non mitoyen?

§ II.

Mitoyenneté des fossés.

680. Une partie des motifs qui font présumer la mitoyenneté des murs font également présumer la mitoyenneté des fossés. Observons seulement que la présomption semble ici plus étendue, puisque la loi ne distingue pas si les héritages sont ou non en état de clôture. Du reste, cette présomption cèdera toujours à un titre, ou même à une marque du contraire. V. article 666.

681. La loi n'indique ici qu'une seule marque de non-mitoyenneté ; elle se tire de ce que la levée ou le rejet de la terre se trouve d'un seul côté. Cette circonstance, en effet, doit faire supposer que le propriétaire de l'autre côté n'avait point droit aux terres sorties du fossé, qu'il n'était point obligé de les recevoir, par conséquent que l'emplacement ne lui appartenait pas. Il est juste, dès-lors, que le fossé soit censé appartenir exclusivement à son voisin. V. art. 667, 668.

682. La mitoyenneté produit ici son effet ordinaire, l'obligation d'entretenir à frais communs. V. art. 669. Au reste de ce que la loi s'explique sur ce seul point, il n'en faut pas conclure qu'elle entende exclure les autres effets, tels que l'indivision forcée, et le droit d'abandonner la mitoyenneté pour se soustraire aux charges.

§ III.

Des haies et arbres plantés sur ou vers les confins de deux héritages.

683. La loi présume aussi la mitoyenneté de la haie, pourvu qu'elle soit entre deux enclos; elle n'indique aucune marque de non-mitoyenneté; mais la preuve contraire ne résulte pas seulement d'un titre, elle résulte aussi d'une *possession suffisante*. V. art. 670.

Pourrait-on avoir égard à la possession, s'il s'agissait d'un mur ou d'un fossé? V. art. 653, 666, et C. pr., art. 3.

684. On n'a eu à s'occuper des murs que sous le rapport de la mitoyenneté; il n'était pas même besoin d'annoncer le droit qu'a tout propriétaire d'établir son mur sur la limite de son héritage; la loi garde le même silence pour les fossés.

Quid s'il existe à ce sujet des réglemens ou usages locaux?

Mais l'existence d'une haie vive, et en général celle des arbres plantés sur un héritage, pouvant, sous plusieurs rapports, être nuisible à l'héritage voisin, l'intérêt de l'agriculture commandait de poser à cet égard quelques règles pour déterminer les distances à observer, et de procurer au voisin les moyens de se garantir du préjudice.

685. La règle sur les distances doit naturellement varier suivant le genre de culture et l'espèce de plantations usités dans chaque pays; il était sage, dès-lors de s'en

rapporter sur ce point aux usages et réglemens locaux. Ce n'est qu'à défaut de réglemens particuliers, existans lors de la publication du Code, et à défaut d'usages constans ou reconnus, que la loi fixe elle-même la distance, à deux mètres pour les arbres de haute tige, et à un demi-mètre pour les autres arbres et haies vives. Voy. art. 671.

686. L'inobservation de la distance donne au voisin le droit de faire arracher. Quant aux plantations faites à la distance requise, il doit les souffrir ; mais, comme dans aucun cas il n'est forcé de tolérer les anticipations sur sa propriété, qui comprend le dessus et le dessous de son sol, il peut forcer à couper les branches, et couper lui-même les racines qui avancent sur son fonds. Voy. art. 672.

Si les arbres plantés trop près de l'héritage voisin subsistent depuis trente ans, le voisin peut-il les faire abattre? V. art. 690 et 2232.

Même question pour les branches qui avancent sur le voisin.

687. La règle sur les distances ne peut, on le sent bien, s'appliquer aux haies mitoyennes ; mais quoique les arbres qui se trouvent dans la haie soient mitoyens comme la haie, et qu'on ne puisse conséquemment en récolter les fruits qu'en commun, la faveur de l'agriculture fait autoriser l'un des voisins à requérir qu'ils soient abattus. V. art. 673.

Quid s'ils existaient depuis trente ans?

SECTION II.

De la distance et des ouvrages intermédiaires requis pour certaines constructions.

688. Il est des constructions, ajoutons ou amas, dont le voisinage immédiat pourrait nuire à la propriété voisine, si l'on ne laissait une certaine distance, ou si l'on ne faisait certains ouvrages. A cet égard le Code proclame l'obligation de prendre les précautions nécessaires, sans distinguer si le mur de séparation est mitoyen ou non ; il énumère les constructions ou amas auxquels sa disposition doit s'appliquer ; mais, dans l'impossibilité d'établir une règle uniforme, il s'en réfère, pour les mesures à prendre, aux usages locaux. V. art. 674, et à ce sujet, *Cout. Paris,* art. 188-192.

L'article 674 doit-il recevoir son application au cas même où c'est le constructeur qui est seul propriétaire du mur ?

L'art. 674 est-il limitatif aux cas qu'il énumère? Ne devrait-on pas observer les usages locaux qui s'appliqueraient à d'autres constructions ou amas?

Quid s'il n'existe pas de réglemens ni d'usages locaux constans et reconnus?

Quid si l'on a construit sans observer les règles prescrites, et si depuis il s'est écoulé trente ans?

SECTION III.

Des vues sur la propriété de son voisin.

689. Un ancien a dit qu'il est presque égal de porter les pieds ou les yeux dans l'habitation de son voisin,

c'est d'après cette idée que notre législateur a défendu, ou assujetti à des conditions plus ou moins rigoureuses, les vues sur la propriété du voisin.

690. Et d'abord, si les deux héritages sont séparés par un mur mitoyen, c'est uniquement rentrer dans le droit commun de la co-propriété, que d'interdire à chacun des co-propriétaires la faculté de le percer sans le consentement de l'autre. Il ne le peut en quelque manière que ce soit. V. art. 675.

691. Mais lors même que le mur construit sur la limite appartient exclusivement à l'un des deux, la loi ne laisse pas à ce propriétaire le droit de pratiquer dans son mur telles ouvertures que bon lui semble. Elle lui permet seulement alors de le percer pour en tirer du jour ; mais elle prescrit les conditions nécessaires pour la sûreté du voisin et pour diminuer au moins l'incommodité de ces ouvertures.

Ainsi, 1° afin qu'on ne puisse ni s'introduire ni rien jeter chez lui, les jours doivent être garnis d'un treillis de fer, dont les mailles ne peuvent avoir que l'ouverture déterminée (un décimètre), et d'un châssis à verre dormant. V. art. 676.

2° Pour que ces jours ne procurent pas sur lui une vue facile, ils doivent être élevés au-dessus du sol à une hauteur qui varie de vingt-six à dix-neuf décimètres, suivant que la pièce ainsi éclairée est à rez-de-chaussée ou située aux étages supérieurs. V. art. 677.

Si le mur a été exhaussé conformément à l'art. 658, le propriétaire de la partie exhaussée peut-il y pratiquer des jours ?

Le voisin qui acquiert la mitoyenneté, aux termes des articles 660 et 661, peut-il faire boucher les jours antérieurement établis?

692. Quant aux vues par fenêtres ou balcons, elles ne peuvent être établies qu'à une certaine distance. Cette règle s'applique au cas même où l'héritage du voisin ne serait pas clos. La distance du reste varie avec raison selon qu'il s'agit de vues droites ou de vues obliques; elle est fixée par la loi à dix-neuf décimètres dans un cas, et six décimètres dans l'autre. V. art. 678, 679.

Le propriétaire d'un enclos dans les champs, qui n'est point obligé d'avoir un mur de séparation, et qui pourrait conséquemment le faire abattre, n'aurait-il pas à plus forte raison le droit d'y pratiquer ces vues sans observer la distance?

Quid si les deux héritages sont séparés par un chemin public qui n'a pas la largeur fixée?

La loi d'ailleurs détermine exactement les deux points entre lesquels doit se calculer la distance, c'est d'une part le parement extérieur du mur dans lequel la vue est ouverte, ou la ligne extérieure de la saillie qui sert à en user; c'est de l'autre la ligne séparative des deux propriétés. V. art. 680; et remarquez que si les propriétés sont séparées par un mur mitoyen, son épaisseur doit nécessairement être comprise pour moitié dans la distance requise, et que l'épaisseur doit l'être en totalité, si le mur appartient en entier au propriétaire de la maison éclairée.

Quid si le mur qui n'était pas mitoyen, lorsque les fenêtres ont été ouvertes, le devenait par la suite?

693. Les jours ou vues pratiqués hors les distances ou sans les

conditions prescrites constitueraient-ils pour le propriétaire voisin un non-usage de la servitude légale, pouvant conduire à l'extinction de cette servitude (art. 706, 707); ou pour celui qui en jouit, possession à l'effet d'acquérir une servitude de vue (art. 690)?

Dans l'une ou l'autre hypothèse le voisin privé après trente ans du droit de les faire supprimer pourrait-il par une plantation ou construction faite sur son terrain en paralyser l'effet (v. art. 701)?

Si le bâtiment dans lequel les fenêtres ont subsisté pendant trente ans vient être démoli et reconstruit, pourra-t-on les rouvrir dans le nouveau bâtiment (art. 665, 704)?

SECTION IV.

De l'égout des toits.

694. La propriété du sol emportant celle du dessus et du dessous, il est évident qu'un propriétaire, à moins qu'il ne jouisse de la servitude dite *jus protegendi*, ne peut faire avancer son toit ou sa gouttière sur l'héritage voisin; mais ce n'est pas dans cette prohibition que consiste la servitude dont il est ici question. La loi ne veut pas même que l'eau qui tombe de mon toit sur mon terrain puisse s'écouler sur celui de mon voisin. V. art. 681, et remarquez qu'il en résulte pour celui qui n'aurait pas le droit de gouttière, *jus stillicidii*, l'obligation de laisser une certaine distance entre l'avancement de son toit ou de sa gouttière, et l'héritage voisin.

Quid s'il existe entre les deux héritages un mur mitoyen ou appartenant au voisin?

SECTION V.

Du droit de passage.

695. Un terrain enclavé n'offrirait à son propriétaire aucune utilité réelle, s'il ne pouvait y aborder que sous le bon plaisir des propriétaires qui l'entourent. La loi l'autorise donc à réclamer d'eux un passage, à la charge d'indemnité. V. art. 682.

696. Mais cette dérogation au droit de disposer exclusivement de sa chose doit se renfermer dans les bornes les plus étroites; il faut par conséquent la rendre le moins dommageable possible à ceux qui sont forcés de la souffrir. Ce principe et l'intérêt du propriétaire enclavé se réunissent ordinairement pour que le passage soit pris par le côté qui offre le trajet le plus court. V. art. 683. Mais, s'il en est autrement, c'est toujours le principe qui doit prévaloir. V. art. 684.

697. Le droit de réclamer le passage, fondé sur une impérieuse nécessité, est essentiellement imprescriptible. Mais il n'en est pas de même de l'action en indemnité à aquelle le passage donne lieu; il en est de celle-là comme de l'action en paiement du prix d'une aliénation ordinaire. Si donc cette action est prescrite, le passage ne doit pas moins être continué. V. art. 685.

De quel moment doit courir la prescription de l'action?

Si le terrain enclavé était acquis d'un des propriétaires circonvoisins, celui-ci ne devrait-il pas le passage sans indemnité?

CHAPITRE III.

DES SERVITUDES ÉTABLIES PAR LE FAIT DE L'HOMME.

698. Quelles servitudes peuvent être établies par le fait de l'homme; comment elles peuvent être établies; quels sont leurs effets généraux; et comment elles s'éteignent : toutes ces questions sont résolues dans ce chapitre, divisé en quatre sections.

SECTION I.

Des diverses espèces de servitudes qui peuvent être établies sur les biens.

699. On ne pouvait, sans gêner la liberté des conventions, et la faculté que chacun a de disposer de sa chose comme bon lui semble, borner à un certain nombre, et restreindre à un certain genre de droits, les servitudes qui peuvent être établies sur les propriétés et en faveur des propriétés. Mais la nature même des services fonciers nous montre qu'ils ne peuvent être imposés à la personne ni en faveur de la personne, c'est-à-dire qu'on ne peut ni imposer à la propriété d'un fonds la charge d'un service personnel, ni attacher à la propriété d'un fonds des prérogatives qui profiteraient au maître sans augmenter l'agrément ou l'utilité du fonds lui-même (1). Enfin il ne faut pas perdre de vue que la liberté des con-

---

(1) Sous ce double rapport notre Code est en parfaite harmonie avec le Droit romain, qui n'admettant point en principe

ventions et le droit absolu des propriétaires ne doivent jamais l'emporter sur l'intérêt de l'ordre public (v. art. 6 et 544). Ce principe restreint encore la faculté, d'ailleurs illimitée, d'établir des servitudes au gré des propriétaires. V. art. 686, al. 1.

700. La faculté illimitée d'établir des servitudes, sous les seules restrictions indiquées, emporte nécessairement celle d'en régler l'usage et l'étendue. La loi s'est donc contentée de poser des principes généraux, qui dans le silence du titre, doivent être appliqués aux servitudes, suivant les diverses classes dans lesquelles on les range. V. art. 686, al. dernier.

701. Les servitudes se divisent en *urbaines* et *rurales*. Cette division fort importante dans le Droit romain, et que notre législateur, en se conformant, sous certain rapport, à la doctrine vulgaire, ne paraît pas reproduite bien exactement, n'établit chez nous aucune différence dans le droit.

Quoiqu'il en soit, la distinction du Code se tire de la

---

qu'une servitude prédiale pût consister *in faciendo* (v. *Pomp.*, L. 15, § 1, ff. *de servit.*), excluait par là même toute idée de service personnel, et qui d'autre part n'admettait pas d'avantage de servitudes prédiales en faveur de la personne (v. *Paul*, L. 6, ff. *de servit.*). Du reste rien aujourd'hui plus qu'autrefois n'empêche une personne de s'imposer en s'obligeant certains services qui pourtant ne constituent pas une servitude (v. art. 1154, 1142, 1710, 1780). Rien n'empêche non plus d'imposer à un fonds en faveur d'une personne déterminée une charge réelle, telle que passage ou puisage (v. art. 628), et de constituer dans ce sens de véritables servitudes personnelles.

nature de l'héritage pour l'usage duquel la servitude est établie; cet héritage, quelque part qu'il soit situé, est réputé *urbain* ou *rural*, suivant que c'est un bâtiment ou un fonds de terre. V. art. 687.

702. A la suite de cette division sans intérêt, la loi en indique deux autres bien plus importantes, parce qu'elles servent de base à des différences essentielles dans la manière d'acquérir ou de perdre les servitudes.

Ainsi les servitudes se divisent en *continues* et *discontinues*, en *apparentes* et *non apparentes*.

La continuité de la servitude consiste dans la possibilité de son usage sans le fait actuel de l'homme. V. art. 688, et à ce sujet art. 690, 691, 692, 707.

Quant à son apparence elle consiste dans un signe extérieur qui en annonce l'existence. V. art. 689, et à ce sujet art. 690, 691, 692, 694..

SECTION II.

Comment s'établissent les servitudes.

703. Le principe naturel de l'établissement des servitudes est dans la volonté des propriétaires; mais cette volonté, bien certaine lorsqu'elle est exprimée par un titre, peut aussi être supposée par une longue possession, pourvu que cette possession réunisse les caractères propres à opérer la prescription. Il y a plus, le simple état des choses, au moment de l'aliénation séparée, de fonds antérieurement réunis dans la même main, peut aussi faire présumer l'intention de continuer, à titre de servitude, le mode de jouissance que la destination du père

de famille fait naturellement considérer comme le plus avantageux.

Ainsi, trois manières d'établir les servitudes : le titre, la prescription fondée sur une possession de trente ans, et la destination du père de famille.

704. Toute servitude peut être établie par titre, mais la prescription ne pouvant s'acquérir que par une possession continue et publique (art. 2229), c'est avec grande raison que notre Code ne veut point l'admettre pour les servitudes discontinues, ni pour les servitudes non apparentes; fidèle à son principe, il ne le fait pas fléchir, même devant une possession immémoriale. Du reste, la loi, qui ne dispose jamais que pour l'avenir (art. 2), a dû respecter les droits acquis avant sa promulgation. Remarquons seulement que ce n'est pas faire rétroagir la loi que de lui attribuer l'effet d'arrêter le cours de la prescription commencée. Aussi le Code ne maintient-il que les servitudes déjà acquises. Voy. art. 690, 691.

Concluons au reste du même principe de non-rétroactivité, que dans les pays où nulle servitude ne s'acquérait par prescription, on ne pourrait compter pour l'acquisition des servitudes, qui en sont aujourd'hui susceptibles, que la possession postérieure à la promulgation du Code.

Dans les pays où les servitudes, même discontinues et non apparentes, pouvaient s'acquérir par prescription, la possession aujourd'hui immémoriale ferait-elle supposer la prescription acquise avant le Code?

Si l'ancien droit exigeait une possession immémoriale, comment prouver aujourd'hui que cette possession immémoriale existait avant le Code?

Toute servitude ne peut-elle pas s'acquérir par prescription, quand il y a titre émané à *non domino?* Ne suffirait-il pas alors d'une possession de dix ou vingt ans? V. art. 2265; mais voyez aussi art. 2264.

705. Nul doute que la destination du père de famille ne puisse soumettre, l'un envers l'autre, à toute espèce de services, des fonds réunis dans la même main; mais il n'y a pas là servitude. Toutefois, s'il existe sur les fonds ainsi réunis des ouvrages apparens de nature à constituer par eux-mêmes et sans aucun fait de l'homme, en état de servitude, des héritages qui appartiendraient à des maîtres-différens; alors la servitude naîtra au moment de la division, par cela même que les choses devront rester dans le même état. C'est en ce sens qu'on dit que destination du père de famille vaut titre (art. 692).

706. Cela bien entendu, on conçoit facilement que pour invoquer en faveur de l'existence légale d'une servitude la destination du père de famille, il faut qu'il s'agisse d'une servitude continue et apparente, et qu'en outre, il faut prouver : 1° qu'à une époque quelconque les fonds aujourd'hui divisés ont appartenu simultanément à un même maître; 2° que c'est par lui que les choses ont été mises dans l'état actuel. V. art. 692, 693.

Ne suffirait-il pas de prouver que les choses ont subsisté en cet état au temps où les fonds appartenaient au même propriétaire?

Comment doivent se prouver ces deux faits?

707. Au reste, quand ces conditions sont remplies, il n'est évidemment pas nécessaire que les servitudes ac-

tives ou passives aient été formellement réservées par le propriétaire des deux héritages, lors de la division ; il suffit que le titre soit muet pour que le signe apparent de la servitude fasse supposer une convention tacite relative à l'existence de cette servitude. Bien plus, lorsque le titre d'aliénation émané du propriétaire des deux héritages est représenté, il paraît que la seule condition requise pour l'existence de la servitude serait qu'elle se manifestât alors par un signe apparent. Voy. art. 694, et à ce sujet art. 1638.

708. Certaines servitudes ne pouvant, comme nous l'avons vu, s'établir que par titre, il s'ensuit que celui qui les réclame doit être en général assujetti à représenter l'acte écrit qui constate la donation, le legs, ou le contrat quelconque qui les a créées, sauf seulement la faculté de remplacer cet acte par un titre recognitif émané du propriétaire. V. art. 695.

L'acte recognitif doit-il nécessairement relater la teneur du titre primordial? V. art. 1337, 1350 4°, 1355.

709. L'établissement d'une servitude comprend naturellement tout ce qui est nécessaire pour en user ; il s'ensuit qu'une servitude quelconque peut quelquefois s'établir tacitement comme accessoire d'une autre. La loi s'en explique formellement pour le passage, qui serait une conséquence nécessaire d'un droit de puisage. Voy. art. 696.

N'est-on censé accorder que ce qui est strictement et absolument nécessaire pour user de la servitude établie?

Ne faut-il pas mettre de différence à cet égard, entre les divers titres constitutifs de la servitude; et surtout entre l'établissement par titre, et l'établissement par prescription ou par destination du père de famille? Voy. ci-dessous, n°s 710 et 711.

La constitution tacite d'une servitude, comme accessoire d'une autre, offre-t-elle les mêmes avantages que si cette servitude était établie principalement.

SECTION III.

Des droits du propriétaire du fonds auquel la servitude est due.

710. L'étendue de ces droits est, comme on l'a vu, réglée par le titre constitutif (art. 686); ce titre doit être interprété suivant la commune intention des parties (art. 1156), en ayant surtout égard à la possession actuelle et au but de la servitude; mais, dans le doute, on doit se décider en faveur de la liberté, et conséquemment restreindre la servitude plutôt que l'étendre. Voy., au surplus, les règles sur l'interprétation des conventions (art. 1156—1164).

711. Si la servitude est acquise par prescription, c'est à la possession seule qu'il faut s'attacher, suivant la maxime : *tantum præscriptum, quantum possessum*. De même la servitude acquise par destination du père de famille nous paraît devoir se borner aux droits qui sont la conséquence nécessaire de l'état des lieux, sauf, bien entendu, l'application de l'article 694.

712. L'étendue de la servitude une fois déterminée, le propriétaire du fonds auquel elle est due peut, non-seulement l'exercer tant que l'état des lieux en permet l'usage, mais il peut même, pour en user ou pour la

conserver, faire sur l'un ou l'autre fonds tous les ouvrages qui peuvent être nécessaires dans le principe, ou le devenir par la suite. V. art. 697.

713. La nature des servitudes, qui consiste uniquement à souffrir ou à s'abstenir, met en général les travaux et ouvrages aux frais du propriétaire du fonds dominant; et cependant, comme l'obligation de payer ne constitue pas proprement un service personnel, la loi permet d'imposer accessoirement cette nouvelle charge au fonds servant. V. art. 698.

714. Il est, du reste, évident que la charge étant alors imposée au fonds, on peut s'en affranchir par l'abandon du fonds. V. art. 699.

Faut-il abandonner le fonds entier; ou seulement la partie du fonds sur laquelle les ouvrages doivent être établis?

715. La servitude, étant une qualité du fonds, est due à toutes ses parties. Si donc l'héritage dominant vient à être divisé, chacun des copropriétaires a droit à la servitude, sans néanmoins que la condition du fonds assujetti soit aggravée. V. art. 700.

Si la servitude ne consiste pas dans un fait indivisible comme un passage, mais dans un fait susceptible de division, *puta*, si l'on a droit de prendre une certaine quantité d'eau ou de sable, chacun des propriétaires conserve-t-il, après le partage, le droit entier, de manière qu'il puisse, en l'exerçant le premier, en priver ceux auxquels sont échus les autres lots?

Quid si la servitude ainsi divisible n'a d'autre limite que les besoins du fonds?

Quid si les besoins du fonds augmentent par la division?

Le partage du fonds servant laisse-t-il nécessairement subsister la servitude sur chacune de ses parties divises?

Quel serait, quant aux droits résultant de la servitude, l'effet de la possession indivise entre plusieurs copropriétaires, soit du fonds servant, soit du fonds dominant?

716. Nous avons vu que le propriétaire du fonds dominant peut faire pour l'usage et la conservation de son droit tout ce qui est nécessaire; à plus forte raison peut-il exiger qu'il ne soit rien fait en sens contraire par le propriétaire du fonds assujetti. Celui-ci, par exemple, ne doit pas être maître de transférer arbitrairement l'exercice de la servitude d'un endroit à l'autre. A la rigueur, il ne le pourrait jamais; et toutefois, il est raisonnable de faire fléchir cette rigueur devant le principe d'équité, lorsque le changement proposé doit, sans nuire à l'un, procurer à l'autre un notable avantage. La loi applique ce tempérament au cas où l'assignation primitive est devenue plus onéreuse, et à celui où elle empêcherait des réparations avantageuses. V. art. 701.

717. Si le propriétaire du fonds servant doit s'abstenir de tout ce qui porterait atteinte à l'exercice de la servitude, s'il doit souffrir même tout ce qui tend à en assurer l'usage ou la conservation, il est juste que de son côté le propriétaire du fonds dominant se renferme strictement dans son droit, et qu'il ne puisse faire, même sur son fonds, aucun changement de nature à aggraver la condition de l'autre. V. art. 702.

SECTION IV.

Comment les servitudes s'éteignent.

718. Les servitudes prédiales ont en général, comme les fonds entre lesquels elles subsistent, une durée indéfinie. Cependant il n'est pas douteux dans notre droit qu'elles ne puissent être établies à terme ou sous condition; elles s'éteignent alors au temps ou au cas prévu.

719. Pareillement, si le propriétaire qui les a constituées passivement sur son fonds n'avait qu'un droit résoluble dans certain cas, ou sujet à rescision, elles seraient nécessairement soumises à la même condition ou à la même rescision.

Quid, à l'inverse, si la servitude a été acquise à un fonds par un propriétaire commutable?

720. Au reste, les servitudes même dont la durée est illimitée, peuvent accidentellement cesser ou s'éteindre entièrement.

721. Et d'abord, il est évident que le changement des lieux, lorsqu'il est tel que l'exercice de la servitude ne soit plus possible ou ne présente plus aucune utilité, doit la faire cesser. V. art. 703.

722. Mais cette cessation fondée sur une nécessité de fait qui ne détruit pas le droit, ne doit pas survivre à sa cause. La servitude revivra donc lorsque par le rétablissement des lieux l'usage en redeviendra possible. Toutefois il est évident que ce rétablissement ne pourrait sans nouvelle constitution faire renaître une servitude qui d'ailleurs serait déjà éteinte. Or, le non-usage pendant

un certain temps étant lui-même une manière d'éteindre les servitudes (art. 706), et le non-usage étant forcé jusqu'au rétablissement des lieux, l'effet accordé ici au rétablissement doit lui être refusé s'il ne s'opère qu'après l'expiration du temps, tel qu'il est ci-dessous réglé (v. art. 707). Toutefois il est bien à remarquer que la loi semble ici ne voir dans l'expiration du temps qu'une *présomption* d'extinction. V. art. 704, et à ce sujet art. 665.

723. La réunion dans la même main, du fonds servant et du fonds dominant, doit encore éteindre la servitude. *Nemini enim res sua servit.* V. art. 705.

L'extinction qui résulte de la consolidation est en général irrévocable. Voyez cependant art. 693, 694; voy. aussi art. 2177, qui paraît devoir s'appliquer à tous les cas où la réunion cesse en vertu d'une cause antérieure à l'acquisition qui l'avait produite.

724. Les servitudes, comme tout autre droit, peuvent aussi nécessairement s'éteindre par la remise.

Cette remise peut-elle être tacite?

725. Tout droit qui porte atteinte à la propriété ou à la liberté d'autrui en grevant sa chose ou en obligeant sa personne se prescrit par le défaut d'exercice. La servitude peut donc aussi se perdre par le non-usage; mais la loi veut que le non-usage ait duré trente ans. V. art. 706.

Le tiers acquéreur ne peut-il pas prescrire la liberté de sa propriété par une possession de dix ou vingt ans? V. article 2265. voy. aussi article 2180, al. pénultième; voy. pourtant article 2264.

726. Les servitudes même, qu'on ne peut acquérir par prescription, se perdent par le non-usage, mais il y a une différence essentielle entre les servitudes continues et les servitudes discontinues : à l'égard de celles-ci, on cesse d'en user dès l'instant qu'on s'abstient du fait par lequel elles s'exercent, la prescription court donc immédiatement; les premières, au contraire, s'exerçant par le fait actuel de l'homme, celui auquel elles sont dues est toujours censé en user tant qu'il n'est pas fait d'acte contraire à leur existence. Conséquemment la prescription ne peut courir qu'à partir de cet acte contraire. V. art. 707.

Si la servitude discontinue est manifestée par un signe apparent, l'existence de ce signe empêche-t-elle la prescription de courir?

L'acte contraire à la servitude continue ne doit-il pas être de nature à constituer l'héritage servant en possession de liberté? Cet acte doit-il nécessairement émaner du propriétaire de cet héritage? V. *Gaius*, L. 6, ff. *de serv. urb. præd.*

Dans le cas de l'art. 703, la prescription court-elle, aux termes des art. 665 et 704, tant qu'il ne depend pas du propriétaire du fonds dominant, de rétablir les choses de manière qu'on puisse user des servitudes? V. *Papin.*, L. 34, § 1; *Paul*, L. 35, ff. *de serv. rust. præd.*; *Javol.*, L. 14; *Paul*, L. 18, § 2, ff. *quem. serv. amitt.*

727. La prescription, qui peut éteindre les servitudes, peut, à plus forte raison, les modifier, Voy. art. 708. Mais le principe qui rend prescriptible le mode de la servitude, comme la servitude elle-même, a besoin de quelques explications.

D'abord il faut bien s'attacher à discerner les divers

modes d'une même servitude, d'avec une servitude différente. Celui qui, au lieu d'un droit, en exerce un autre, perd le premier par non-usage (*Paul*, L. 18, ff. *quem. serv. amitt.*), et n'acquiert celui dont il a joui, qu'autant qu'il est lui-même susceptible de s'établir par prescription. Il n'y a pas lieu alors de distinguer si le droit dont on a joui est plus ou moins avantageux que celui auquel on l'a substitué; au contraire, celui qui a joui d'une manière autre que celle qui avait été expressément ou tacitement autorisée par le titre, peut bien perdre son droit au mode plus avantageux, suivant le prescrit formel de l'art. 708 (voyez, au contraire, *Paul*, L. 2, L. 8, § 1; *Javol.*, L. 9, ff. *quem. serv. amitt.*); mais comme il est toujours vrai de dire, qu'il use jusqu'à un certain point de la servitude, il la conserve, avec les restrictions qu'il s'est lui-même imposées par le mode prolongé de sa jouissance. Que s'il a joui d'une manière plus avantageuse, il est évident qu'il conserve son droit entier, car il en a joui, *minus majori inest;* mais nous pensons qu'il n'acquiert l'avantage du nouveau mode, qu'autant qu'il s'agit d'une servitude continue et apparente (v. *Marcell.*, L. 11, *quem. serv. amitt.*; *Paul*, L. 9, § 1, ff. *si serv. vind.*).

Quid si l'on a usé d'une servitude accessoire sans user de la principale? V. *Pomp.*, L. 17, ff. *quem. serv. amitt.*

728. Il n'est pas nécessaire de jouir par soi-même : il suffit qu'un autre jouisse en notre nom. Ce principe s'applique naturellement au cas où l'un des co-propriétaires par indivis du fonds dominant, a joui de la servi-

tude; car alors il a exercé le droit au nom de tous. V. art. 709.

Cette décision s'appliquerait-elle au cas où la servitude, consistant dans un fait susceptible de division, n'aurait été exercée par le co-propriétaire que pour la part correspondante à sa part de propriété?

729. Pareillement, le principe que la servitude est due à toutes les parties du fonds dominant, combiné avec le principe de l'indivision, ne permet pas que la servitude soit éteinte par le non-usage, lorsqu'il se trouve un des co-propriétaires contre lequel la prescription n'a pu courir. V. art. 710.

730. Au reste, ces deux décisions cessent après le partage; car, lors même que la servitude reste due en entier à chaque portion divise de l'héritage, il y a autant de servitudes distinctes qu'il y a de portions.

Mais *quid* si le fonds servant étant partagé, la servitude n'a été exercée que sur une des portions? V. *Cels.*, L. 6, ppio et § 1, ff., *quem. serv. amitt.*

FIN DU TOME PREMIER.

TABLE DES MATIÈRES

CONTENUES DANS CE VOLUME.

INTRODUCTION.

TITRE UNIQUE.

Pages

Du droit en général, et du droit français en particulier. . 1
CHAPITRE I. Du droit en général. . . . . .ibid.
  Section I. De la nature et des diverses espèces de lois. 3
  Sect. II. Des effets des lois et de la manière de les interpréter. . . . . . . , ... 8
    § 1. Des effets des lois. . . . . .ibid.
    § 2. De la manière d'interpréter les lois. 14
CHAP. II. Du droit français. . , ... 19
  Sect. 1. Législation ancienne. 20
  Sect. 2. Législation actuelle. 23

TITRE PRELIMINAIRE.

De la publication, des effets et de l'application des lois en général. 27

LIVRE PREMIER.

Des personnes. 32

TITRE PREMIER.

De la jouissance et de la privation des droits civils. . . .ibid.
CHAP. I. De la jouissance des droits civils. 33
CHAP. II. De la privation des droits civils. 39
  Sect. 1. De la privation des droits civils par la perte de la qualité de Français. . . . . .ibid.
  Sect. II. De la privation des droits civils par suite des condamnations judiciaires. 44

§ 1. De la mort civile. 45
§ 2. De la privation partielle des droits civils par suite des condamnations judiciaires. 56

TITRE DEUXIÈME.

Des actes de l'état civil. . . . - 59
CHAP. I. Dispositions générales. . . . . , . . . 60
CHAP. II. Des actes de naissance. 70
CHAP. III. Des actes de mariage. 75
CHAP. IV. Des actes de décès. 76
CHAP. V. Des actes de l'état civil concernant les militaires hors du royaume. 81
CHAP. VI. De la rectification des actes de l'état civil. . 83

TITRE TROISIÈME.

Du domicile. . . · 85

TITRE QUATRIÈME.

Des absens. . . . . · 89
CHAP. I. De la présomption d'absence. 90
CHAP. II. De la déclaration d'absence. 92
CHAP. III. Des effets de l'absence. 94
   Sect. 1. Des effets de l'absence (déclarée), quant aux biens que l'absent possédait au jour de sa disparition 95
      § 1. Envoi en possession provisoire et administration légale . . . . ibid.
         Art. 1. Droits et devoirs des envoyés en possession provisoire. 98
         Art. 2. Droits et devoirs du conjoint commun en biens . · 100
      § 2. Envoi en possession définitif. . . · 104
      § 3. Comment cessent les effets de la déclaration d'absence 105
   Sect. II. Des effets de l'absence, relativement aux

TABLE DES MATIÈRES.

Pages.

droits éventuels qui peuvent compéter à l'absent. 109
SECT. III. Des effets de l'absence relativement au ma-
riage. .,. 111
CHAP. IV. De la surveillance des enfans mineurs dont le
père a disparu. 112
APPENDICE. Des militaires absens. 116

TITRE CINQUIÈME.

Du mariage. . . . . ,. . . . . . . ,. 118
CHAP. I. Des qualités et conditions requises pour pou-
voir contracter mariage. 119
CHAP. II. Des formalités relatives à la célébration du
mariage. 132
CHAP. III. Des oppositions au mariage. 139
CHAP. IV. Des demandes en nullité de mariage. 145
CHAP. V. Des obligations qui naissent du mariage. . . . 157
CHAP. VI. Des droits et devoirs respectifs des époux . . 161
CHAP. VII. De la dissolution du mariage. 167
CHAP. VIII. Des seconds mariages 168

TITRE SIXIÈME.

De la séparation de corps. . . . . ibid.
CHAP. I. Causes de la séparation. 170
CHAP. II. Formes de la séparation. 171
CHAP. III. Mesures provisoires auxquelles pouvait don-
ner lieu la demande en divorce pour cause déter-
minée.—Leur application à la séparation de corps. 172
CHAP. IV. Des fins de non-recevoir contre l'action en
séparation. 175
CHAP. V. Du jugement et de ses effets.. 176

TITRE SEPTIÈME.

De la paternité et de la filiation. 183
CHAP. I. de la filiation des enfans légitimes ou nés dans
le mariage. 184

CHAP. II. Des preuves de la filiation des enfans légitimes. 190
CHAP. III. Des enfans naturels. . . . . · . . . 197
   Sect. i. De la légitimation des enfans naturels 198
   Sect. ii. De la reconnaissance des enfans naturels. . . . 200
      § 1. De la reconnaissance volontaire. 201
      § 2. De la déclaration judiciaire, soit de paternité, soit de maternité. 205

TITRE HUITIÈME.

De l'adoption et de la tutelle officieuse. 210
CHAP. I. De l'adoption. . . · . . . . ibid.
   Sect. i. De l'adoption et de ses effets. . . . . ibid.
   Sect. ii. Des formes de l'adoption. 218
CHAP. II. De la tutelle officieuse. . . . . , . 222

TITRE NEUVIÈME.

De la puissance paternelle. 227

TITRE DIXIÈME.

De la minorité, de la tutelle et de l'émancipation. 239
CHAP. I. De la minorité. . . . . , . . . 240
CHAP. II. De la tutelle. . . . . ibid.
   Sect. i. De la tutelle des père et mère. 241
   Sect. ii. De la tutelle déférée par le père ou la mère. . . 246
   Sect. iii. De la tutelle des ascendans. 247
   Sect. iv. De la tutelle déférée par le conseil de famille. 248
   Sect. v. Du subrogé tuteur. 256
   Sect. vi. Des causes qui dispensent de la tutelle. . . . 259
   Sect. vii. De l'incapacité, des exclusions et destitutions de la tutelle. 263
   Sect. viii. De l'administration du tuteur. 268
      § 1. Obligations du tuteur. 270
      § 2. Actes qui excèdent les pouvoirs ordinaires du tuteur . . , ... 274

Sect. ix. des comptes de tutelle. 282
CHAP. III. De l'émancipation. 286

TITRE ONZIÈME.

De la majorité, de l'interdiction et du conseil judiciaire. 293
CHAP. I. de la majorité . . . . ibid.
CHAP. II. De l'interdiction. 294
CHAP. III. Du conseil judiciaire. 304

LIVRE DEUXIÈME.

Des biens et des différentes modifications de la propriété. 306

TITRE PREMIER.

De la distinction des biens. . . . . ibid.
CHAP. I. Des immeubles. 307
CHAP. II. Des meubles. 313
CHAP. III. Des biens dans leur rapport avec ceux qui
    les possèdent. 319

TITRE DEUXIÈME.

De la propriété 323
CHAP. I. Du droit d'accession sur ce qui est produit par
    la chose. 325
CAAP. II. Du droit d'accession sur ce qui s'unit et s'in-
    corpore à la chose. 327
  Sect. i. Du droit d'accession relativement aux choses
    immobilières. . . . . ibid.
  Sect. ii. Du droit d'accession relativement aux choses
    mobilières. 335

TITRE TROISIÈME.

De l'usufruit, de l'usage et de l'habitation. 339
CHAP. I. De l'usufruit. 340
  Sect. i. Des droits de l'usufruitier. 342

	Pages.
Sect. II. Des obligations de l'usufruitier	351
Sect. III. De l'extinction de l'usufruit	360
CHAP. II. De l'usage et de l'habitation	366

TITRE QUATRIÈME.

Des servitudes ou services fonciers.	368
CHAP. I. Des servitudes qui dérivent de la situation des lieux.	372
CHAP. II. Des servitudes établies par la loi	376
Sect. I. Du mur et du fossé mitoyens, *ou, plus exactement*, de la mitoyenneté et des droits qui s'y rattachent.	378
§ 1. Mitoyenneté des murs	ibid.
§ 2. Mitoyenneté des fossés	386
§ 3. Des haies et arbres plantés sur ou vers les confins de deux héritages	387
Sect. II. De la distance et des ouvrages intermédiaires requis pour certaines constructions.	389
Sect. III. Des vues sur la propriété de son voisin.	ibid.
Sect. IV. De l'égout des toits.	392
Sect. V. Du droit de passage.	393
CHAP. III. Des servitudes établies par le fait de l'homme.	394
Sect. I. Des diverses espèces de servitudes qui peuvent être établies sur les biens	ibid.
Sect. II. Comment s'établissent les servitudes.	396
Sect. III. Des droits du propriétaire du fonds auquel la servitude est due	400
Sect. IV. Comment les servitudes s'éteignent.	403

FIN DE LA TABLE DU TOME PREMIER.

IMPRIMERIE DE CARDON. — TROYES.

www.ingramcontent.com/pod-product-compliance
Lightning Source LLC
Chambersburg PA
CBHW060547230426
43670CB00011B/1718